***ACCESO GRATIS** a la Lectura en la Nube*

Para visualizar el libro electrónico en la nube de lectura envíe junto a su nombre y apellidos una fotografía del código de barras situado en la contraportada del libro y otra del ticket de compra a la dirección:

ebooktirant@tirant.com

En un máximo de 72 hor código
de acceso con sus instru

La visualización del libro en **NUBE DE LECTURA** excluye los usos bibliotecarios y públicos que puedan poner el archivo electrónico a disposición de una comunidad de lectores. Se permite tan solo un uso individual y privado.

PLURALIDAD Y DIVERSIDAD TEÓRICA EN LAS RELACIONES INTERNACIONALES CONTEMPORÁNEAS

PLURALIDAD Y DIVERSIDAD TEÓRICA EN LAS RELACIONES INTERNACIONALES CONTEMPORÁNEAS

SAGRARIO MORÁN BLANCO

tirant lo blanch
Valencia, 2026

En caso de erratas y actualizaciones, la Editorial Tirant lo Blanch publicará la pertinente corrección en la página web www.tirant.com.

© TIRANT LO BLANCH
EDITA: TIRANT LO BLANCH
C/ Artes Gráficas, 14 - 46010 - Valencia
TELFS.: 96/361 00 48 - 50
FAX: 96/369 41 51
Email: tlb@tirant.com
www.tirant.com
Librería virtual: www.tirant.es
DEPÓSITO LEGAL: V-4804-2025
ISBN:979-13-7010-049-0

Si tiene alguna queja o sugerencia, envíenos un mail a: *atencioncliente@tirant.com*. En caso de no ser atendida su sugerencia, por favor, lea en *www.tirant.net/index.php/empresa/politicas-de-empresa* nuestro procedimiento de quejas.

Responsabilidad Social Corporativa: http://www.tirant.net/Docs/RSCTirant.pdf

Índice

Prólogo

JOSÉ ALBERTO AZEREDO LOPES
Profesor Associado de Derecho Internacional, Católica Porto School of Law
Ministro de Defensa de la República de Portugal (2015-2018)

La época contemporánea nos enfrenta a la dificultad de ver con claridad cómo caracterizar el *status quo* de las relaciones internacionales y las tendencias que pueden determinar su evolución. De hecho, si algunos creyeron que el final de la Guerra Fría significaba que entraríamos en una era de paz, de justicia y desarrollo, en la que el Derecho Internacional sería el instrumento general para regular las relaciones entre los distintos actores internacionales, pronto se sintieron decepcionados. Por desgracia, no solo estas predicciones eran demasiado optimistas, sino que el conflicto, la división y la incertidumbre son en la actualidad los elementos crónicos a los que se enfrenta cualquiera que trabaje en el ámbito de las relaciones internacionales. También hay que decir que quienes estudien derecho internacional, principal o predominantemente, se encontrarán en una situación aún más angustiosa. Se habla, pues, de un estado de crisis permanente, que representará la nueva normalidad, con evidentes repercusiones en la (re)interpretación que se impone, sobre todo en lo que se refiere a lo que podemos considerar «sociedad» internacional y a la capacidad que aún es posible reconocerle (con una subjetividad presupuesta pero cada vez más cuestionable) para la regulación de las principales cuestiones globales.

Este estado de cosas tendría que afectar de algún modo al orden internacional, al que a los estudiosos del derecho internacional todavía les gusta referirse a veces como orden *jurídico* internacional. Quizá muchos no previeron lo profundo que sería el sorprendente impacto desregulador del colapso del bloque soviético, entre otras razones porque, en cierto momento, algunas de las cancillerías occidentales, convencidas del fin de la Historia (como decretó Francis Fukuyama), creyeron que ya no necesitaban ocuparse de la Casa Común, o al menos descuidaron en cierta medida esta tarea. Es curioso constatar que la llamada segunda Guerra del Golfo, librada contra el agresor iraquí a partir de enero de 1991, había sido casi ejemplar. Pleno respeto al Consejo de Seguridad y al alcance de sus decisiones, refuerzo del multilateralismo, defensa firme del derecho internacional y del sistema de seguridad colectiva, refuerzo de la norma más fundamental, la prohibición de la amenaza y el uso de la fuerza en las relaciones internacionales. Me gusta creer que, en aquellos meses, quizá asistimos al apogeo del derecho internacional, como nunca y quizá nunca más. Fue, sin embargo, un episodio efímero. Hay que recordar que, poco después, el genocidio de Ruanda, las guerras en la antigua Yugoslavia y, casi a finales de siglo, la guerra de Kosovo, erosionaron cualquier ilusión sobre la consolidación definitiva de una *rule of law* internacional.

Los atentados del 11 de septiembre 2001 y la posterior guerra de Afganistán fueron una señal intensa que anticipó una nueva lectura por parte de los actores internacionales, así como las posibles respuestas de los actores más clásicos (en principio, habrán sido «viejas» respuestas a «nuevas» preguntas). Sobre todo, la llamada guerra contra el terrorismo (que en cierto momento se caracterizó jurídicamente como perpetua), cuya segunda lección práctica fue la invasión de Irak en 2003, supuso un duro golpe que dio paso a una era en la que los sistemas multilaterales quedaron definitivamente desacreditados. Sigo creyendo que el actual estado comatoso del sistema de seguridad colectiva, encarnado en el Consejo de Seguridad, puede superarse. Pero es imposible no leer las señales que se acumulan y, en particular, como dijo el secretario general de

Naciones Unidas, António Guterres, que el Consejo representa «un mundo que ya no existe». Hoy es una tarea muy exigente ver a través de una maraña de hechos, tesis y argumentos cuyo principal efecto es crear una niebla, que a veces se parece mucho a la niebla de guerra, que dificulta el análisis, contamina las decisiones y las empuja hacia el contexto, mucho más que hacia el medio o largo plazo.

La importancia de la obra de la profesora Sagrario Morán Blanco, «Pluralidad y diversidad teórica en las Relaciones Internacionales contemporáneas», debe destacarse, por tanto, por su serena y madura competencia, la claridad del análisis, la riqueza y transdisciplinariedad de la investigación y por haber sabido crear un diálogo entre un enfoque claramente teórico y un amplio conocimiento de la práctica de los principales actores internacionales. La concentración de estas características en una obra no es habitual, y también es un soplo de aire fresco sentir la impronta humanista y la firme defensa de un conjunto de valores (por ejemplo, en relación con la defensa de los derechos humanos) a lo largo de toda la obra, sin perder nunca de vista una lectura objetiva de la realidad. No se trata, por tanto, como ocurre cada vez con más frecuencia, de una obra militante, sino de un resultado que solo se ha conseguido porque ha sido realizada por una especialista altamente cualificada en la investigación de las relaciones internacionales.

A veces, no es fácil distinguir entre los distintos enfoques teóricos de las relaciones internacionales, entre sus ramificaciones y variaciones, bastante sutiles para un neófito. Por ello, es importante destacar la claridad (pero nunca simplificación) con la que la autora consigue sistematizar, distinguir, descubrir y analizar similitudes y diferencias entre distintos fundamentos teóricos de las relaciones internacionales, todo ello en el marco fáctico de un entramado societario (en el que inevitablemente influye) que Sagrario Morán Blanco caracteriza acertadamente como «Hostil, Global y Turbulento», sin renunciar a la enunciación de valores fundamentales que, de alguna manera, se sustentan en los tres pilares de Naciones Unidas: paz y seguridad, desarrollo y derechos humanos. Por ello, he leído con especial interés las páginas dedicadas al desarrollo sostenible en la teoría de las relaciones internacionales, haciendo hincapié en la Agenda 2030 de Naciones Unidas. Y antes de continuar, me gustaría destacar brevemente cómo este libro propone una «perspectiva de análisis» del feminismo en la disciplina de las relaciones internacionales y, más concretamente, cómo presenta el tema de las mujeres en la enseñanza y la investigación de las relaciones y la política internacionales. He aquí, en mi opinión, algunas de las páginas más enriquecedoras de este libro que aportan algo que solo beneficia al lector.

No puedo dejar sin unas breves palabras la vieja dicotomía entre sociedad y comunidad internacional, un tema muy antiguo que Sagrario Morán Blanco trata con su elegancia y sensibilidad habituales. Es interesante que concluya (centrándose más en la doctrina española) que los especialistas en relaciones internacionales tienden más a utilizar el término «sociedad internacional», mientras que los que se centran más en el análisis jurídico tienden más a utilizar el término «comunidad internacional». Ello, claro está, si aceptamos que la frontera entre ambas radica en el mayor o menor peso de los factores de integración. Tal vez, después de todo, una de las mejores formas de superar esta aparente división (insisto en lo de aparente) fue la propuesta por Herman Mosler hace muchos años, cuando defendió el concepto integrado de sociedad internacional como comunidad jurídica (en la que el elemento comunitario resulta de la sumisión de los actores internacionales a las normas jurídicas). Sin embargo, esta dimensión comunitaria (jurídica) está en crisis, y en una crisis grave. Un virus ha ido corroyendo el apego de los actores internacionales en el derecho internacional. En su lugar, se ha ensayado un nuevo concepto de «orden internacional basado en reglas», que, en última instancia, supone la aceptación "jurídica" formal de la subordinación de las normas jurídicas internacionales a la necesaria gestión de la realidad y, en ocasiones, la no aplicación de normas que consideraríamos más protegidas por su naturaleza de *jus cogens.*

Siempre hay algunas sorpresas positivas, es cierto. Cuando Sudáfrica presentó una denuncia contra Israel ante la Corte Internacional de Justicia por supuestas violaciones de la Convención sobre el Genocidio a finales de 2023, pocos se interesaron inmediatamente por el asunto. Se equivocaron. De hecho, Sudáfrica había presentado un documento notable y posteriormente demostró su excepcional competencia durante la discusión sobre la adopción de medidas provisionales. Algunos consideran que esta denuncia sudafricana es una demostración de "lawfare". Pero quizá sea importante empezar a pensar si lo que nos gusta descalificar como "lawfare" no es, después de todo, solo una demostración de que ya no tenemos el monopolio de facto de la iniciativa judicial internacional. Y que este poder se está ampliando cada vez más, aunque a veces en detrimento nuestro. John Dugard dirige el equipo de expertos que representa a Sudafrica en este caso. John Dugard también es autor de un importante artículo publicado en 2023 en el *Leiden Journal of International Law,* en el que demuestra que la deriva conceptual hacia un orden internacional basado en reglas es arriesgada y justamente criticada.

Por poner otro ejemplo, el "nuevo" concepto de orden internacional basado en reglas aparece cuatro veces en la Brújula Estratégica de la Unión Europea, y se menciona siete veces en el Concepto Estratégico de la OTAN, ambos de 2022. Y otro detalle curioso: el «derecho internacional» solo aparece tres veces en el Concepto Estratégico de la OTAN. La primera, cuando el derecho internacional se utiliza para defender la posibilidad de aplicar el Artículo 5 del Tratado de Washington en respuesta a ciberataques; la segunda, para invocar las violaciones del derecho internacional cometidas por Rusia.

Y solo en la tercera ocasión, casi al final del documento, la referencia se hace en sentido positivo, como directriz para la práctica de los Estados miembros de la Organización. En cambio, en la Brújula Estratégica, «derecho internacional» se sigue utilizando en un sentido verdaderamente normativo en la mayoría de los casos en los que se hace referencia a él. Por tanto, no todo es negativo.

Estos son los tiempos que vivimos. Son días tensos, con dos conflictos (en Ucrania y en Oriente Medio) que, aunque pueden terminar como se esperaba, han sembrado la semilla de consecuencias muy duraderas, casi todas negativas. Pero también son tiempos de otros conflictos, quizá menos publicitados o relevantes desde el punto de vista geopolítico, pero no menos devastadores en términos humanos y materiales, y también sistémicos. Son tiempos de violaciones gravísimas y sistemáticas de los derechos humanos. Son tiempos en los que se incumplen normas básicas de decencia en la conducción de las hostilidades. Son tiempos de genocidio y limpieza étnica, o de sucesos que de manera muy inquietante se asemejan al genocidio o a la limpieza étnica. Son tiempos en los que jefes de Estado o de gobierno de democracias son objeto de órdenes de detención dictadas por la Corte Penal Internacional. Son tiempos en los que las reacciones de los Estados ante esas órdenes de detención van en una dirección o en otra diametralmente opuesta, según el destinatario de que se trate. Son tiempos en los que, atónitos, vemos como a finales de 2024 Tomoko Akame, presidenta de la Corte Penal Internacional, informa, al presentar su valoración anual ante las Naciones Unidas, que la Corte que preside «ha sido objeto de niveles sin precedentes de amenazas, presiones y medidas coercitivas». Son tiempos, además, de sanciones, de contramedidas, o de medidas aduaneras punitivas, de las que quizá solo estemos viendo el principio o, a lo sumo, un *intermezzo*.

Son tiempos tormentosos que debemos afrontar y a los que debemos adaptarnos, como ciudadanos y como universitarios. También son tiempos de cierta resistencia intelectual. Tenemos el deber de proclamar, como dijo Tomoko Akame en su discurso antes mencionado: «We cannot give up. We will not give up». Sin embargo, tengo una certeza firme. Gracias a libros como el de Sagrario Morán Blanco podemos aprender más y saber más sobre relaciones internacionales, por supuesto. Pero también podemos aprender más sobre el mundo.

Nota previa y Agradecimientos

Esta monografía es fruto de la investigación realizada en el marco de los Proyectos de Investigación titulados: *“Vacíos normativos y desarrollo progresivo de la Agenda 2030 y del principio de sostenibilidad. Especial relevancia para España”* (PID 2022-13833390B-100) de la Universidad Carlos III de Madrid, *y “Hacia un Convenio Internacional Integral sobre el uso delictivo de las TIC: Ciberterrorismo y discurso del odio en un marco de libertad de expresión y responsabilidad* (PID2022-136943OB-I00) de la Universidad Rey Juan Carlos. Además, el trabajo se incluye dentro del Grupo de Investigación (Categoría Alto Rendimiento), en Libertad, Seguridad y Ciudadanía en el Orden Internacional de la URJC (INTERCIVITAS).

Este libro es resultado de un trabajo de investigación que comenzó con la preparación de mi Cátedra en 2019. Después de una pausa lo volví a retomar con fuerza y dedicación en 2022. Y este es el resultado, un libro que se detiene en dos aspectos fundamentales de la disciplina de las Relaciones Internacionales: las teorías que dotan de carácter científico a la ciencia, y la diversidad y pluralidad teórica que envuelve a la joven disciplina de las Relaciones Internacionales. La elaboración de este libro responde también a estancias de formación e investigación en la Université Abdelmalek Essaadi, Tánger, Marruecos en 2023, 24 y 25.

El libro se lo dedico a todos aquellos que son una fuente de inspiración en mi vida académica y humana. Por ello, un lugar especial lo ocupa Cástor M. Díaz Barrado, Catedrático de Derecho Internacional Público y Relaciones Internacionales de la Universidad Rey Juan Carlos de Madrid (URJC) y Académico de Número de la Real Academia de Jurisprudencia y Legislación de España (RAJyLE), quien me acompaña y alumbra siempre con sus ideas y aciertos. Y cómo no, también se lo dedico a quienes me alegran la vida: Lucía, Borja y Miguel Ángel. De manera especial va dirigido a Lucía, ejemplo de esfuerzo en lo que cree y quiere dedicar su vida.

SAGRARIO MORÁN BLANCO
Universidad Rey Juan Carlos

Presentación

La obra monográfica que se presenta tiene por objeto el estudio de las principales teorías que fundamentan la narrativa teórica de la disciplina de las Relaciones Internacionales (en adelante RR.II.). Desde su nacimiento como disciplina científica, las Relaciones Internacionales, enmarcadas en el ámbito *más amplio de las Ciencias Sociales*[1], se han ido dotando de unos fundamentos y de unas teorías, algunas de ellas conocidas como *paradigmas*[2], cuya pretensión, entre otras, es dar

---

1 Las ciencias sociales están conformadas por aquellas disciplinas que persiguen descubrir y explicar patrones del comportamiento y actividades de los seres humanos, véase FERMAN, G. *Investigación en Ciencias Sociales.* México, Grupo Noriega, 1992. Existen tres formas de concebir las ciencias sociales: A) La empírico-analítica, que pretende aplicar a la realidad social el mismo método de las ciencias naturales; B) La hermenéutica, cuya intención es comprender los fenómenos sociales a través de ellos mismos y no tanto a través de sus causas; y C) La crítico-racional, que añade a la explicación y a la comprensión la crítica, pues considera que toda investigación responde a un interés, y en el caso de las ciencias sociales ese interés es el emancipador o liberador.

2 "El concepto de paradigma se ha hecho popular en las ciencias sociales desde la publicación del célebre ensayo de Thomas Kuhn. Un paradigma es una imagen intelectual más o menos sistemática, coherente y consistente de lo que es el universo, en este caso, el universo político internacional. La manera de ver las cosas proporcionada por un paradigma es compleja: incluye axiomas que definen una ontología y una epistemología, y un conjunto de valores. De los postulados del paradigma se derivan predicciones sobre la evolución de la realidad, prescripciones para la acción. Cada paradigma posee así una definición de los instrumentos metodológicos pertinentes y fiables que permiten la explicación. Por ejemplo, el paradigma tradicional de las

una explicación "científica" a los fenómenos y relaciones que se desarrollan dentro de la conocida como Sociedad Internacional. El propósito es definir, en particular, el concepto de Relaciones Internacionales y subrayar algunos aspectos centrales en el estudio de la evolución teórica de la nueva disciplina a través de las diferentes corrientes, paradigmas y debates que la articulan. Se trataría de abordar, a grandes rasgos, el acervo teórico de la disciplina de las RR.II. y, además, proporcionar a los lectores las herramientas teóricas que resultan necesarias para entender, analizar e interpretar el sistema internacional contemporáneo, el cual se presenta complejo, diverso, heterogéneo y fragmentado al estar condicionado por la dinámica del cambio y la imprevisión. En esencia, el teórico de la disciplina de las RR.II. debe perseguir, como lo indica con acierto Kal Holsti, "mejorar la comprensión de la política mundial"[3].

---

relaciones internacionales, el realismo, considera ontológicamente el universo político mundial como un medio anárquico en el cual los Estados luchan por su supervivencia y su expansión", en RIOUX, J. F.; KEENES, E.; y LEGARÉ, G., "Le neorealisme ou la reformulation du paradigme hegemonique en relations internacionales", *Revue d'Etudes Internationales, 19*, 1, 1988, pp. 58-59.

3 HOLSTI, K. *The dividing discipline. Hegemony and diversity in International Theory*, Allen and Unwin, Boston, 1985, p. 125.

Disciplina y fundamentación teórica de las Relaciones Internacionales

El estudio de las Relaciones internacionales debe comenzar necesariamente por dos aspectos de sumo interés: Por una parte, determinar los rasgos básicos que perfilan la disciplina en lo que se refiere a sus orígenes y concepto, así como en lo relativo a las características del medio en el que operan. Por otra, realizar el análisis de las diversas corrientes o teorías de las RR.II. que se han ido formulando a lo largo del tiempo, y que han ido generando un rico debate doctrinal, con consecuencias en la práctica internacional. Conocer la fundamentación teórica es imprescindible porque a través de los postulados teóricos se detallan las preocupaciones que habitan en la sociedad internacional y, en ocasiones, se proporcionan las eventuales soluciones a los problemas que aquejan a la humanidad y que se plasman en las relaciones internacionales. Los dos aspectos configuran buena parte del contenido de este sector del conocimiento en la actualidad y, sobre todo, aportan los componentes y las bases teóricas para comprender esta disciplina, también en su dimensión práctica. El siglo XXI ha abierto sus puertas con una disciplina de RR.II. que se debe calificar como más sólida y que dispone de mayor fundamentación teórica, por lo que se deben esclarecer los diversos aspectos que la configuran en la actualidad desde estas perspectivas[4].

---

[4] Las obras de los profesores de Relaciones Internacionales Esther Barbé y Celestino del Arenal, conocidas y que se citan en este trabajo, han servido de guía en la exposición que se realiza de la evolución teórica de la disciplina de las Relaciones Internacionales.

I. INTRODUCCIÓN. SIGLO XX. NUEVA DISCIPLINA EN EL PANORAMA CIENTÍFICO E INTERNACIONAL: RELACIONES INTERNACIONALES. ORÍGENES, CONCEPTO Y RAZÓN DE SER

A diferencia de otras disciplinas que llevan impartiéndose en las universidades de todo el mundo, algunas de ellas desde el siglo XII y XIII, como la Filosofía[5], la Historia, el Álgebra u otras más recientes como el Derecho, la Ciencia Política o la Sociología[6]; los orígenes de la disciplina de las Relaciones Internacionales se sitúan a principios del siglo XX y, concretamente, después de la Primera Guerra Mundial[7]. En efecto,

---

5 En el siglo VI a.C. surgió en Mileto (Grecia) una nueva forma de acercarse a la realidad: la filosófica, y lo hizo apoyándose en la razón y tratando de abandonar el antropomorfismo y la arbitrariedad que va ligada a él. A lo largo de su evolución como ciencia, la Filosofía se ha propuesto dos objetivos: 1) Conocer la realidad, principal objeto de su estudio. 2) Favorecer una vida feliz. En definitiva, la ciencia de la Filosofía es fruto de la necesidad humana por entender y ordenar todo lo que hay en el universo. Por su parte, el origen de la ciencia de la Historia se atribuye a Heródoto de Halicarnaso (484-420 a.C.)

6 La Ciencia Política es una disciplina relativamente reciente, cuyo origen se sitúa en el siglo XV con la publicación de la obra de Nicolás Maquiavelo, "El Príncipe". Sin embargo, en la Antigüedad ya encontramos diferentes formas de organización política, entre ellas *la polis* en la democracia griega (donde nació la palabra "política"), o la *Res Publica* (cosa pública) en la antigua Roma. En cambio, el origen de la Sociología lo situamos a mediados del siglo XIX. Auguste Comte se perfila como uno de sus creadores puesto que, además de inventar el término, sus ideas fueron centrales para el desarrollo de la nueva ciencia.

7 Como ha señalado Celestino del Arenal, los "orígenes de la teoría de las relaciones internacionales, que se desarrollará es-

las Relaciones Internacionales nacen como disciplina científica tras el fin de la Gran Guerra, es decir, en un contexto de destrucción y muerte causado, entonces, por el último y más desgarrador enfrentamiento bélico que tuvo lugar en la historia contemporánea. Nada proviene de la nada en la historia del ser humano, todo se inscribe en su contexto histórico y en consonancia con los tiempos, lugar, individuos y sociedades[8]. Por eso, es esencial considerar el nacimiento de la disciplina de las Relaciones Internacionales en su circunstancia particular y analizar el pensamiento filosófico y el espíritu social en el que se tiene que desenvolver. Desde el primer momento, la nueva disciplina se plantea como primordial objetivo teórico, pero no el único, analizar los acontecimientos y fenómenos que surgen y evolucionan en el marco de la sociedad internacional y, como objetivo *de praxis*, predecir el advenimiento de sucesos que puedan poner en peligro la paz y la seguridad internacionales. Desde luego, las Relaciones Internacionales son una de las últimas ciencias que irrumpen en el panorama académico

---

pecíficamente en el mundo occidental, hay que encontrarlos, en concreto, en el mundo griego, en las reflexiones de Platón y Aristóteles (…)", ARENAL, C. del. y SANAHUJA, J. A. *Teorías de las Relaciones Internacionales*, Tecnos, Madrid, 2015, p. 25. Véase, también, ARENAL, C. del "La génesis de las relaciones internacionales como disciplina científica", *Revista de Estudios Internacionales*, vol. 2, 4, 1981, pp. 849-892. RICHARDSON, N. R. "The Study of International Relations in the United Nations", en DYER, H.C. y MANGASARIAN, L. *The Study of International Relations. The State of the Art.* St. Martin's Press, Nueva York, 1989; y OLSON, W.C. y GROOM, A. J. R. *International Relations. Then and Now*, Harper Collins, Londres, 1991, pp. 56-103.

8 "Nada surge de la nada", o "de la nada, nada surge", son expresiones que se atribuyen al filósofo griego Parménides. Según este principio metafísico ningún fenómeno o evento surge a partir de la nada.

y científico de las ciencias sociales y, como todo saber, surgió para resolver y dar respuesta a problemas humanos.

El nacimiento exacto de esta nueva disciplina, en su dimensión académica universitaria, se sitúa en 1919 en la Universidad de Aberystwyth, en Gales (Reino Unido). Precisamente, ese año se creó la primera cátedra de Relaciones Internacionales "bajo los auspicios de Alfred Zimmern y la cohorte de *ius*internacionalistas idealistas, horrorizados por la barbarie de la Primera Guerra Mundial y que se van a ocupar en reflexionar sobre las relaciones internacionales"[9]. Por lo tanto, las Relaciones Internacionales como disciplina científica surgieron a partir de la Gran Guerra, un contexto trágico y que desconcertó profundamente a la humanidad en su conjunto por la crueldad de sus consecuencias. Como lo señaló, hace algún tiempo, Paloma García Picazo: "es necesario comprender mínimamente tal cosa para entender algunas de las características principales de su evolución. Y para ello es imprescindible trazar los orígenes teóricos de determinadas posiciones intelectuales, doctrinales e ideológicas"[10].

Ahora bien, como actividad política entre diversos sujetos y actores -Estados, naciones, imperios…, sea cual sea la denominación del sistema y el régimen político elegido-, las relaciones internacionales existen desde el comienzo de la historia cuando las diferentes comunidades humanas (pueblos, ciudades, reinos o imperios) se relacionaban, se enfrentaban y negociaban entre sí, tanto acuerdos e intercambios comerciales como la guerra o la paz. Con lo cual, aunque las relaciones internacio-

---

9 GARCÍA PICAZO, P.: *Teoría Breve de Relaciones Internacionales*, Tecnos, Madrid, 2004, p. 15.

10 *Ibid.*, p. 52. Véase ZIMMERN A. *The League of Nations and the rule of law*, 1918-1935, MacMillan, London, 1936.

nales han sido estudiadas desde la época de Tucídides[11], no se convirtieron en disciplina definida hasta el siglo XX. En otras palabras, las relaciones internacionales son el resultado de una extensa evolución a lo largo del tiempo y deben ser concebidas como una realidad presente en la historia de la humanidad, con independencia de que su estudio y análisis como disciplina y como campo específico deben situarse con posterioridad.

La nueva disciplina va a mostrar desde el primer momento su evidente vinculación con otras disciplinas académicas, entre las que van a destacar la Sociología, la Historia o la Ciencia Política. Y todo ello, a pesar de que algunas corrientes como el behaviorismo no han dudado en rechazar a la Historia como "matriz y escenario de los acontecimientos de las relaciones internacionales, al considerar que su estudio no permite predecir evoluciones futuras". Sin embargo, como lo señala P. García Picazo, "es evidente que ni siquiera sus teóricos pudieron prescindir por completo de ella. Cada situación internacional se inserta en un contexto, como predican los behavioristas, pero también posee una especie de naturaleza más profunda, heredada del pasado, cuyos conocimientos y eventual comprensión ayudan a entenderla y a manejarla"[12]. La disciplina de las Relaciones Internacionales está vinculada a las ciencias históricas y sociológicas, aunque conserva su autonomía y, con ello, refuer-

---

11 La referencia a Tucídides (s. V a. C) no es aleatoria. Muchos teóricos internacionalistas reconocen al historiador y militar ateniense, autor de "Historia de la Guerra del Peloponeso" y padre de la "Historiografía científica", como uno de los primeros teóricos de las relaciones internacionales. Cabe recordar que hace más de dos milenios, Tucídides explicó los acontecimientos que condujeron a las guerras del Peloponeso. Tal situación es conceptualizada por Graham Allison (2015, p. 64). Véase Tucídides, *Historia de la Guerra del Peloponeso*, Orbis, 1986.

12 GARCÍA PICAZO, P. *op. cit.*, pp. 114-115.

za sus elementos singulares, algo que se va acentuando con el tiempo en la medida en que va adquiriendo un mayor relieve en el marco de los estudios sociales.

En lo que respecta al Derecho, cabe señalar el estrecho nexo que guarda la nueva disciplina con la rama del Derecho Internacional contemporáneo. Como se recordará, en la época del Renacimiento tuvieron lugar transformaciones profundas en los ámbitos de la política, la economía y la sociedad, acaparando el Estado, en su calidad de entidad de reciente configuración, la atención de los *ius*internacionalistas. De esta forma, el Estado soberano y su proyección exterior se configuraron como centro neurálgico del Derecho Internacional en el siglo XVIII, lo que incidió de manera notable para que el Derecho Internacional adquiriese un papel hegemónico como ámbito de conocimiento para el estudio de la sociedad internacional. Sin embargo, a comienzos del siglo XX sus debilidades se hacen evidentes y es entonces cuando comienza a perfilarse la necesidad de una nueva disciplina que se ocupe específicamente de las relaciones internacionales. Nada de esto impide observar, sin embargo, el papel fundamental que ha tenido el Derecho Internacional en la génesis de la disciplina de las Relaciones Internacionales[13] y los vínculos que se pueden establecer entre ambas.

Es más, los autores y académicos que pugnaban por dar a luz a la nueva ciencia de las RR.II. se formaron fundamentalmente en el seno de las disciplinas antes mencionadas. Disciplinas que abordaban con sus más y sus menos los asuntos y temas internacionales, aunque desde puntos de vista distintos al de las Relaciones Internacionales. Esta realidad, también

---

13 *Cfr.* KOZHUJÁROVA, D. *Los nuevos orden y desorden mundiales*, edit: Stopanstvo, Sofia, 2004, p. 23.

explica que los primeros internacionalistas utilizaran categorías y expresiones teóricas propias de sus áreas científicas y que, en ocasiones, no fuesen útiles ni adecuadas para esclarecer y analizar la realidad internacional desde el prisma de la disciplina de las RR.II. De tal modo que se ha de señalar, con trazo grueso, que la vinculación con estas materias no determina que las Relaciones Internacionales no dispongan de un contenido propio que permita que esta disciplina sea considerada en sí misma, enriquecida por otras materias, pero en el marco de una autonomía singular, dotada de componentes teóricos y prácticos que la diferencian.

Las Relaciones Internacionales surgen como disciplina de carácter científico en el siglo XX y, con mayor exactitud, después de la Primera Guerra Mundial, si bien será tras la Segunda Guerra Mundial cuando esta materia alcanza el reconocimiento masivo y cuando se produce un notable progreso en la especificación de la relevancia que tiene la enseñanza, el estudio, la difusión y la comprensión de las relaciones internacionales. El impulso que recibe la nueva disciplina después de 1945 corre de forma pareja con los niveles de desarrollo creciente que experimenta la sociedad internacional contemporánea consciente, además, de su valor como instrumento para el mantenimiento de la paz, la seguridad y la cooperación. De todo ello se deduce la trascendencia de los orígenes científicos y las circunstancias históricas en las que se produjo la gestación de la disciplina, que fueron determinantes. Una disciplina relativamente nueva que crece y se desarrolla a la par de la proyección de los temas internacionales, y de la necesidad de construir una narrativa que explique y circunscriba los acontecimientos y sucesos que tienen lugar en la escena internacional; así como de los factores y actores que intervienen, y que van dibujando el futuro de las relaciones internacionales y las particularidades en cada periodo de la sociedad internacional.

En cualquier caso, uno de los principales desafíos al que tradicionalmente se ha tenido que hacer frente, desde el plano de la docencia, ha sido mostrar la proyección social de una determinada disciplina. Este es un reto que no siempre plantea el mismo nivel de dificultades, pues resulta obvio que no todas las materias presentan una potencialidad igual en el sentido apuntado. Con respecto a las RR.II, una apuesta de este tipo ha perdido parte de la razón que pudiera tener décadas atrás, en la medida en que ha ido ganando en argumentos y visibilidad, de cara a mostrar su transcendencia social. Junto a ello también es necesario apuntar que cada vez resulta más fácil mostrar la dimensión internacional que está presente en la realidad social. Como lo señala Peter Spiro, aunque desde la perspectiva del Derecho, "the globalización makes everything international. There is hardly an area of the law can be fully understood (or taught) without some reference to international law and institutions; in some areas, such as environmental and intelectual property law, the international content now looms large, and even (...)"[14]. Es incontestable que los temas internacionales se han convertido en centro de preocupación y que en la actualidad no se ignora en modo alguno la dimensión internacional de cada uno de los sectores y ámbitos de las ciencias sociales.

---

14 SPIRO, P. "Globalization, International Law and the Academy", *Journal of International Law and Politics*, 2000, p. 578. Traducción: "La globalización hace que todo sea internacional. Difícilmente existe un área del Derecho que pueda entenderse (o enseñarse) plenamente sin alguna referencia al derecho internacional y las instituciones internacionales. En algunas áreas, como el derecho ambiental y de propiedad intelectual, el contenido internacional ahora cobra gran importancia".

1. La disciplina de las Relaciones Internacionales en España

En España, las Relaciones Internacionales se desarrollaron como disciplina científica autónoma a partir del decenio de 1950. Esto nos permite señalar que la evolución experimentada por las RR.II. en los países occidentales no tuvo correspondencia en España y que las razones que motivaron esta situación tuvieron que ver, fundamentalmente, con el aislacionismo que sufrió el país tras el fin de la Guerra Civil, las profundas dificultades económicas, y la escasa apertura científica y cultural que caracterizaron a la etapa franquista en sus primeros lustros. De hecho, fue en 1957 cuando se editó en España el "primer trabajo significativo de teoría de las relaciones internacionales", escrito por Antonio Truyol y Serra, primer catedrático de la disciplina en nuestro país[15]. Ahora bien, la instauración de la democracia en 1978 y la incorporación a la entonces Comunidad Económica Europea (CEE), en 1986, lograron la plena inserción de España en un contexto internacional que estaba sometido a un intenso proceso de globalización, lo que favoreció, sin duda, el desarrollo y la consolidación de las RR.II como disciplina científica[16]. A pesar de todo, hasta entonces hubo y se pueden anotar interesantes estudios sobre Relaciones Internacionales, aunque eran esencialmente tributarios de otras disciplinas científicas. Dejando aparte la abundante producción científica realizada en

---

15 DEL ARENAL, C. y SANAHUJA, J. A. (Coords.), *op. cit.*, p. 13.

16 Véase el trabajo sobre las Relaciones Internacionales en España de ARENAL, C. del, "La enseñanza de las relaciones internacionales en España", en VVAA, *Derecho Internacional y Relaciones Internacionales en el Mundo Mediterráneo, Actas de las XVII Jornadas de la Asociación Española de Profesores de Derecho Internacional y Relaciones Internacionales,* Madrid, BOE/Universitat de les Illes Balears/AEPDIRI, 1999, pp. 319-338. Otro trabajo muy interesante: ARENAL, C. del, *La teoría de las Relaciones Internacionales en España,* International Law Association (Sección española), Madrid, 1979.

el marco de la Historia de las Relaciones Internacionales y del Derecho Internacional Público, hay contribuciones que merecen una atención más especial de la que se les ha prestado hasta ahora, y que podrían aglutinarse en un género específico: el "ensayo internacionalista", entendido como precedente de los estudios de RR.II.

En esta línea, merece una singular atención la obra de Camilo Barcia Trelles, catedrático de Derecho Internacional y miembro del Instituto de Derecho Internacional (IDI). Se trata de un escritor prolífico que brilló de manera particular en el ámbito de las Relaciones Internacionales por sus estudios sobre asuntos de carácter internacional. Entre ellos se pueden citar: "El problema de las Malvinas" y "La política exterior norteamericana de la posguerra", publicados en *El Liberal* y en los diferentes trabajos científicos que realizó. Asimismo, otra de sus obras es "Puntos cardinales de la política española". En el artículo escrito en 1988 por Manuel Pérez González, al cumplirse el centenario de su nacimiento, se señala que C. Barcia Trelles se encuentra entre los "internacionalistas señeros de nuestro siglo" por sus "certeros análisis de las correlaciones de poder entre los Estados"[17]. Por si fuera poco, otra de las obras esenciales de este gran maestro de internacionalistas –juristas y politólogos- es "Estudios de Política Internacional y Derecho de Gentes", trabajo científico que aporta una visión no solo jurídica, sino también propia de las Relaciones Internacionales.

Además de Barcia Trelles y otros autores a los que se cita más adelante, hay que destacar que en España el creciente interés por los estudios de RR.II. se reflejó en la década de 1970, cuando se constituyó en Valencia la Asociación Española de Profesores de Derecho Internacional Público y Relaciones In-

---

17 Artículo escrito por Manuel Pérez González. Disponible en: http://elpais.com/diario/1988/07/15/cultura/584920804_850215.html.

ternacionales (en adelante AEPDIRI). Corría el año 1978 y esta asociación, constituida al amparo de la Ley 191/1964 (de 24 de diciembre), se configuró como una institución científica y profesional con el objetivo de promover el "estudio y el progreso del Derecho Internacional Público y Privado, del Derecho Comunitario Europeo y de las Relaciones Internacionales". En la práctica, la mencionada asociación viene cumpliendo además la significativa función de proporcionar un marco de relación entre sus miembros, y se concibe como un foro de reunión anual (bianual) a través de sus jornadas ordinarias y extraordinarias. Si bien las RR.II, por su carácter más joven como disciplina y su aún escaso cuerpo de profesores, es la ciencia menos visible de la Asociación, la división de las Jornadas en tres paneles temáticos, uno específico para las Relaciones Internacionales, otorgan a la disciplina ese carácter independiente y autónomo respecto del Derecho Internacional Público y Privado[18].

Se debe reconocer que en España, el Derecho Internacional ha mostrado cierta proclividad inicial de monopolizar el campo de las RR.II, siendo así que las Facultades de Ciencias Políticas y de Sociología aceptaron la hegemonía de las Facultades de Derecho en este ámbito, lo que se hizo posible porque la mayoría de los catedráticos de la disciplina en estas facultades procedían del ámbito jurídico. Ahora bien, la diferencia entre Derecho Internacional Público y Relaciones Internacionales se ha aventurado cada vez más acusada tras el proceso de revisión del catálogo de áreas de conocimiento, fijado en su día por el Ministerio de Educación y Ciencia[19]. Y ahora, tras las decisiones adoptadas por

---

[18] Véase en: http://www.aepdiri.org/asociacion/index.php.

[19] EMBID IRUJO, A. *Legislación universitaria*, Madrid, 1987, pp. 326 ss., en particular, p. 336. Véanse las reflexiones sobre las relaciones entre ambas disciplinas en GUTIÉRREZ ESPADA, C. *Hacia un compendio de Derecho Internacional*, Murcia, 1992, p. 31. Asimis-

diferentes universidades españolas, se han impulsado los estudios del Grado en Relaciones Internacionales. Primero fue la Universidad Complutense de Madrid, en la que desde el curso académico 2009/10 se imparte en la Facultad de Ciencias Políticas y Sociología, ubicada en el campus de Somosaguas, el Grado de Relaciones Internacionales; y, con posterioridad, fue en la Universidad Rey Juan Carlos, donde el Grado de Relaciones Internacionales comenzó a estudiarse dos cursos académicos después, en este caso bajo el impulso decisivo del catedrático Cástor M. Díaz Barrado y quien escribe estas líneas. En otras universidades, como la Universidad Carlos III de Madrid, la titulación recibe el nombre de Grado en Estudios Internacionales y se imparte íntegramente en inglés, aunque la implantación de este Grado en esta universidad se aprobó de manera mucho más tardía. Asimismo, el interés por estos estudios se advierte en que un número notable de universidades privadas en España ofertan el Grado en Relaciones Internacionales, que ha ganado en atractivo y demanda.

En cualquier caso, se debe subrayar que en todas las universidades los estudios en Relaciones Internacionales tienen un carácter multidisciplinar, abarcando materias jurídicas, de la ciencia política, y de la economía e historia, fundamentalmente, con el fin de formar expertos profesionales en la comprensión y el análisis de un mundo complejo y en constante cambio, con rigor y profundidad, así como facilitar las herramientas necesarias para investigar la sociedad internacional actual y evaluar posibles escenarios futuros. A pesar de ello, se constata que existe una "gran disparidad en la denominación de asignaturas muy centrales en planes de estudios de las RR.II, lo que redun-

---

mo, ORTEGA CARCELEN, M. "Sobre el papel del Derecho Internacional en la teoría de las relaciones internacionales (Un comentario a la teoría normativa de las relaciones internacionales de M. Frost)", *Cuadernos de la Escuela diplomática*, 1988.

da en cierto descrédito de la estandarización y homogeneidad que se atribuye a grados consolidados académicamente"[20]. En consecuencia, sería necesario que los Grados en Relaciones Internacionales que se imparten en la universidad española, tanto pública como privada, adquiriesen un carácter más homogéneo del que se aprecia en el momento actual.

La consolidación de las RR.II, como campo de estudio académico y científico, se produjo en España en el periodo que va entre 1973 y 2009[21]. En el ámbito docente, durante ese periodo, las RRII estuvieron vinculadas en gran medida a las Licenciaturas en Ciencia Política, Periodismo y Comunicación Audiovisual (Universidad Complutense, Universidad de Navarra, Universidad Pontificia de Salamanca, entre otras), produciéndose un retraso constatable en su incorporación a los planes de estudio y con dependencia histórica de otras áreas de conocimiento. A mi juicio, durante ese periodo, la enseñanza de las RR.II. no recibió el tratamiento autónomo que le correspondía, a pesar de disponer de componentes que la definen con peculiaridad en sus propios fundamentos y en las dimensiones que expresa. El cambio más significativo se produjo en el año 2009, cuando se crean los primeros Grados en Relaciones Internacionales, una aspiración compartida por varias generaciones de internacionalistas, y que va a coincidir con la incorporación de España, como país miembro de la UE, en el Espacio Europeo de Educación Superior (EEES)[22].

---

20 Informe elaborado por el Grupo de Trabajo creado por la Junta Directiva de AEPDIRI, 16 de septiembre de 2019, sobre el estado de la docencia e investigación de las Relaciones Internacionales en España.

21 *Ibid.*, p. 1.

22 Por lo que respecta a América Latina, en los últimos decenios han proliferado diferentes instituciones y centros, públicos y privados,

Serán básicamente los cambios estructurales y la necesidad de prever acontecimientos que pongan en riesgo el futuro de la humanidad, los que han generado la creación de una ciencia que se ocupe de la investigación y el estudio de la sociedad internacional; sus problemas vitales/centrales, como la responsabilidad de las grandes potencias; el protagonismo internacional e influencia creciente de los actores no estatales y distintos movimientos sociales; el aumento de la interdependencia entre los Estados; la Seguridad y la Defensa; las posibilidades de intensificación de la cooperación; el Medio Ambiente; la Igualdad de Género; los Objetivos de Desarrollo Sostenible; o los efectos de las nuevas tecnologías, con la aparición de la Inteligencia Artificial, entre otros muchos. A la postre, las RR.II. son una disciplina que, al igual que muchas otras, pero quizás en ella de forma más acentuada, los conocimientos adquieren un carácter provisional al verse constantemente superados por la evolución, el cambio y la mutación de las relaciones entre sus actores, así como por los descubrimientos científicos, y los nuevos temas que aparecen en la agenda internacional. En definitiva, en las relaciones internacionales todo está siempre cubierto por la incertidumbre y la duda, por eso una parte de la actividad científica revierte en sí misma mientras la restante intenta aplicar algunos de sus conocimientos a la solución de problemas y a la predicción de catástrofes o conflictos de índole política, social, cultural, económica o medioambiental.

---

que se ocupan de las relaciones internacionales en dependencia directa de la aspiración de algunos países latinoamericanos por lograr protagonismo internacional. El interés científico latinoamericano, en lo que respecta a la narrativa teórica de la disciplina, está ligado prioritariamente a los problemas del desarrollo y del subdesarrollo. Incluso podría hablarse de una escuela latinoamericana de estudios internacionales marcada por las realidades y características específicas de la región. En KOZHUJÁROVA, D. *op. cit.*, p. 27.

A la vista de estas consideraciones, estos factores se tienen en cuenta de una manera particular cuando se pretende contribuir a la formación de estudiantes en el ámbito de las RR.II, especialmente porque la progresiva internacionalización de las relaciones sociales está favoreciendo de un modo decidido la revalorización del significado académico de nuestra disciplina. Asimismo, la ampliación de las relaciones internacionales y su influjo progresivo en la vida cotidiana de las personas, de los Estados y de la realidad internacional se hace patente en el fluir diario, por lo que afrontar esta tarea formativa exige un esfuerzo específico por parte de los internacionalistas. Todo ello con la finalidad de que el público en general interesado en esta materia comprenda que se trata de una *auténtica disciplina* dirigida, entre otras cosas, al estudio y análisis de una "actividad primordialmente política que diferentes actores con capacidad para ejercerla protagonizan y desarrollan" en el gran teatro internacional, que "unos conceptualizan como sociedad, otros como sistema y otros como comunidad, aunque suelen combinarlo"[23].

Sobre esta base, es apropiada la sencilla pretensión de reflexionar en torno a determinados aspectos que definen y configuran las Relaciones Internacionales, en el seno de una realidad concreta, reciente y, en mi opinión, decisiva para el futuro de esta disciplina. Se pretende buscar una aproximación a ciertas

---

[23] GARCÍA PICAZO, P. *op. cit.*, p. 28. En la doctrina española, un estudio clásico para la distinción entre sociedad y comunidad internacional es el realizado por POCH Y GUTIERREZ DE CAVIEDES, A., "Comunidad internacional y Sociedad internacional", *Revista de Estudios Políticos,* 12, 1943, pp. 341-400, siendo así que, como se ha dicho, este estudio "se convirtió en un referente en la doctrina internacionalista española". También cabe mencionar la aproximación al concepto de "comunidad internacional" realizado por MARIÑO MENÉNDEZ, F. *Derecho internacional Público. Parte General,* Trotta, Madrid, 2005.

cuestiones esenciales e imprescindibles para la comprensión de las RR.II, a la luz de la emergencia de una comunidad docente que se debate entre la característica y singular estructura de la sociedad internacional contemporánea, en cuanto medio social que ha de regular este escenario; y la voluntad de los entes que componen esta comunidad que, pese a configurarse en un entorno sumamente heterogéneo, intenta proyectar una dimensión solidaria. Una sociedad internacional que ha recibido muchos calificativos pero que, en el fondo, no deja de ser profundamente heterogénea y diversa; y que se ha configurado con un alcance universal, en el que curiosamente habitan con fuerza los regionalismos y los postulados nacionalistas.

2. Las Relaciones Internacionales en el siglo XXI: El Medio en el que se desarrollan. Marco Societario Hostil, Global y Turbulento

En la actualidad, al igual que a lo largo de la historia, el *medio social* en el que operan las relaciones internacionales contemporáneas se presenta muy hostil, donde el conflicto envilece los avances, sin lugar a duda de integración y cooperación entre los actores que protagonizan estas relaciones. Todavía no se ha producido la acción decidida y tenaz de los actores internacionales hacia la solidaridad, la convivencia, el progreso y la paz a nivel global. Los principios que a acompañan a los actores van más en la dirección de la prevención de conflictos y reparto de competencias que en motivos de carácter cooperativo y solidario. La consecuencia es evidente, lejos de avanzar hacia una comunidad internacional, los actores se relacionan en un escenario fragmentado y sometido a los vaivenes de los intereses de las grandes potencias, principales protagonistas del sistema internacional. Las palabras no acompañan a los hechos y la proclama de una solidaridad universal o regional con frecuencia no se hace efectiva. Así ha sucedido, por ejemplo, en el espacio americano en el que la solidaridad se anunció en la *Declaración de los Principios de la Solidaridad de América, aprobada en la Octava Conferencia Internacional Americana*, celebrada en Lima en 1938, en la que se recogió por los países de la región la "solidaridad continental y su propósito de colaborar en el mantenimiento de los principios en que se basa dicha solidaridad"[24].

Las relaciones internacionales operan en este marco societario global, y lo que se advierte con nitidez es que se está produciendo, aunque sea muy lentamente, un cambio en la naturaleza de estas relaciones. Por de pronto, se ha ampliado su ámbito de actuación afectando al conjunto de los sectores en los que participan los diversos actores de la sociedad internacional. Con avances y retrocesos, la sociedad internacional va adquiriendo algunos elementos de estabilidad y permanencia que, constantemente, se ven alterados por el comportamiento de los Estados, de otros actores internacionales, de diferentes factores, y de las relaciones que se establecen entre ellos. Por lo mismo, el contexto internacional no deja de estar profundamente dividido y se muestra siempre de manera muy convulsa y cambiante y, por ello, los actores internacionales deben adaptarse de forma incesante a las nuevas circunstancias.

En el tercer decenio del siglo XXI todo se revela en "crisis", tanto las Relaciones Internacionales como su disciplina compañera, el Derecho Internacional. Así, el profesor de Derecho Internacional y Europeo de la Universidad de Postdam, Andreas Zimmermann, calificaba al Derecho Internacional, en la segunda década del actual siglo, como una "especie amenazada", por los tiempos turbulentos que vivimos actualmente con acontecimientos imprevisibles y desafiantes para este ordenamiento ju-

---

24 Disponible en: https://www.dipublico.org/15744/declaracion-de-los-principios-de-la-solidaridad-de-america-octava-conferencia-internacional-americana-lima-1938.

rídico[25]. Por su parte, la disciplina de las RR.II. se mantiene en su permanente crisis de identidad, en la actualidad con "nuevos" fenómenos y actores que modifican las dimensiones trascendentales y clásicas de la realidad internacional, como la política, social, económica, medioambiental y, sobre todo, las cuestiones de seguridad. Entre los últimos acontecimientos que reflejan la situación expuesta podrían referirse algunos como la *guerra comercial* entre el gigante asiático y la potencia americana; el discurrir de la pandemia de la Covid-19, generadora de una crisis sanitaria con consecuencias en todas las dimensiones de las relaciones internacionales; y, por último, la crisis global generada por conflictos de evidentes repercusiones a nivel mundial como la guerra de Ucrania, tras la invasión rusa el 24 de febrero de 2022, o la de Gaza tras el ataque terrorista perpetrado por *Hamás,* el 7 de octubre de 2023, y que ha generado una respuesta militar israelí desproporcionada que está convulsionando la sociedad internacional.

A pesar de todo, la situación no parece sorprendernos demasiado porque los tiempos turbulentos han sido una constante en la sociedad internacional. El autor e internacionalista Roberto Mesa también exponía esta idea en el decenio de 1980 con estas palabras, "en pocas ocasiones será tan adecuado, como en la presente, subrayar los rasgos de crisis permanente por la que atraviesa la sociedad internacional contemporánea (…) Crisis, además, que, como si de un poliedro se tratase, tiene múltiples caras y facetas. Crisis de crecimiento motivada por el aumento del número de protagonistas internacionales, no ya sólo por lo concerniente al aumento de Estados (…) Crisis de identidad (…) crisis antagónica de pobreza y abundancia. Crisis ideoló-

25 ZIMMERMANN, A. "Times are changing: And What about the International Rule of Law then?", *EJIL: Talk¡, Blog of the European Journal of International Law,* 9 de marzo 2018.

gica (...) y crisis profunda de civilización (...)"[26]. Por todo, lo que se pretende con este estudio es poner el énfasis en aquellos elementos que también están presentes en la actual sociedad internacional, y que apuntan los principales perfiles que la definen, siendo conscientes de que la sociedad internacional contemporánea se mueve entre el tránsito hacia lo imprevisto y la perplejidad por lo que acontece. Y, entretanto, priman el desconcierto y el azar.

Este trabajo no trata de ofrecer, sin embargo, una visión pesimista de las relaciones internacionales contemporáneas porque en ellas también habitan, sin lugar a duda, elementos de estabilidad y permanencia que hacen valorar con otros criterios los sucesos que vienen aconteciendo en nuestra sociedad. La sociedad internacional contemporánea se mueve con parámetros similares a los del pasado, en determinados aspectos, eso sí, con la incorporación de nuevos significados y valores. De esta forma, se debe recordar que en la *Conferencia de San Francisco*, celebrada entre el 25 de abril y el 26 de junio de 1945, los países participantes insistieron en que su propósito era la creación de una organización internacional, las Naciones Unidas, encaminada a acabar con la guerra y promover la paz, la justicia y la seguridad para toda la humanidad[27]. Una vez más, la paz y el entendimiento entre los Estados y otros actores internacionales promovían la

---

26 MESA, R. "Factores de paz y elementos de crisis en la Sociedad Internacional contemporánea", *Revista de Estudios Internacionales* 7, 4, 1986, pp. 1059-1060.

27 Véase PEREIRA J. C. MARTINEZ, P. A. *Documentos básicos sobre Historia de las Relaciones Internacionales 1815-1991*, Madrid, 1995, p. 19. En 1815, tras la derrota de Napoleón y después del Congreso de Viena, los gobernantes de las principales naciones decidieron formar una coalición constituida por Austria, Gran Bretaña, Prusia y Rusia, conocida como la Cuádruple Alianza. Se creaba así la Europa de los Congresos en la que se acordó la celebración periódica de conferen-

permanencia de valores sustanciales que permitían observar la sociedad internacional con una visión menos dramática. Se abogaba por afirmar y fortalecer la paz, la democracia, los derechos humanos..., algo que se viene repitiendo, básicamente, desde el decenio de 1990 cuando la comunidad internacional se mostró mucho más proclive a hacerlos realidad y retomar la senda del entendimiento en la escena internacional.

3. Estudio y Análisis de las Relaciones Internacionales: Su carácter Multidisciplinar

El estudio y análisis de las relaciones internacionales deben tener presente, en todo caso, algunos aspectos fundamentales que le otorguen, entre otros, un *carácter completo.* A estos efectos, resulta muy conveniente abordar el fenómeno de las relaciones internacionales en su integridad, de tal manera que se debe ofrecer un marco general para la reflexión que permita identificar, conocer y analizar, desde una perspectiva multi e interdisciplinar, los diversos aspectos de las cuestiones más relevantes del ámbito internacional, a través del desarrollo y evolución de los procesos más significativos, sus principales acontecimientos, interacciones y protagonistas, ocurridos en la sociedad internacional al menos desde 1648, año de la firma de *la Paz de Westfalia.* La tradición sitúa el comienzo de las Relaciones Internacionales en los tratados que dieron lugar a esta Paz, momento en el que surge el Estado moderno. Anteriormente, la política de la Europa medieval descansaba sobre un cierto orden religioso jerarquizado. Tras la firma de los tratados de Westfalia desaparece la multiplicación de autoridades y lealtades (Papa, Emperador, Príncipe), de tal forma que a

---

cias para tratar los asuntos relacionados con la paz, la guerra y los intereses comunes de sus miembros.

partir de entonces los monarcas (dirigentes) son soberanos en su territorio y las legislaciones nacionales se convierten en la última autoridad en el interior del territorio nacional.

Aproximarse al carácter multidimensional de la disciplina de las RR.II exige tener presente distintas facetas, de tal manera que el análisis de los factores y actores, o de los supuestos fenómenos concretos, se desarrolle desde todos los ángulos posibles. Esta disciplina aúna y debe "conjuntar" los hechos y el derecho, induciendo a reflexionar sobre la realidad internacional; pero, además, se hace imprescindible ofrecer un marco general de conocimiento, examinando la situación actual de la sociedad internacional y los actores que interactúan, así como su evolución y transformación constante. Al mismo tiempo, *esta visión completa de las Relaciones Internacionales* conlleva en sí misma la necesidad de poner de manifiesto sus *limitaciones actuales*, así como su complejidad estructural. En resumen, los rasgos más sobresalientes que la caracterizan y que, a la postre, definen a la propia sociedad o comunidad internacional como objeto básico de estudio de la disciplina de las RR.II.

Por lo que se refiere a la aproximación metodológica (objeto formal o la epistemología de las Relaciones Internacionales), se considera que esta disciplina debe abordarse desde la *perspectiva interdisciplinar o multidisciplinar* tantas veces evocada, porque es la que permite analizar la realidad internacional de forma integral[28]. Más todavía, la complejidad de las relaciones

---

[28] En 1939 Alfred Zimmern definió el criterio de la interdisciplinariedad como "un conjunto de conocimientos aportados por otras ciencias y que el internacionalista emplea para un mejor conocimiento de la realidad internacional, superando de este modo las limitaciones que a cada disciplina le impone su propia perspectiva del conocimiento", en ZIMMERN, A. E. *University Teaching of International Relations*, Paris, 1939; la cita esta extraída del artículo de RICH, P. "Reinventing Peace: David Davies, Alfred Zimmern and

internacionales exige conocer las bases fundamentales de otras materias sociales. En concreto, la Historia Diplomática y el Derecho Internacional constituyen el marco académico del que han surgido las Relaciones Internacionales. Pero no son los únicos. Existen otros campos académicos que podríamos denominar auxiliares de carácter general, entre los que destacan: La Filosofía, la Geografía (a través de la Geopolítica), la Ciencia Política, la Sociología, la Antropología, la Historia, la Psicología, la Economía y, en la actualidad, las visiones propias de la Geoestrategia. Cada una de estas ciencias aporta conceptos, métodos y teorías que son relevantes para el estudio de las relaciones internacionales.

- La Filosofía, una ciencia relacionada con la reflexión y con la investigación de nuevos métodos para interpretar los hechos. Se debe constatar que, prácticamente, todas las ciencias precisan de la Filosofía para generar conocimiento y nuevas formas de percibir e interpretar los acontecimientos. Y, desde luego, no lo son menos las RR.II, una disciplina que precisa de un sustrato filosófico normativo por cuanto algunos filósofos griegos fueron los primeros que plantearon el conflicto como relación intrínseca de la naturaleza humana y extrapolable al ámbito internacional. Ahora bien, se debería huir de la tendencia a examinar las RR.II. con una perspectiva netamente filosófica, puesto que auspiciarlo priva de su verdadero significado al estudio específico de la sociedad internacional y sus características.
- La Ciencia Política. No se debe olvidar que las RR.II. pertenecen históricamente al dominio de la Ciencia Política, aunque el acento se pone actualmente en otras

Liberal Internationalism In Interwar Britain", *Revista International Relations 16,* 1, 2002, pp. 117-133.

materias y se adopta un enfoque desde otros prismas. En concreto, la perspectiva politológica de la nueva disciplina ha sido abordada por algunos estudiosos, entre ellos Pierre Renouvin y Jean Baptiste Duroselle. La contribución de la Ciencia Política no es desdeñable, puesto que incorpora conceptos y dimensiones que son rentables en el análisis de lo que acontece en la realidad internacional. Una parte considerable de la doctrina española especializada en RR.II. procede de este campo del conocimiento.

- La Historia y la Sociología. En ningún caso se debe obviar que la adecuada contextualización de las relaciones internacionales precisa con frecuencia del recurso a conocimientos que escapan al campo sociopolítico en sentido estricto. Esta situación se hace presente con una particular intensidad en el análisis, descripción, sistematización y explicación del fenómeno internacional en toda su complejidad. De hecho, Manuel Medina apunta que "el estudio científico de la política internacional más antiguo se debe a los historiadores". A lo que añade que la *Historia de la Guerra del Peloponeso* de Tucídides es "a la vez, el primer estudio científico de la historia y el primer análisis objetivo de las relaciones internacionales"[29].En coincidencia con la Sociología y otras ciencias sociales, resulta evidente que las RR.II estudian también la realidad de la sociedad internacional, es decir, tal y como efectivamente acaece, antes que adentrarse por las consideraciones sobre los fenómenos sociales que podrían o deberían haber sucedido. Sin

---

29 Citado por ARENAL DEL, C. "La génesis de las Relaciones Internacionales como disciplina científica", *Revista de Estudios Internacionales* 2, 4, 1981, nota 19, p. 858.

embargo, la singularidad del objeto material de la disciplina de las RR.II, la sociedad internacional, impone una serie de especificidades. Precisamente por esto, se puede concluir que la historia y la sociología de las relaciones internacionales constituyen *un complemento necesario,* no solo para la investigación del internacionalista, sino también para analizar la sociedad internacional con una visión integral. Cabe señalar que la perspectiva histórico-diplomática de las Relaciones Internacionales ha sido abordada por Alfred Grosser, mientras que la sociológica corresponde a Marcel Merle[30] y a Raymond Aron. Por su parte, en la doctrina española no abundan historiadores que hayan abordado el estudio de las relaciones internacionales con una óptica que vaya más allá de lo puramente histórico, y que incida simultáneamente en el relato y perfiles de la sociedad internacional y las relaciones que acontecen en la escena internacional.

- Derecho Internacional. Los estudios en Derecho son los únicos que, antes de la Primera Guerra Mundial, introducían el término "internacional" en su planes de estudio. Como lo ha subrayado, con acierto, Alain Pellet, en relación con la vinculación entre Derecho y Relaciones Internacionales : "les deux disciplines ont besoin l'une de l'autre. Le juriste ne peut avoir une vision exacte de la signification, de la portée et, souvent, de l'existence même des normes qui constituent l'objet de ses études sans une connaissance suffisante du contexte dans lequel elles se forment et s'appliquent. De son côté, le spécialiste de relations internationales a tout à gagner s'intéresser aux enseignements de l'analyse juridique qui constitue une

30 MERLE, M. *Sociología de las Relaciones Internacionales,* Alianza, Madrid, 1991; ed. original en francés, 1988.

grille de lecture des rapports sociaux et un indicateur fiable des tendances de la société internationale"[31]. Se podría sintetizar la posición del experto francés en Derecho Internacional, indicando que ambas disciplinas se necesitan mutuamente. Y, desde ahí, anotar que el jurista no puede tener una visión exacta de la normativa internacional sin un conocimiento suficiente del contexto en el que se aplica, mientras que el especialista de las Relaciones Internacionales precisa de los análisis jurídicos para realizar un diagnóstico objetivo del devenir de la sociedad internacional. Ahora bien, se debe reconocer que lo jurídico, como rama de las Ciencias Sociales, no es suficiente para analizar la complejidad y diversidad de la sociedad internacional. El estudio de la norma e incluso de los fundamentos jurídicos de la realidad internacional encarnan una visión todavía parcial.

En conclusión, esta aproximación al estudio de las Relaciones Internacionales mediante *un método interdisciplinar* permitirá tener una visión global y profunda de la sociedad internacional y de los vínculos que se establecen entre sus actores. La influencia de otras ciencias en la disciplina de las Relaciones Internacionales es evidente y necesaria. Además, únicamente de esta forma podrán conocerse de manera amplia las características que definen la sociedad internacional, tanto en sus elementos evolutivos como en los rasgos que la perfilan en la actualidad. La perspectiva que aboga por lo interdisciplinar es, con toda seguridad, la más acertada para un análisis completo de las relaciones internacionales contemporáneas. Sin embargo, esto no debe tropezar con la aseveración de que existe una perspectiva propia de las

---

31 PELLET. A. "Art du droit et «science» des relations internationales", en *Les relations internationales à l'épreuve de la science politique. Mélanges M. MERLE*, Paris, 1993, p. 360.

Relaciones Internacionales, que garantiza la existencia de una disciplina con autonomía conceptual y de contenidos y que, por lo tanto, inclinar el análisis hacia otras disciplinas seria desvirtuar y comprender de manera anómala nuestra materia. Tanto es así que el resultado de los fundamentos teóricos debe proceder y abonarse desde los conceptos, métodos, contenidos y dimensiones que encierra y alberga la propia disciplina de las RR.II.

4. Definición y Objeto de la Disciplina de las Relaciones Internacionales: Evolución del Concepto.

Como se ha dicho, las Relaciones Internacionales, como todo estudio científico, se vinculan con distintas ciencias y, en ocasiones, hasta se mezclan y entrecruzan con otras disciplinas como son la Sociología[32], la Historia, la Economía, la Política o la Filosofía. Esto complica la determinación de la naturaleza de esta disciplina, pero también la enriquece. En términos generales, Karl Deutsch señaló que "el estudio de las relaciones internacionales es una introducción al arte y a la ciencia de la supervivencia de la humanidad"[33], si bien de manera más concreta las RR.II se pueden definir como la disciplina que estudia las relaciones entre unidades políticas con el rango de nacionales y que trata fundamentalmente sobre política internacional. Una

---

32 Georg Schwarzenberger, autor reconocido en los manuales de RRII, es uno de los impulsores del uso de la Sociología para estudiar las relaciones internacionales. Su esquema ideológico subyacente tiende a las tesis realistas de la política internacional. GARCIA PICAZO, P. *Las Relaciones Internacionales en el siglo XXI: la contienda teórica. Hacia una visión reflexiva y crítica.* Tecnos, Madrid, 1998, pp. 35-36.

33 DEUTSCH, K. "El análisis de las Relaciones Internacionales", Ediciones Lavp, prefacio, p. 7. New York, 2017,

definición así sería razonablemente correcta si no fuera porque excluye a los actores de carácter no nacional que también participan e influyen en las relaciones internacionales contemporáneas. Además, no habría que obviar que, aunque la definición reproducida habla de las RR.II como una "rama de la ciencia política, el tema de estudio abarca no solo relaciones de carácter político sino también de carácter económico y de otra naturaleza, con un alcance multidisciplinario"[34]. Lo señalado no significa que el ámbito de estudio de las RR.II sea ilimitado, sino que las barreras son más complicadas de establecer e identificar que en otras ciencias por su carácter interdisciplinar y por su objeto de estudio: la sociedad internacional. De hecho, el acotamiento de esta realidad social ha sido abordado por los diversos autores siguiendo criterios muy distintos e incluso contradictorios.

Aun así, el objeto material[35] de esta disciplina es analizar la conformación y el desarrollo histórico del sistema político internacional contemporáneo, desde el prisma de las relaciones interestatales, así como el estudio de los diversos actores con capacidad para actuar e influir en la escena internacional y las relaciones multidimensionales que se establecen entre ellos y que determinan su devenir. En definitiva, Roberto Mesa en su obra *Teoría y práctica de las relaciones internacionales* define, en particular, "las Relaciones Internacionales como la ciencia que estudia la sociedad internacional, tanto dinámica como

---

34 PEARSON, F. S. y ROCHESTER J. M. *Relaciones Internacionales. Situación global en el siglo XXI*, Mc Graw Hill, Santa Fe de Bogotá, 2000, p. 13.

35 En la disciplina de Relaciones Internacionales hay que distinguir entre el objeto material, referido a aquella parte de la ciencia que va a estudiar; y el objeto formal: la óptica, la perspectiva desde la que se va a estudiar.

estáticamente"[36]. Ahora bien, en ese estudio de la sociedad internacional John Stoessinger señala que no podemos olvidar que en el ámbito internacional existe una "tensión permanente entre la lucha por el poder y la lucha por el orden"[37]. Por último, si nos detenemos en los objetivos prácticos de la disciplina de las RR.II, se debería coincidir con Gonzalo de Salazar Serantes cuando sostiene que "una de las funciones primordiales de la investigación en las relaciones internacionales debería ser la de servir como instrumento al líder político"[38]. En algunos países, como EE.UU, se constata de forma evidente cómo determinadas escuelas de Relaciones Internacionales, entre ellas el realismo, influyen claramente en la política exterior norteamericana. Los postulados teóricos y la interpretación que hacen de la sociedad internacional algunas de las corrientes racionalistas tienen una clara voluntad de orientar la política exterior de la potencia americana, en aras del mantenimiento del orden internacional o, para ser más exactos, del orden internacional que persiguen con la política.

Entre los principales autores contemporáneos que contribuyeron al desarrollo y consolidación de las RR.II. como disciplina autónoma, allá por el decenio de 1940, cabría citar, a Martin Wight, Hans J. Morgenthau, Raymond Aron o Quincy Wright. En las décadas posteriores también destacaron autores de origen anglosajón, fundamentalmente. Esto permite afirmar que la disciplina de las Relaciones Internacionales ha sido

---

36 MESA GARRRIDO, R. *Teoría y práctica de las relaciones internacionales*, Taurus, Madrid, 1977, p. 27.

37 STOESSINGER, J. *The Might of Nation,* Mac Graw-Hill, New York, 1990, p. 5.

38 DE SALAZAR SERANTES, G. "Las fuentes de la investigación en las relaciones internacionales", *Revista CIDOB d' Afers Internationals,* 64, 2003-2004, p. 206.

desarrollada, sobre todo, tras la Segunda Guerra Mundial, por autores norteamericanos y europeos (británicos y franceses), aunque más bajo el impulso de los primeros, lo que evidencia un marcado dominio o hegemonía de las doctrinas norteamericanas en la nueva ciencia al menos en sus orígenes.

Como se ha dicho, la disciplina de las RR.II pertenece tanto al ámbito académico como político y su objetivo está suficientemente claro, así "mientras el objeto primordial del *ius*internacionalista es la descripción normativa de las normas y de las instituciones", el de la teoría de las relaciones internacionales "es la explicación del comportamiento político de los actores internacionales mediante el análisis de múltiples factores; los intereses, el poder y las estructuras de gobierno de los Estados y de otros actores; la información, las ideas y los compromisos a través de los cuales operan; así como las instituciones a través de las cuales se relacionan"[39]. Por su parte, Celestino del Arenal se va a detener más en el aspecto práctico al afirmar que "las relaciones internacionales, que nacen directamente ligadas a la búsqueda de soluciones a los problemas internacionales y, en especial, al problema de la guerra, no van a perder en ningún momento este sentido, reflejando en última instancia en su desarrollo teórico el cambio y la consiguiente aparición y toma de conciencia de nuevos o renovados problemas, y la búsqueda de respuesta a los mismos"[40]. En síntesis, como lo sostiene habitualmente la comunidad científica, la disciplina de las RR. II nació tras la Primera Guerra Mundial, delimitada entonces por la dimensión normativa y enfocada en el desarro-

---

39 ABBOT, K. W. "International relations theory, international law, and the regime governing atrocities in internal conflicts", *AJIL* 1999, 2, pp. 361-379.

40 ARENAL, C. del, *Introducción a las relaciones internacionales*, Tecnos, Madrid, 1984, p. 17.

llo de instrumentos y mecanismos dirigidos a la eliminación de la guerra de la sociedad internacional[41]. Sería evidente el predominio entonces de los asuntos relativos al mantenimiento de la paz y la seguridad internacionales, como eje vertebrador de la disciplina y de otras afines como el Derecho Internacional. Con todo, por lo expresado hasta ahora, es claro que definir las Relaciones Internacionales no resulta sencillo[42].

La Escuela del realismo, una de las dominantes dentro de la disciplina de las RR.II, a la hora de definirla utiliza como criterio esencial "la naturaleza de las relaciones", concluyendo que las

---

41 Uno de los grandes estudiosos del fenómeno de la guerra fue Quincy Wright, de la Universidad de Chicago. Según Karl Deutsch, "la guerra, para ser abolida, debe ser entendida. Para ser entendida, debe ser estudiada. Ningún hombre trabajó con más atención, compasión y sensatez en el estudio de la guerra, sus causas y su posible prevención que Quincy Wright. Lo hizo durante casi medio siglo, no solo como defensor de la supervivencia del hombre, sino también como científico. En su gran libro, *A Study of War* reunió, junto con sus colaboradores, un cuerpo más amplio de hechos relevantes, ideas y preguntas de gran alcance que nadie más ha hecho", DEUTSCH, K. W. "Contribución de Quincy Wright al estudio de la guerra", *Revista de resolución de conflictos,* 1970. Véase: QUINCY, W. *El estudio de las Relaciones Internacionales,* Appleton-Century Crofts, 1955.

42 MORGAN, P. M. *Theories and Approaches to International Politics,* 4th ed., New Brunswick, N.J. Transaction Books, 1986. Este autor estudia las cuestiones de delimitación, y otros temas, en el análisis de las relaciones internacionales, incluyendo los problemas propios de los llamados "niveles de análisis". También véase DOUGHERTY, J. y PFALTZGRAFF, R. L. *Contending Theories of International Relations,* Harper and Row, New York, 1990; VIOTTI, P. R. y KAUPPI, M. V.: *International Relations Theory,* Englewood Cliffs, N. J, Prentice Hall, 1990. PALOMARES LERMA, G. *Relaciones Internacionales en el siglo XXI,* Tecnos, Madrid, 2004.

relaciones internacionales son "relaciones de fuerza determinadas por el fenómeno de poder y que la realidad internacional es una realidad esencialmente conflictiva en la que la anarquía y el dictado de la inexorable ley del más fuerte constituyen sus fundamentos"[43]. Esta Escuela identificó, en un primer momento, a las relaciones internacionales con las relaciones interestatales por varias razones: primero, porque a principios del siglo XX el actor prioritario y prácticamente único era el Estado; segundo, porque ambas son relaciones de naturaleza política; y, tercero, porque por entonces "únicamente los Estados monopolizaban el poder y disponían de los medios para garantizarlo"[44]. Desde finales de la centuria pasada se observa cómo lo indicado ya no se corresponde con lo que ocurre en la realidad internacional, como consecuencia de la amplitud y diversidad del número de actores internacionales y de sus relaciones multdimensionales. De todas maneras, los autores realistas han presentado una gran variedad de definiciones que se diferencian entre sí en función del papel que otorgan al poder, como elemento característico de las relaciones internacionales. Hace tiempo, se recordaba que esta concepción "parte de la base de que el sistema internacional es una sociedad de Estados que carece de una autoridad central que resuelva sus disputas y distribuya los recursos entre ellos, por lo cual cada miembro debe asegurar la consecución de sus propios intereses"[45]. Entre los Realistas Políticos destaca, sin duda, la posición de Hans Morgenthau, para quien "la política internacional como toda política es una lucha por el poder de tal forma que

---

43 CALDUCH CERVERA, R. *Relaciones Internacionales*, Ediciones de las Ciencias Sociales, Madrid, 1991, p. 20.

44 *Ibid.* Véase MORGENTHAU, H. J. *Politics Among Nations*, Knopf, New York, 1948.

45 TOMASSINI, L. Relaciones internacionales: Teoría y práctica, *Documento de Trabajo*, 2, PNUD- CEPAL. Proyecto de Cooperación con los Servicios Exteriores de América Latina, Santiago de Chile, 1988, p. 9.

el fin inmediato es siempre el poder"[46]. Por su parte, el francés Raymond Aron ha adoptado una posición intermedia al afirmar que, aunque la violencia constituye un rasgo fundamental de las relaciones internacionales, también hay periodos de paz, en definitiva, que no todo es violencia en la realidad internacional afortunadamente, y que la paz es igualmente un objetivo perseguido por los actores internacionales. En este sentido el internacionalista español, Manuel Medina, reconoce que esta posición resulta demasiado simplista porque al primar la dimensión de la fuerza y del conflicto en las relaciones internacionales, relega el importante papel que la cooperación juega en tales relaciones. En efecto, las relaciones internacionales no son fundamentalmente conflictivas. Basta echar una mirada a la realidad internacional para comprobar el importante rol que juega la cooperación[47]. Sin embargo, no todas las relaciones que se desarrollan en el seno de la sociedad internacional son objeto de análisis de la disciplina de RR.II, lo que conduce al criterio de *relevancia* que ha sido expresado por Georg Schwarzenberger, al afirmar que las relaciones internacionales deben ser "las relaciones entre grupos, entre grupos e individuos y entre individuos, que afectan de modo esencial a la Sociedad Internacional en cuanto tal"[48]. Este carácter selectivo

---

[46] MORGENTHAU, H. J. *Politics among nations. The Struggle for Power and Peace.* Nueva York, Alfred A. Knopf, 1948, p. 13.

[47] MEDINA, M. *La Teoría de las Relaciones Internacionales.* Seminario y Ediciones, Madrid, 1973. De ahí que este autor dedicara su primer trabajo monográfico a la expresión más sobresaliente de la cooperación internacional como son las organizaciones internacionales: MEDINA ORTEGA, M. *Las organizaciones internacionales,* Alianza, Madrid, 1976. Véase TRUYOL y SERRA, A. *La Teoría de las Relaciones Internacionales como Sociología (Introducción al Estudio de las Relaciones Internacionales),* Instituto de Estudios Políticos, Madrid, 1973 (1° ed, 1957).

[48] SCHWARZENBERGER, G. *Power Politics. A Study of International Society,* Edit. Steven & Son. London, 1951. *Cfr.* CALDUCH CERVERA, R. *op. cit.,* p. 23.

debe ser interpretado en términos de que no impide una perspectiva integral de la disciplina, puesto que ello resulta necesario o, al menos, es preciso adoptar una "visión integral del conjunto de actores internacionales y una convicción de que su interacción no es casual sino causal, y sus consecuencias son la configuración de los sistemas internacionales"[49].

También existe otro grupo de teóricos, cuya atención se centra más que en la naturaleza de las relaciones en los actores mismos. Para ellos, los actores "privilegiados" y "básicos" del sistema internacional son los Estados[50]. Dentro de este grupo sobresale Stanley Hoffmann, quien asegura que lo propio de las relaciones internacionales es el medio en el que se desarrollan, "un medio descentralizado"; una sociedad en la que se aprecia la ausencia de una "autoridad suprema", de un gobierno mundial; o si se prefiere, una sociedad en la que el poder descansa en la pluralidad de Estados que la conforman[51]. En este mismo grupo figura Nicholas Spykman, profesor de la Universidad de Yale, pero puntualizando que "el Estado mediatiza, pero no monopoliza las relaciones internacionales". Este autor estadounidense agrega que la presencia del Estado "no anula la existencia y actuación internacionalmente relevante de otros

---

49 MEDINA MARTÍNEZ, F. "Teoría de las Relaciones Internaciones en el siglo XXI", *Revista de El Colegio de San Luis,* Nueva época, VII, 13, 2017, p. 268.

50 ARENAL, C. del., Introducción a las Relaciones Internacionales, Tecnos, Madrid, 2003, p. 417.

51 CALDUCH, R. Teorías de las Relaciones Internacionales, Facultad de Ciencias de la Información, Universidad Complutense, Madrid, p. 69. Véase HOFFMANN, S. *Teorías contemporáneas sobre las relaciones internacionales,* Tecnos, Madrid, 1963, p. 22. Y HOFFMAN, S. "Théorie et Relations Internationales", *Revue Francaise de Science Politique,* vol. XI, 2, 1961.

grupos sociales distintos de aquél"[52]. Otros teóricos, como el francés Pierre Vellas, mantienen una posición conceptual muy semejante a la de N. Spykman al reconocer que, aunque las relaciones internacionales son esencialmente relaciones entre los Estados, no se puede desconocer la existencia de "otros agentes de la vida internacional", si bien todos se caracterizan por su "naturaleza política"[53]. Asimismo, el politólogo estadounidense, Quincy Wright, llegó a señalar en plena Guerra Fría que las relaciones internacionales se asimilan a "relaciones entre grupos con poder"[54]. Con su posición ecléctica, este autor planteó la superación del paradigma del Estado, abordando la definición de las Relaciones Internacionales desde premisas distintas y destapando la participación de actores como las organizaciones internacionales.

Visto lo anterior, cabe concluir que las RR.II, como disciplina científica, resultan de una gran complejidad y que se pueden abordar o estudiar de múltiples maneras y adoptar numerosos enfoques. La misión no resulta nada fácil puesto que el concepto y los rasgos que perfilan la disciplina han de cubrir necesariamente un contenido bastante amplio. El internacionalista español, Antonio Truyol y Serra, en su célebre obra *La*

---

52 SPYKMAN, N. J. "Methods of approach to the study of International Relations", in Proceedings of the Fifth Conference of Teachers of International Law and Related Subjects Held at Washington, DC, April 26–27, 1933 (Washington: Carnegie Endowment for International Peace, 1933), 58-61.También puede verse en TRUYOL Y SERRA, A. *La teoría de las relaciones internacionales como sociología (Introducción al estudio de las relaciones internacionales)*, Instituto de Estudios Políticos, Madrid, 1963, p. 48.

53 VELLAS, P. *Relations internationals. Introduction. Les agents des relations internationales*, t. 1, París, 1974.

54 WRIGHT, Q. *The Study of International Relations*, Appleton-Century-Crofts, 1955, p. 23.

Sociedad Internacional, incorpora una visión particular al señalar que "el criterio sociológico para definir las Relaciones Internacionales consiste en que se trata de relaciones entre grupos humanos diferenciados, territorialmente organizados y con poder de decisión. Podemos decir que las Relaciones Internacionales se darán entre grupos humanos territorialmente organizados de poder que poseen el monopolio del uso legal de la fuerza (que Raymond Aron llama la violencia legítima)"[55]. Para este autor, tales grupos son, fundamentalmente, los Estados, junto a los cuales aparecen, sobre todo a partir de la segunda mitad del siglo XX, organizaciones internacionales, organizaciones no gubernamentales, empresas multinacionales, entre otros. Con esta visión, el profesor español concluye definiendo las Relaciones Internacionales "como aquellas relaciones entre individuos y colectividades humanas que (...) no se agotan en el seno de una comunidad política o Estado, sino que trascienden sus límites"[56].

Es conveniente tener presente una óptica de este tipo, puesto que la definición introduce "dos criterios recurrentes en la conceptualización del término de Relaciones Internacionales como contenido de una disciplina científica. En primer lugar, el criterio de los actores implicados en las relaciones internacionales y, en segundo lugar, el criterio de la localización[57]". Sobre el primer aspecto, "la definición de A. Truyol parte de la noción de individuo", lo que es especialmente interesante por cuanto las relaciones internacionales son hechas por las personas a través de las diferentes formas de organización político-económica, y

---

55 TRUYOL y SERRA, A. *La Sociedad Internacional*, Alianza Editorial, Madrid, 1974, p. 19.

56 *Ibid.*, p. 28.

57 BARBÉ, E., Relaciones Internacionales, Tecnos, Madrid, 1995, p. 20. Como señala Esther Barbé, "los dos criterios ya fueron destacados por Celestino del Arenal en su obra.

"en consecuencia introduce la noción de pluralidad de actores internacionales". En segundo lugar, el criterio de localización hace referencia a la transnacionalización de las relaciones que se desarrollan entre los diferentes actores en el marco internacional. De lo dicho se deduce que esta definición logra superar las limitaciones impuestas por el paradigma del Estado, sin relegar por ello el destacado papel que a los actores estatales les incumbe en la esfera internacional. Ahora bien, también se constata que A. Truyol "no incorpora un tercer criterio, igualmente fundamental, que sería el criterio de las interacciones"[58]. Como lo recuerda Esther Barbé, para el politólogo estadounidense James N. Rosenau, el de Relaciones Internacionales es un "concepto genérico para una amplia gama de actividades, ideas y bienes que cruzan las fronteras nacionales, es decir, las relaciones internacionales comprenden intercambios sociales, culturales, económicos y políticos que se dan tanto en situaciones *ad hoc* (adecuadas, apropiadas) como en contextos institucionalizados"[59]. La misma línea de pensamiento que defiende J. N. Rosenau será adoptada por K. Holsti en su conocida obra *International Politics. A framework for analysis* al señalar que el término Relaciones Internacionales hace referencia "a todas las formas de interacción entre miembros de sociedades separadas, estén o no propiciadas por un gobierno"[60]. Con lo cual, los fenómenos de política internacional (carácter transnacional) y las interacciones económicas, sociales y culturales entre la pluralidad de actores conforman el contenido específico de las RR.II.

---

58 BARBÉ, E. *Relaciones Internacionales*. Tecnos, Madrid, 1995, p. 20-21.

59 ROSENAU, J. "International Relations", en J. KRIEGER (Comp.), The Oxford Companion to Politics of the World, Oxford UP, New York, 1993, citado por BARBÉ, E. *op. cit.*, 1995, p. 21.

60 HOLSTI, K. J. *International Politics. A framework for analysis*, Ed. Prentice Hall, Englewood Cliffs, 1992, p. 10, citado por BARBÉ, E. *op. cit.*, 1995, p. 21.

Para terminar, una vez realizadas[61] algunas aproximaciones a la definición del concepto de Relaciones Internacionales y habiendo presentado algunos de los principales rasgos que perfilan esta disciplina científica, se debe asegurar que las relaciones internacionales se desarrollan en el escenario de lo que se denomina: Sociedad Internacional. Esto nos conduce a una cuestión de bastante profundidad, es decir, la definición que debería acogerse del concepto de Sociedad Internacional, así como de los atributos esenciales que determinan su evolución y delimitan sus características primordiales. Algo que se realizará en un posterior trabajo porque ahora es preciso perfilar los componentes capitales de la fundamentación teórica de esta disciplina. De todas formas, con respecto a los temas más estudiados en el campo de las Relaciones Internacionales se puede adelantar que se incluyen, sobre todo: la globalización, el Estado, el medio ambiente y el desarrollo sostenible, el terrorismo y el crimen organizado, la proliferación nuclear, el desarrollo económico, las finanzas internacionales, las migraciones, la guerra y los derechos humanos y, en el fondo, todas aquellas cuestiones que derivan del devenir y formulación de la sociedad internacional contemporánea. En definitiva, la fuerza militar no acapara el centro del sistema internacional contemporáneo, y las políticas más favorables a la instauración de una comunidad internacional, así como las expresiones más sobresalientes de la cooperación internacional van tomando protagonismo sobre las políticas tradicionales de las potencias en el marco de la dicotomía de la guerra y la paz.

---

61 Véase la definición del Profesor Manuel MEDINA, en La teoría de las relaciones internacionales, Seminario y Ediciones, Madrid, 1973.

II. UN SIGLO DE FUNDAMENTACIÓN TEÓRICA DE LA DISCIPLINA DE LAS RELACIONES INTERNACIONALES. PLURALIDAD Y DIVERSIDAD TEÓRICA: HACIA LA SÍNTESIS RACIONALISTA-REFLECTIVISTA

En 2019 se conmemoró el primer centenario del nacimiento de la disciplina de las Relaciones Internacionales[62]. Una ciencia que, a pesar de su juventud, si la comparamos con otras materias científicas, presenta un carácter autónomo y diferenciado en el ámbito de las ciencias sociales. Partiendo de esta premisa, en las próximas páginas se explicará la evolución de la narrativa teórica de la disciplina que incluye sus propias teorías y debates científicos. Así, corresponde no olvidar las palabras de Stanley Hoffmann cuando señaló que "la teoría constituye el principio de orden en una disciplina"[63], y a través de la teoría una disciplina adquiere orden en el sentido de carácter científico y genera conocimiento.

Además de dar orden a una disciplina, Robert W. Cox añade que "toda teoría es siempre para alguien y para algún propósito. Todas las teorías tienen una perspectiva. Las perspectivas se obtienen desde una posición en el tiempo y en el espacio, específicamente en el tiempo y el espacio social y político"[64]. En el caso que compete ahora, la teoría internacional tiene como finalidad

---

62 En 2019 también se cumplieron cien años del primer intento por conformar una organización internacional con vocación de universalidad y con el propósito de asegurar el mantenimiento de la paz y seguridad en las relaciones internaciones: La Sociedad de Naciones, véase, SIMONOFF, A. "La Sociedad de las Naciones. Un sueño que se convirtió en pesadilla", *Relaciones internacionales,* 19, 2000, p. 248.

63 HOFFMANN, S. *Teorías contemporáneas sobre las relaciones internacionales,* Tecnos, Madrid, 1963, p. 26.

64 COX, R.W. "Social Forces, States and World Orders: Beyond International Relations Theory", *Millennium: Journal of International Studies,* vol. 10, 2, 1981, p. 128; y COX, R. "A perspective on Global-

el estudio, análisis e interpretación de la sociedad internacional y lo que en ella acontece para aportar soluciones a los problemas que enfrentan los diferentes actores internacionales. La relevancia de las teorías en la disciplina de las Relaciones Internacionales "radica en el hecho de que son ellas las que de alguna manera nos permiten dotar de sentido a la realidad internacional. Es siempre desde una propuesta teórica concreta que definimos qué estudiar, cómo enfocarlo, de qué manera representarlo en la mente y de qué manera manejarlo para volverlo inteligible"[65]. Con lo cual, las teorías son una especie de *mapas o imágenes mentales,* guías de acción que definen la realidad, la interpretan y representan, además de alentar a los actores internacionales a actuar de una determinada manera. Desde esta óptica, las teorías son necesarias para comprender en su totalidad la disciplina de las RR.II, a pesar de que contengan múltiples elementos de elucubración y reflexión doctrinal. En otros términos, los postulados de las teorías pueden ser implantados en la práctica internacional y aquí radicaría su verdadera eficacia, más allá de divagaciones puramente teóricas que no alcanzan ni tan siquiera el nivel de la retórica.

Los profesores británicos Jill Steans y Lloyd Pettiford han señalado que "a theory is an attempt to explain something– an event or activity. For example, a theory might attempt to explain the cause of a war, or why and under what conditions states engage in cooperative trade strategies. A theory is thus a set of ideas, which are coherent, internally consistent and claim to have some purchase on the nature of the world and

---

ization", en J. H. MITTELMAN (comp.), *Globalization: Critical Reflections,* Lynne Rienner, Boulder, 1996, p. 87.

65 SARQUIS, D. J. "¿Para qué sirve el estudio de las relaciones internacionales?", *Revista de Relaciones Internacionales de la UNAM,* 111, 2011, p. 44.

how it 'works'. A perspective is a particular representation of 'reality'. A theoretical perspective is, therefore, an attempt to construct a coherent explanation for a certain phenomenon, which in turn rests upon a wider belief system, or upon certain basic assumptions, about the nature of the world"[66]. Teniendo en cuenta esta visión, en las siguientes páginas se van a explicar las diferentes teorías de las RR.II y para ello se va a contextualizar e interpretar el momento histórico y las características de la sociedad internacional en la que aquella (referida a la teoría) surge. Esto no quiere decir que no se puedan hacer referencias a acontecimientos actuales que bien pudieran explicar el contenido y alcance de una determinada teoría, pero la exacta comprensión de una teoría en las relaciones internacionales es fundamentalmente posible en el marco del contexto histórico y político en que se origina y desarrolla. El apego al entorno y las circunstancias concretas que se producen en la realidad internacional es lo que marca uno de los fundamentos básicos de cada una de las teorías internacionales.

---

66 Traducción: "una teoría es un intento por explicar algo –un suceso o una actividad. Por ejemplo, una teoría puede tratar de explicar las causas de las guerras o bien el por qué y en qué condiciones los Estados acometen estrategias comerciales de cooperación. La teoría es, por lo tanto, un conjunto de ideas coherentes e internamente consistentes que pretenden tener alguna conexión significativa sobre la naturaleza del mundo y la forma como "funciona". Una perspectiva es una representación particular de "la realidad". Una perspectiva teórica, por lo tanto, es un intento por construir una explicación coherente de cierto fenómeno, que a su vez descansa sobre un sistema de creencias más amplio o bajo ciertos supuestos básicos acerca de la naturaleza del mundo". En STEANS J. y LLOYD PETTIFORD, T. *An Introduction to International Relations Theory: Perspectives and Themes*, Pearson Longman, London, 2004, p. 10.

Además, las diferentes teorías, y más en el caso de la disciplina de las RR.II, deberían tener cierta capacidad para prever determinados acontecimientos, teniendo en cuenta que esa fue la razón de ser del nacimiento de esta nueva ciencia. Por lo que cabe preguntarse si las diferentes teorías de las Relaciones Internacionales han sido útiles para predecir o atisbar el estallido de algún suceso capaz de modificar la estructura internacional y poner en peligro la estabilidad, la paz y el orden mundial o, por el contrario, se trata únicamente de teorías con relativa capacidad explicativa y prospectiva, y sin talento para la predicción. Paul Maxim, de la Balsillie School of International Affairs, lo expresa en los siguientes términos: "De manera intuitiva, las teorías son conjuntos de enunciados verbales que sintetizan el comportamiento de sistemas empíricos. De acuerdo con el enfoque que se siga, las teorías describen el comportamiento de sistemas empíricos o brindan una explicación suficiente que permite comprender por qué tales sistemas se comportan cómo lo hacen"[67]. Parece claro entonces que las teorías en el campo de las RR.II. coadyuvarían a comprender los acontecimientos, pero difícilmente podrían hacer previsiones sobre lo que va a suceder, a pesar de que presenten un balance ajustado de la realidad internacional en un momento dado, y aunque la capacidad de pronóstico, como se señalará más adelante, podría estar presente en las fundamentaciones teóricas.

En este caso, la disciplina de las RR.II. entiende por teorías lo que, en su propia nomenclatura, se conoce por paradigmas. Un paradigma, según lo define Thomas S. Kuhn, es una "aproximación o concepción global del objeto estudiado" con dos sentidos principales: por una parte, significa "toda constelación de creencias, valores, técnicas, etc, que compar-

---

67 MAXIM, P. *Métodos cuantitativos aplicados a las ciencias sociales,* Oxford, México, 2002, p. 30.

ten los miembros de una comunidad dada"; y, por otra, queda referido a "las concretas soluciones de problemas que, empleadas como modelos o ejemplos, pueden reemplazar reglas explícitas como base de solución de los restantes problemas de la ciencia normal"[68]. Esta definición de paradigma es especialmente útil para comprender en su totalidad el objeto de las teorías en las Relaciones Internacionales, así como las funciones que cumplen a la hora de interpretar los acontecimientos que tienen lugar en la escena internacional. Por ello, merece la pena recordar que según Kal Holsti, el paradigma tiene la función de "imponer orden y coherencia en un universo infinito de hechos y datos que en sí mismos, no tienen significado alguno"[69]. Es decir, el paradigma constituye una aproximación teórica que persigue analizar e interpretar la realidad internacional a partir de los actores, hechos y fenómenos que interaccionan entre sí. Y, desde luego, no se debería descartar que el paradigma pueda contener elementos de anticipación de lo que va a suceder.

En resumen, las diferentes corrientes y paradigmas que articulan la disciplina de las RR.II. conforman un todo que se podría denominar: "Teoría de las Relaciones Internacionales", y que explica las dinámicas, poderes y fenómenos que coexisten en la sociedad internacional y que conducen a los actores internacionales a comportarse de una determinada manera. Así lo destacó, como ya hemos señalado, el teórico de las Relaciones Internacionales, Robert W. Cox,

---

68 En sus estudios Kuhn introdujo algunos conceptos novedosos como el de paradigma o el de comunidad científica. Véase KUHN, T.S. *The Structure of Scientific Revolutions*. The University of Chicago Press, Chicago, 1962, pp. 22-23 y 149.

69 HOLSTI, K. *The dividing discipline. Hegemony and diversity in International Theory*, Allen Unwin, Boston, 1985, p. 14.

al afirmar que toda "theory is always for someone, and for some purpose". Teniendo en cuenta lo dicho, R. Cox distingue dos tipos de teorías:

1) *Solving Theories* (teorías para la solución de problemas). Estas teorías analizan el mundo a través de la observación y se presentan como teorías explicativas de la realidad internacional a la que consideran *inmutable y permanente.* Con lo cual, según el profesor canadiense, las conocidas también como teorías del polo racionalista o positivista son aquellas que se caracterizan por "asumir el mundo tal como es, incluidas sus relaciones de poder", y cuyo fin fundamental es explicar (*explanans* racional) hechos o acontecimientos que ocurren en la realidad internacional y resolver las problemáticas *(solving theory)* que surgen en la sociedad internacional. En su análisis estas teorías no se detienen a analizar el papel del individuo en la conformación de esta realidad internacional turbulenta y conflictiva.

2) *Critical Theories* (teorías críticas), en las que se integrarían aquellas corrientes que cuestionan las relaciones de poder y sociales existentes, precisamente porque uno de sus principales cometidos es la crítica, el cuestionamiento y el cambio del orden establecido en la sociedad internacional[70]. Dentro de este grupo están las teorías pospositivistas o reflectivistas. Cabría ver y estudiar si la crítica es la única función de estas teorías y analizar si plantean soluciones a los problemas de la humanidad.

Por lo tanto, los racionalistas se centran en el conocimiento e intereses y consideran que los hechos son inmutables, mien-

---

70 COX, R.W. "Social Forces, States and World Orders: Beyond International Relations Theory", *Millennium: Journal of International Studies*, vol. 10, 2, 1981, p. 128.

tras que el fenómeno reflectivista se compone de un conjunto de teorías diversas y fragmentadas que se proponen, además de *deconstruir* los postulados teóricos del enfoque positivista, presentarse como teorías constitutivas de la realidad internacional. Comoquiera que sea, David J. Sarquis señaló que "todas las denominadas teorías clásicas de la disciplina de Relaciones Internacionales asumen que el mundo tiene una condición ontológica independiente del observador que lo estudia" y que la realidad internacional no es el resultado directo de la acción del ser humano. De hecho, según estas teorías "las personas actúan en el mundo influidas o condicionadas por fuerzas objetivas que mueven la dinámica general del universo. Sólo después de la revolución cuántica en la Física, en el decenio de 1920, se empezó a plantear la idea de que los seres humanos pudiesen ser constructores de su propia realidad (...), es decir, se empezó a cuestionar de fondo la idea misma de la objetividad de la realidad y a hablar de constructos de condición intersubjetiva como objetos de estudio"[71]. Con lo cual, las teorías clásicas persiguen, fundamentalmente, explicar a través de la observación, la experimentación y la argumentación los fenómenos y acontecimientos que se desenvuelven en la sociedad internacional, obviando en parte la relevancia que tienen las personas en las relaciones internacionales por cuanto son ellas quienes actúan e interaccionan en el escenario internacional.

A juzgar por lo dicho, parece que la narrativa teórica en cualquier ciencia o ámbito de estudio encierra complejidad y

---

71 SARQUÍS, D. J. *op. cit.*, p. 45. De aquí que "un paradigma se convierta en una especie de concepción guía que trata de dotarnos de explicaciones básicas sobre los fenómenos observados y que, por ello, incluiría: a) una serie de preguntas básicas o problemas; b) ciertas suposiciones acerca del mundo; c) técnicas utilizadas para el estudio de los problemas; y d) un modo de explicarlas", p .48.

abstracción, y no lo es menos en la teoría internacional. De hecho, como vamos a ver a continuación, el menú teórico de la disciplina de las Relaciones Internacionales se caracteriza por su amplitud y variedad, y solamente docentes y alumnos dispuestos a la reflexión abstracta podrán entender la utilidad de las diferentes teorías de las Relaciones Internacionales. Winston Churchill llegó a decir al referirse al análisis teórico de los hechos lo siguiente: "paso con alivio del ambiguo mar de la teoría y la causalidad al terreno sólido de los hechos y los resultados"[72]. También el ilustre sociólogo francés Marcel Merle aseveró que el mundo de la teoría en cualquier disciplina es complejo y que por ello se precisa de una cierta "disposición hacia el pensamiento abstracto que no todo el mundo tiene y que pocos de los que lo poseen disfrutan en realidad"[73]. Como se ha dicho, la realidad internacional se caracteriza por su complejidad e imprevisibilidad, hasta el punto de que ninguna de las múltiples teorías resulta suficiente para poder ser analizada y explicada[74]. En otras palabras, las características de la sociedad internacional, y más en la actualidad, hacen difícil realizar una aproximación totalmente acertada, desde el prisma de las teorías, de esta sociedad y, sobre todo, de los rasgos

---

72 HAUSS, Ch. *International Conflict Resolution.* International Relations for the 21 st Century Continuum, Londres, 2011, p. 13.

73 MERLE, M. *Sociología de las Relaciones Internacionales,* Alianza, Madrid, 1978, pp. 14-15. Véase FRANKEL, J. *International Politics*, Penguin, Londres, 1973.

74 La internacionalista argentina Myriam Colacrai señala en uno de sus trabajos que "si se pretende caracterizar nuestro mundo actual solo cabe una definición: el mundo de las complejidades. Ese mundo real que está tan lejos de poder ser analizado y expresado desde una única corriente teórica", COLACRAI, M. "Coexistencia y diversidad de enfoques teóricos: apuntes para abordar la complejidad actual de las relaciones internacionales", *Agenda Internacional,* Vol. 7, 14, 2000, p. 57.

que la articulan y que determinan su contenido. Una sociedad fragmentada, dispersa, desordenada y abigarrada, entre otros muchos calificativos, no encuentra una sola teoría que explique todo su significado y alcance, y menos todavía si se parte desde el desconocimiento de los parámetros y las herramientas que habitan en la disciplina de las RR.II.

A pesar de las "advertencias" que hacen destacados internacionalistas, las RR.II, una disciplina con pretensiones científicas, abordó desde el primer momento su fundamentación teórica, teniendo en cuenta que en la teoría de las Relaciones Internacionales no funciona estrictamente la relación causa-efecto que puede darse en las ciencias puras. En el escenario internacional participan actores en constante interactuación y cambio, factores, procesos, estructuras, comportamientos que explican la heterogeneidad y diversidad existente. Tomando en consideración estas premisas, se deben plantear, dado que existe un nexo directo y decisivo entre la opción teórica y los métodos empleados en el estudio de la realidad internacional, las principales teorías de las Relaciones Internacionales o, dicho de otra forma, los paradigmas, corrientes teóricas y debates que han guiado la teoría y la investigación en este campo durante el curso de los años. Al mostrar una panorámica de la complejidad y pluralidad de teorías de las Relaciones Internacionales, es probable que se logre reflejar la evolución que ha experimentado esta disciplina desde su nacimiento hasta el tiempo presente.

1. Algunas características en la fundamentación teórica de las Relaciones Internacionales

Muchas serían las características que se podrían reseñar de las teorías de las Relaciones Internacionales, y que vienen a explicar los fundamentos doctrinales de esta disciplina, a pesar de que no ha transcurrido mucho tiempo desde que comenzaron a perfilarse los diversos paradigmas que dan sentido y exploran los rasgos de la sociedad internacional. En cualquier caso, conviene subrayar algunas de estas características, con la finalidad de sistematizar su estudio y evitar que se introduzcan elementos de confusión en una materia que habitualmente ha estado expuesta al desorden expositivo.

i) Antes de todo, se debe comprobar la gran variedad de teorías que surcan la nueva disciplina, casi todas ellas con el propósito de explicar el funcionamiento de la sociedad internacional, los fenómenos que la afectan y la forma en que participan e influyen en el sistema internacional los diferentes actores, así como analizar aspectos diferentes de la complejidad que asola a la realidad internacional. Cada una de las teorías es reductiva y esencialista a su manera. Por ejemplo, el realismo se puede centrar en un aspecto, fenómeno o acontecimiento que, sin embargo, un constructivista no considere vital. En consecuencia, las teorías son construcciones explicativas a partir de las cosmovisiones y, como lo señala Steve Smith, "una cosa es segura: hay suficientes teorías para escoger y cada una de ellas dibuja una política mundial diferente"[75]. Más todavía, Esther Barbé llega a hablar de "enjambre" al referirse a la variedad de propuestas teóricas surgidas en las dos últimas décadas, "en el que las diferencias ontológicas (concepción de la realidad) y epistemológicas (concepción del conocimiento científico) van a ocupar un papel destacado"[76]. Por lo tanto, se constata que ha aparecido

---

75 SMITH, S. "Reflectivist and Constructivist Approaches to International Theory" en BAYLIS, J. y SMITH, S. *The Globalization of World Politics. An Introduction to International Relations*, Oxford UP, Oxford, 2001, p. 248.

76 BARBÉ, E. *Relaciones Internacionales*, Madrid, Tecnos, 2007, p. 73.

toda una panoplia de teorías y debates teóricos, en los que se enfrentan distintas visiones sobre la disciplina. Y precisamente han sido tres los factores esenciales para comprender el desarrollo teórico de la disciplina de las Relaciones Internacionales: primero, los debates dominantes en esta disciplina; segundo, la propia evolución de las ciencias sociales y su impacto en las Relaciones Internacionales; y, tercero, las transformaciones experimentadas por la realidad internacional que, en ocasiones, han sido convulsas y traumáticas. No es posible olvidar, después de todo, que esta disciplina se desenvuelve en un entorno de persistentes y "agotadores" cambios, transformaciones y continuidades[77].

En consecuencia, una primera característica evidente y significativa de la disciplina de las RR.II. es la pluralidad y diver-

77 El profesor Celestino del ARENAL pone el acento en el fenómeno de los cambios en la sociedad internacional y, centrándose en la segunda mitad del siglo XX llega a decir que los dos procesos de cambio paralelos (sociedad de Estados a sociedad transnacional y el tránsito a una sociedad global), "han afectado tanto a la naturaleza general de la sociedad internacional, en el caso del primero, como a la naturaleza del sistema político-diplomático, en el caso del segundo, al coincidir en el tiempo, al menos en la década de los años noventa" y ellos "han provocado un cambio en las relaciones internacionales, tanto a nivel de realidades como de percepciones, de tal magnitud y profundidad como no se había producido desde el Renacimiento europeo, cuando tiene lugar el paso desde una sociedad internacional medieval, la Cristiandad Occidental, encerrada en el extremo oeste del continente euroasiático, a una sociedad internacional de Estados europeos en pleno proceso de expansión hacia el resto del mundo", "La nueva sociedad mundial y las nuevas realidades internacionales: un reto para la teoría y para la política", en *Cursos de derecho internacional y relaciones internacionales de Vitoria-Gasteiz,* núm. 1, 2002, p. 22.

sidad teórica existente. Y dentro de ese pluralismo paradigmático con teorías que ven, observan e interpretan distintos mundos, cabría distinguir dos grandes enfoques, ejes, polos o tradiciones de los que emanan corrientes con diferentes niveles teóricos: teorías *relevantes y globales*, frente a teorías *parciales o marginales* de la disciplina. Además, es preciso advertir cómo se han ido generando debates y controversias científicas en torno a las sucesivas formulaciones teóricas[78]. Por ello, interesa situar cada una de las teorías en su particular contexto histórico, político, social e intelectual, e identificar y analizar los mecanismos de ideas e institucionales en los que se fundamentan cada una. Como se señaló, la determinación precisa del contexto será fundamental para entender el significado último de cada una de las teorías que son objeto de estudio, y siempre será difícil trasladar los postulados de una determinada teoría más allá de los periodos y circunstancias que trata de explicar, y analizar, salvo que se proceda a una revisión de sus razonamientos y premisas.

ii) Otro de los rasgos que definen la fundamentación teórica de las RR.II. es la prevalencia de visiones particulares en la explicación de su contenido. De manera que, en este proceso, como lo señala C. del Arenal, "se ha de cuestionar la directa relación de la disciplina de las Relaciones Internacionales con los intereses, valores y percepciones de Estados Unidos, y de un orden mundial que denomina *Orden Atlántico* en cuanto es expresión de la hegemonía estadounidense"[79]. Lo que se pone de relieve

---

78 HOFFMANN, S. "Theory and International Relations", en ROSENAU, J. (comp.), *International Politics and Foreign Policy*, The Free Press, Nueva York, 1969.

79 Véase ARENAL, C. del, *Etnocentrismo y teoría de las Relaciones Internacionales: una visión crítica*. Madrid, Tecnos, 2014, nota 61, p. 13 y 51.

entonces es que existen países o grupos de países que han influido de manera más decisiva en la construcción teórica de la disciplina, y que sus intereses son tenidos en cuenta de manera más especial en la articulación de los paradigmas. En concreto, es innegable que la política exterior de los Estados Unidos ha servido de guía, en muchas ocasiones, para conformar posiciones y postulados teóricos en las relaciones internacionales. Por su parte, E. Barbé indica que "las aproximaciones teóricas en el campo de las relaciones internacionales están asociadas a las necesidades de la humanidad en cada momento o, mejor dicho, a las problemáticas percibidas como tales por aquella parte de la humanidad que crea la agenda de investigación"[80]. Tanto uno como otro autor destacan, primero, el predominio de EE.UU. en la disciplina, fundamentalmente durante toda la etapa de Guerra Fría y hasta el día de hoy; y, segundo, ambos autores vinculan el desarrollo teórico de la disciplina a los intereses y necesidades de la política exterior diseñada en Washington y, en general, de las potencias occidentales (aunque la segunda autora abre la vía a una visión más amplia de esta realidad). En todo caso, el propio Stanley Hoffmann lo reconocía así en el título de uno de sus artículos: "An American Social Science: International Relations"[81].

Ahora bien, el acento que con frecuencia se pone en el americano-centrismo no debería entenderse como una crítica al quehacer de las teorías de las Relaciones Internacionales, y menos aún, pretender derribar todos los fundamentos teóricos que se han explicitado por el mero hecho de que tienen un ori-

---

80 BARBÉ, E. *op. cit.*, 2007, p. 28.

81 HOFFMANN, S. "An American Social Science: International Relations", *Daedalus*, vol. 106, 1977.

gen básicamente occidental. En parte es lógico que la doctrina norteamericana haya ocupado un lugar prioritario en el campo teórico de las relaciones internacionales, en la medida en que los Estados Unidos han tenido y tienen un protagonismo indiscutible en la sociedad internacional, prácticamente desde principios del siglo XX. Las aportaciones a la fundamentación teórica de las RR.II que se hace desde los valores e ideas norteamericanas u occidentales no pierden valor a la hora de esclarecer y dilucidar los rasgos de la sociedad internacional, como tampoco sucederá una vez que otros países, como por ejemplo China, Rusia, o países latinoamericanos, realicen contribuciones teóricas en el campo de las relaciones internacionales desde prismas singulares, lo que ya han comenzado a hacer. El sector de los derechos humanos ilustra bien esta situación: por una parte, el carácter universal de los derechos humanos es una aportación esencialmente occidental y esto no le priva de trascendencia en el sistema internacional; y, por otra parte, la incorporación de particularidades nacionales y regionales en el campo de los derechos humanos, como lo reflejó la Declaración de Viena de 1993, se debe al aporte de países alejados de los postulados occidentales como los de tradición islámica o China que se sitúan en lo que algunos internacionalistas denominan como Sur Global.

iii) Asimismo, y como consecuencia de lo anterior, nunca se sabrá el valor que le corresponde a cada una de las teorías que intentan explicar los fundamentos de las relaciones internacionales y, además, sería ingenuo pensar que en alguna de ellas habita, por esencia, la sustancia de toda la verdad. Tampoco cabe menospreciar, en modo alguno, las aportaciones que han realizado quienes propugnan las distintas teorías en esta disciplina, siendo así que ninguna de ellas debería ser "olvidada" en el océano de los intensos debates que han propiciado. Pero, en el fondo, es posible que no les falte razón a quienes aseguran que: "Basta con atreverse al sincretismo, espantosa blasfemia, que desdeña a cada teórico en su singular gloria, pero que en realidad se impone para revelar el carácter convergente y complementario de las respuestas que brindan los distintos métodos. Por supuesto, tal sacrilegio ofende la noción misma de 'paradigma'. Pero ¿sería realmente criminal?"[82]. Lo más acertado sería sostener que cada una de las teorías que se han formulado, aunque pretenda trazar todos los componentes de la realidad internacional, a lo más que llega es a razonar y aclarar algunos de los aspectos que la delimitan y que, por lo tanto, toda aportación teórica rigurosa tiene la virtud de construir la fundamentación de las relaciones internacionales.

Estas aseveraciones abren un campo a la reflexión. La pugna que ciertos autores exteriorizan entre diversas teorías de las Relaciones Internacionales no deja de ser con frecuencia una mera ficción y, sobre todo, sorprende sobremanera que se persiga reducir el valor de ciertas fundamentaciones teóricas, sobre la base de su procedencia geográfica o ideológica. Esto suele suceder, por ejemplo, con algunos de los postulados reflectivistas que encierran una reacción al triunfo en la realidad internacional de posiciones más clásicas. La pretensión de privar de valor científico a teorías como el realismo o el liberalismo y reducir a la marginalidad a los postulados idealistas, con el fin de sofocarlos, rezuma el propósito de resucitar convicciones ideológicas como el marxismo que han demostrado cierta incapacidad por su reduccionismo para explicar la sociedad internacional y para descubrir las sustancias

---

82 MARTRES, J. L. "De la nécessité d'une théoriedes relations internationales: L'illusion paradigmatique", *Annuaire Français de Relations Internationales*, vol. IV, 2003, p. 40.

que la definen. En consecuencia, el valor de las teorías en las relaciones internacionales se deberá medir, más allá de meras elucubraciones y especulaciones, en función de su capacidad para dibujar los contornos de la realidad internacional, exhibir sus contenidos, revelar los componentes que la definen, e investigar su devenir. La descripción y el razonamiento de la realidad internacional es una tarea ineludible de los trabajos sobre la fundamentación teórica de las relaciones internacionales, sin que pierda significado o valor debido a posiciones de sesgo distinto al puramente científico.

iv) En cualquier caso, para abordar el mapa de las teorías más relevantes que se han diseñado en el campo de las relaciones internacionales, se debe partir de lo que han deparado los estudios en esta materia y de las clasificaciones que tradicionalmente se han realizado. Con esto, el primero que cabe referir es el *enfoque racionalista o positivista,* el cual contiene como algunas de sus teorías principales: el realismo, el liberalismo y el estructuralismo. En el otro vértice, como segundo enfoque, se encuentra el *reflectivista o postpositivista* con el socialconstructivismo, la teoría crítica, el post-estructuralismo, y la teoría del feminismo, entre otras. Existen notables diferencias en la fundamentación teórica de cada uno de los enfoques que se exponen a continuación. Así, en el primer bloque se encuentran inscritas las conocidas como "teorías clásicas o dominantes", que tienen como objetivo explicar hechos o acontecimientos que ocurren en la realidad internacional y, en consecuencia, se caracterizan por un cierto dogmatismo y determinismo implícito, pero también por su apego a lo que acontece o puede suceder. Mientras que en el segundo bloque se insertarían corrientes para las cuales la teoría es parte de esa realidad social que se pretende explicar, y este pensamiento aporta una visión distinta de la realidad internacional y un método diferente de aproximación a las relaciones internacionales. En la doctrina española, J. A. Sanahuja va un poco más allá e indica que "partiendo de una epistemología reflectivista, la teoría crítica se erige como teoría eminentemente constitutiva; en el plano ontológico, asume la naturaleza esencialmente social de la realidad, construida a través de la interacción y la comunicación humana (…)"[83]. Se confrontan aquí dos visiones de la realidad internacional en perspectiva teórica y que se van a explicitar mediante distintas teorías, repletas de matices y adornadas de elementos conceptuales propios. Incluso, se podría aseverar que la separación entre los dos enfoques no es tan sencilla o, al menos, no tan categórica como se presenta en ocasiones. Así, mientras el racionalismo se centra en el conocimiento objetivo de la realidad y los intereses, y considera que los hechos son "inalterables"; el fenómeno reflectivista, como se verá más adelante, se compone de un conjunto de teorías diversas y fragmentadas que se proponen, además de *deconstruir* los postulados teóricos del enfoque positivista, presentarse como teorías constitutivas de la realidad internacional, algo que no terminan de lograr por no centrarse en el análisis objetivo de la realidad internacional y por su fundamentación claramente filosófica.

2. *Primer Gran Eje Teórico de la disciplina de las Relaciones Internacionales: Racionalismo o Positivismo*

Dentro de este enfoque, las escuelas y teorías dominantes, también conocidas y denominadas por algunos autores como

83 SANAHUJA, J.A. *Proyecto Docente* presentado en el concurso de Cátedra celebrado en mayo de 2018, Universidad Complutense, p. 94.

paradigmas[84] o teorías clásicas basadas en una fundamentación racionalista, se van a caracterizar porque todas ellas se desarrollan, casi por completo, en los denominados países de la esfera occidental y con una clara visión de favorecer los valores e intereses de esta parte de la sociedad internacional, como si fuese única. El enfoque racionalista resalta el marcado etnocentrismo[85] que caracteriza a la teoría de las Relaciones Internacionales hasta el decenio de 1980. Tal y como lo señaló C. del Arenal, "la sociedad internacional en relación a la cual se ha construido en exclusiva la teoría y la disciplina de las Relaciones Internacionales hasta fechas muy recientes, es la sociedad internacional nacida en el Occidente cristiano a partir del Renacimiento, consagrada formalmente en la paz de Westfalia de 1648 y que, imponiéndose a escala planetaria, ha llegado casi hasta nuestros días"[86]. Tanto es así, que el internacionalista español no duda en definir a las Relaciones Internacionales como una ciencia occidental con hegemonía de

---

84 Como ya se ha señalado el concepto de *paradigma* es de Thomas Kuhn. Tal y como indica este autor, "un paradigma es una serie de supuestos básicos acerca de la manera cómo funciona un objeto de estudio determinado. Esta serie de suposiciones nos permiten "ver" el mundo y representárnoslo de una cierta manera..." Kuhn inicialmente define a los paradigmas como "logros científicos reconocidos universalmente que por un tiempo proveen modelos para el planteamiento de problemas y soluciones a los miembros de una comunidad". KUHN, T. *The Structure of Scientific Revolutions*, Chicago UP, Chicago (trad. al castellano, 1977). *La estructura de las revoluciones científicas*, Fondo de Cultura Económica, México, 1971, p. VIII.

85 Etnocentrismo es la actitud de pensar y entender el mundo en base a los parámetros de nuestra cultura.

86 ARENAL, C. del, "Americanocentrismo y Relaciones Internacionales: La Seguridad Nacional como referente" en ARENAL, C. del, y SANAHUJA, J.A. *op. cit.*, p. 32.

los Estados Unidos. Un americanocentrismo que, según se ha señalado, sigue presente[87].

Este primer grupo de teorías englobadas dentro del polo racionalista se caracteriza porque otorga primacía a la razón frente a la experiencia sensible. Considera que lo primero que tenemos ante nosotros no son las sensaciones que vienen del exterior, sino ciertas ideas que proceden del entendimiento mismo. El fundamento del conocimiento se encuentra, según este polo teórico, en las verdades claras y distintas que proceden de la propia razón, por ejemplo, "yo pienso y yo existo". En palabras de Mark Neufeld, "el positivismo está estructurando el grueso de la investigación que se está realizando (en Relaciones Internacionales) a través de la omnipresencia en tanto que trasfondo epistemológico de los esfuerzos investigadores de la comunidad investigadora en su conjunto"[88]. Es considerable el valor que se le concede a lo empírico y, por ende, a los aconte-

---

87 Más todavía, este autor llega a la conclusión de "la casi absoluta hegemonía teórica y disciplinaria del país norteamericano, y, consecuentemente, el marcado americanocentrismo de la teoría y la disciplina de las Relaciones Internacionales", ARENAL, C. del "Americanocentrismo y Relaciones Internacionales: La Seguridad Nacional como referente", *op. cit.*, p. 45.

88 NEUFELD, M. *The Restructuring of International Relations Theory*, Cambridge up, Cambridge, 1995, p. 24. Y añade este autor que tanto "los positivistas lógicos, como los positivistas comtianos hacen de lo empírico, ámbito de lo observable, el punto focal de la investigación. El desarrollo del conocimiento positivo es concebido como un proceso cumulativo en el que un número creciente de acontecimientos son identificados como manifestaciones de regularidades y subsumidos bajo leyes generales de cobertura. Y es la correspondencia directa de la teoría positiva con el ámbito empírico el que garantiza la verdad de dicha teoría". Neufeld distingue dos corrientes dentro del positivismo: positivismo original de Auguste Comte y el positivismo lógico desarrollado en la década de 1920. NEUFELD, M. *op. cit.*, pp. 31-32.

cimientos que suceden en la escena internacional. Las visiones positivistas contribuyen a elaborar reglas de comprensión sobre la base de lo que sucede y se constata. Hecha esta observación, cabría destacar, como se ha señalado, que las tres principales aproximaciones teóricas del enfoque positivista son: 1) El paradigma Realista; 2) El paradigma Transnacionalista, Globalista o de la Interdependencia Compleja, también conocido como Liberalismo; y 3) El paradigma Estructuralista o Marxista.

Ahora bien, los paradigmas son marcos conceptuales o "mapas mentales" desarrollados fundamentalmente durante la Guerra Fría, un periodo histórico que se caracterizó por ser una etapa de progresiva consolidación académica y científica de la nueva disciplina de las Relaciones Internacionales. Cada uno de los paradigmas, elaborados a medida que los acontecimientos y fenómenos de carácter político, económico y social iban cambiando y alterando la estructura de la sociedad internacional, pretende analizar y organizar la realidad, ayudar a entender e interpretar algunos de los eventos que ocurren y ofrecer visiones diferentes del mundo. En ese sentido, cada uno de los paradigmas centra la atención en determinados aspectos y realidades visibles de la sociedad internacional y se aleja de otros. Todos ellos han sido elaborados, como se ha indicado, en el marco del americanocentrismo que ha permeado a la disciplina y que ha estado presente en sus orígenes y fundamentos teóricos, en concreto en las teorías que han dominado el estudio de las Relaciones Internacionales, prácticamente durante todo el siglo XX. Es más, como se dice, la teoría de las Relaciones Internacionales en esta etapa fue elaborada por los internacionalistas de origen anglosajón y fundamentalmente de Estados Unidos, por lo cual se debería aceptar que la fortaleza de la narrativa estadounidense es un hecho en la disciplina de las Relaciones Internacionales.

Los paradigmas, como se ha mencionado, son las corrientes teóricas que dominaron durante la pasada centuria, por lo menos hasta el decenio de 1980, y sobre ellos se institucionalizaron los grandes debates inter paradigmáticos que favorecieron la consolidación de la nueva disciplina científica. Todas las corrientes racionalistas se presentan como teorías explicativas, centradas en el análisis e interpretación de los hechos que ocurren en la sociedad internacional. Es más, los conceptos de anarquía, poder, interés nacional y soberanía, entre otros, fueron temas sustanciales de la disciplina de las RR.II durante ese tiempo. De hecho, las susodichas teorías destacaron como idea fundamental -sobre todo las pertenecientes al pensamiento realista- la existencia de un sistema internacional en desorden, caótico y repleto de peligros, en el que los Estados siempre ven amenazada su soberanía, y con ello, su supervivencia. Aunque, no es menos cierto que durante el periodo de la Guerra Fría la evolución teórica de las Relaciones Internacionales también tuvo entre sus principales objetivos: primero, explicar la complejidad de la sociedad internacional y segundo, debilitar el dominio del paradigma realista en la interpretación de la realidad internacional.

Cada paradigma contesta, así, de distinta manera a una serie de preguntas, que autores como K. Holsti se han encargado de articular, en relación con los actores internacionales objeto de estudio (unidad de análisis); los problemas centrales que se abordan; o las "imágenes del mundo" características de cada uno de ellos. Según Steve Smith, "en este punto, dos preguntas cruciales surgen: primero, ¿Son los paradigmas compatibles?, y, segundo, ¿Cuál es el correcto?"[89]. Cada uno ofrece una visión de distintos aspectos de la política internacional, con el realis-

---

[89] SMITH, S. *The Self-Images of a Discipline: A Genealogy of International Relations Theory cit*, pp. 18-19.

mo tratando de la guerra y la paz; el liberalismo de la gestión de los regímenes internacionales, los actores no estatales o el problema de la energía...; y el neomarxismo ocupándose de la pobreza global y de los temas de desarrollo. La cuestión de cuál sería el correcto se evita, puesto que cada uno lo es en relación con los aspectos de la política internacional que trata. De ahí que autores como Michael Banks apuesten por el concepto de debate inter paradigmático, por cuanto entienden que ofrece tres interpretaciones de las relaciones internacionales e invita a un debate entre ellas[90].

2.1. El Idealismo, precursor del Liberalismo

Antes de analizar cada uno de los paradigmas planteados se va a explicar el idealismo, reconocido como la primera "teoría" de la nueva disciplina de las RR.II- y precursor del paradigma transnacionalista o liberalismo, de gran relevancia en la interpretación de la realidad internacional. Autores como Frederic Pearson y Martin Rochester sitúan las "raíces de la teoría idealista de la disciplina de Relaciones Internacionales en los tiempos de Dante, el poeta italiano del siglo XIV que escribió acerca de la 'universalidad del hombre' y predijo un estado mundial unificado"[91]. Además de tomar las ideas de Dante, el idealismo de la década de 1920 y 1930 se va a alimentar, entre otros:

---

[90] Véase: BANKS, M. "The inter-paradigm debate", en LIGHT, M.; GROOM, A. J. R. (eds.), *International Relations,* A Handbook of Current Theory, Frances Pinter (Publishers), Londres, 1985, pp. 7-26.

[91] PEARSON, F. S. y ROCHESTER J. M. *Relaciones Internacionales. Situación global en el siglo XXI,* McGraw-Hill, Santa Fé de Bogotá, 2000, p. 17.

1) Del pensamiento del jurista Hugo Grocio (s. XVI y XVII), considerado uno de los fundadores del Derecho Internacional, para quien: 1) el ser humano es social por naturaleza, por lo que las normas de convivencia que hay en la sociedad también recogen este carácter natural; y 2) las personas son sujetos de derecho; por lo que la ley debe protegerlas. Todo un pensamiento humanista e idealista que encarna lo que, con posterioridad, llegará a ser un valor de la comunidad internacional, y que bien puede ubicarse en los orígenes del idealismo. Los postulados de H. Grocio y del conjunto de la escuela española de Salamanca del siglo XVI siguen teniendo efectos en el diseño y articulación de las relaciones internacionales contemporáneas. Por lo menos, los autores de este periodo sientan algunas de las bases del pensamiento idealista que se desarrollará siglos después.

2) De las ideas de Immanuel Kant, quien en su célebre ensayo "La Paz Perpetua" (1795) sostiene que la predisposición natural del ser humano es evitar la guerra, pues objetivamente esta trae más costes y perjuicios que beneficios. Tanto es así que algunos consideran que la primera obra representativa del idealismo es la escrita por el filósofo prusiano. De la misma opinión fue, muchos años después, el filósofo Norberto Bobbio, quien afirmó que "para la supervivencia del ser humano se necesita proscribir la guerra"[92]. La prohibición de la guerra y la búsqueda de la cooperación internacional, en la medida de lo posible institucionalizada, serán funda-

---

92 BOBBIO, N. "Sobre el Fundamento de los Derechos del Hombre", en *El Problema de la Guerra y las Vías de la Paz*, Gedisa, Barcelona, 1982, pp. 117-128. Kant señala que la filosofía debe ser deductiva, basada en la razón pura, y que el conocimiento proviene de la experiencia y de la razón.

mentos de la teoría idealista, lo que en el fondo conduce a un respeto irrestricto de las reglas de conducta que rigen las relaciones internacionales.

En el marco de las ideas expresadas por Kant y otros autores discurrió la etapa previa al nacimiento de la aproximación teórica del idealismo, una fase de la historia caracterizada por la consolidación del sistema internacional creado tras el Congreso de Viena (1815-1914) que favoreció, o cuando menos no impidió, que las tensiones entre países se resolvieran en el campo de batalla (guerra). Recordemos que en 1815 se configuró un sistema multipolar eurocéntrico conformado por cinco potencias: Inglaterra, Francia, Prusia, Rusia y Austria[93], que no lograron evitar los conflictos armados, a pesar de la institucionalización del denominado *Concierto Europeo* como mecanismo de resolución de conflictos. La búsqueda de la solución pacífica de conflictos y de la cooperación internacional sucumbió ante el enfrentamiento armado. Pero será durante este periodo cuando comience el proceso de institucionalización de la sociedad internacional, a través de la aparición de los primeros entes que, con el tiempo, configurarán el fenómeno de la Organización internacional.

3) Posteriormente y ya en el periodo conocido como *paz armada*, es decir, antes del estallido de la Primera Guerra Mundial (en adelante 1ªGM), "pacifismos" como el expresado por el novelista ruso Tolstoi influyeron en las conciencias de algunos dirigentes mundiales, y estuvieron en el origen de las Conferencias de Paz de La Haya

---

93 MERLE, M. *Pacifisme et internationalisme XVII-XX siécles*, Armand Colin, París, 1966. A finales del siglo XIX, el orden internacional se bipolarizó a través de la conformación de dos alianzas político-militares europeas: *la Triple Alianza* (Alemania, Italia y el Imperio austrohúngaro) *y la Triple Entente* (Francia, Rusia y Gran Bretaña).

(1899 y 1907), las cuales marcaron un hito en el panorama político y jurídico internacional. Los aportes de estas Conferencias son significativos en materia de arreglo pacífico de diferencias y en la pretensión de instaurar mecanismos institucionalizados y con carácter jurídico para resolverlas. A ello se añaden las relevantes contribuciones de las Conferencias internacionales americanas que, en ocasiones, han pasado inadvertidas para la doctrina científica a la hora de situar los inicios de ciertas teorías de las relaciones internacionales. Algunos de los cimientos del idealismo se podrían encontrar también en las resoluciones que emanaron de la expresión más fidedigna del panamericanismo, como son las Conferencias americanas, y que comenzaron en 1889-1890.

El siglo XX comienza prácticamente con la Gran Guerra (1914) en la que intervinieron las potencias del orden multipolar, sin embargo, la paz posterior fue precaria e imperfecta, y es en este contexto traumatizado en el que surge esta primera corriente teórica de las Relaciones Internacionales llamada idealismo. Las consecuencias de la 1ªGM serán de todo tipo, pero se observarán particularmente en el campo del mantenimiento de la paz y la seguridad internacionales, lo que lleva a que la ulterior creación de la Sociedad de Naciones suponga un experimento respecto a los modos de acabar con la guerra y poner fin a todos los conflictos bélicos que durante siglos han asolado a la humanidad. La denostada Sociedad de Naciones encarna muchos de los soportes que elevan el idealismo a la categoría de teoría de las relaciones internacionales, y articula una incipiente colaboración entre los Estados en sectores que tendrán una enorme trascendencia en la segunda mitad del siglo XX, como serían las cuestiones referidas a los derechos humanos o la libre determinación de los pueblos. En cualquier caso, el impacto de los efectos más negativos y perniciosos de la 1ªGM inducirán a categorizar conceptos que sirvan de asiento al idealismo.

A) Contexto histórico en el que se desarrolla el idealismo

A principios del siglo XX, una de las mayores inquietudes de la humanidad y que despertó el interés de la joven disciplina de las Relaciones Internacionales era evitar que se volviera a repetir la terrible experiencia de la 1ªGM. El propósito de la paz se convertía, así, en el eje central de la primera corriente teórica de la nueva ciencia, el idealismo, una "teoría" que proponía la creación de organismos internacionales y al Derecho Internacional como instrumentos esenciales para avanzar hacia la paz y desterrar el fenómeno de la guerra de las relaciones internacionales. Por lo tanto, el idealismo como teoría de las Relaciones Internacionales surgió tras el fin de la 1ªGM y se desarrolló durante el periodo de entreguerras (Escuela Liberal 1919-1939). A lo largo de dos décadas se convirtió en la narrativa que lideró el campo teórico de la nueva disciplina y provocó múltiples adhesiones. La obra principal del idealismo fue *The League of Nations and the Rule of Law 1918-1935*, publicada en 1936 por el pensador Alfred Zimmern, en la que se estudia y analiza con detenimiento la etapa previa a la 2ªGM. Algunos de los rasgos más destacados del periodo en el que estuvo vigente la Sociedad de Naciones y que se indican con frecuencia serán: el proceso de institucionalización de la sociedad internacional, aunque todavía frágil y expuesto a los embates del poder de los Estados; la firme voluntad de resolver de modo pacífico las diferencias y litigios entre los países, lo que queda asentado en el discurso político de la Organización; los tímidos intentos por descolonizar y establecer una serie de etapas que conduzcan a la creación de Estados soberanos e independientes en relación con buena parte de los territorios sometidos a dominación colonial; y, especialmente, la absoluta necesidad de sustituir a la guerra por la paz, mediante mecanismos que prohíban parcialmente el recurso a la guerra en las relaciones internacionales. En este caso, la aprobación del *Tratado General de Renuncia a la Guerra,* firmado en Paris en 1928, y conocido como *Pacto Briand-Kellogg,* será la expresión más sustancial del anhelo de acabar con todo conflicto bélico. Con lo cual, el contexto de la teoría del idealismo será bastante propicio para que esta fundamentación teórica absorba las características más sobresalientes del quehacer de la Sociedad de Naciones y de todo el entorno internacional que rodea a esta Organización, en la que el respeto a las normas y la reglamentación de los diversos aspectos de la sociedad internacional se constituyen en los lineamientos básicos de la política exterior de los Estados o, al menos, se pretende que así sea. Algo que, como se pudo comprobar poco después, no sucederá.

B) Los Catorce Puntos de Woodrow Wilson

THE TEXT OF THE FOURTEEN POINTS

PRESIDENT WILSON'S Fourteen Points, as set forth in an address made before the joint session of Congress, on January 8, 1918.

1 Open covenants of peace openly arrived at, after which there shall be no private international understandings of any kind, but diplomacy shall proceed always frankly and in the public view.

2 Absolute freedom of navigation upon the seas outside territorial waters alike in peace and in war, except as the seas may be closed in whole or in part by international action or the enforcement of international covenants.

3 The removal, so far as possible, of all economic barriers and the establishment of an equality of trade conditions among all the nations consenting to the peace and associating themselves for its maintenance.

4 Adequate guarantees given and taken that national armaments will be reduced to the lowest point consistent with domestic safety.

5 A free, open-minded and absolutely impartial adjustment of all colonial claims based upon a strict observance of the principle that in determining all such questions of sovereignty the interests of the populations concerned must have equal weight with the equitable claims of the government whose title is to be determined.

6 The evacuation of all Russian territory, and such a settlement of all questions affecting Russia as will secure the best and freest cooperation of the other nations of the world in obtaining for her an unhampered and unembarrassed opportunity for the independent determination of her own political development and national policy, and assure her of a sincere welcome into the society of free nations under institutions of her own choosing; and, more than a welcome, assistance also of every kind that she may need and may herself desire. The treatment accorded Russia by her sister nations in the months to come will be the acid test of their good-will, of their comprehension of her needs as distinguished from their own interests, and of their intelligent and unselfish sympathy.

7 Belgium, the whole world will agree must be evacuated and restored, without any attempt to limit the sovereignty which she enjoys in common with all other free nations. No other single act will serve as this will serve to restore confidence among the nations in the laws which they have themselves set and determined for the government of their relations with one another. Without this healing act the whole structure and validity of international law is forever impaired.

8 All French territory should be freed and the invaded portions restored, and the wrong done to France by Prussia in 1871 in the matter of Alsace-Lorraine, which has unsettled the peace of the world for nearly fifty years, should be righted, in order that peace may once more be made secure in the interest of all.

9 A readjustment of the frontiers of Italy should be effected along clearly recognizable lines of nationality.

10 The peoples of Austria-Hungary, whose place among the nations we wish to see safeguarded and assured, should be accorded the freest opportunity of autonomous development.

11 Rumania, Serbia and Montenegro should be evacuated; occupied territories restored; Serbia accorded free and secure access to the sea; and the relations of the several Balkan States to one another determined by friendly counsel along historically established lines of allegiance and nationality; and international guarantees of the political and economic independence and territorial integrity of the several Balkan States should be entered upon.

12 The Turkish portions of the present Ottoman Empire should be assured a secure sovereignty, but the other nationalities which are now under Turkish rule should be assured an undoubted security of life and an absolutely unmolested opportunity of autonomous development, and the Dardanelles should be permanently opened as a free passage to the ships and commerce of all nations under international guarantees.

13 An independent Polish State should be erected which should include the territories inhabited by indisputably Polish populations, which should be assured a free and secure access to the sea, and whose political and economic independence and territorial integrity should be guaranteed by international covenant.

14 A general association of nations must be formed under specific covenants for the purpose of affording mutual guarantees of political independence and territorial integrity to great and small States alike.

FOTOGRAFÍA EXTRAÍDA DE: (s.f.), "The Fourteen Points", The National WWI Museum and Memorial, https://www.theworldwar.org/learn/peace/fourteen-points

Ahora bien, en el camino hacia la consolidación de la teoría del idealismo se pueden señalar algunos hitos, como es el caso de los *Catorce Puntos de Woodrow Wilson* y que llevaron al *Tratado de Paz de Versalles*[94].

Los puntos que trataba el texto eran los siguientes:

1. En el primer punto se expresa la necesidad de establecer en el futuro "convenios abiertos y una diplomacia no secreta", ya que hasta entonces las negociaciones entre los actores internacionales no eran públicas, con lo cual el resto de las naciones no tenían constancia de ellas. Por lo tanto, el primero de los puntos exigía que la diplomacia dejase de ser secreta[95]. El propósito último de una propuesta de este tipo era establecer un marco de colaboración y cooperación entre los países, de manera que no se pusiera en peligro la paz y la seguridad internacionales; y que, al mismo tiempo, se tuviera constancia de las even-

---

94 Woodrow Wilson se caracterizó por su política exterior intervencionista en Latinoamérica y su neutralidad durante la Primera Guerra Mundial hasta 1917. Dos años después obtuvo el Premio Nobel de la Paz como impulsor de la Sociedad de Naciones. Véase el Programa formulado por el presidente estadounidense en su intervención ante el Congreso de los Estados Unidos, el 8 de enero de 1918, en WILSON, W. *The Fourteen Points Speech*, Squid Classics, 2017, 32. Junto a los escritos de Wilson, el pensamiento idealista puede encontrarse en GRENVILLE, Cl. y SOHN, L. B. *World Peace Through World Law: Two Alternative Plans*, Harvard University Press, Cambridge, 1966.

95 En la historia encontramos muchos ejemplos de acuerdos secretos. Por ejemplo, *el Acuerdo de Sykes-Picot* (1916), por el que británicos y franceses se repartieron los dominios otomanos, tuvo un carácter eminentemente secreto. Sin embargo, la petición de diplomacia pública no siempre se ha cumplido. Prueba de ello son el *Acuerdo de los Porcentajes* (1944), entre Churchill y Stalin; o el pacto secreto de la administración Kennedy-Jruschov durante la *Crisis de los Misiles de Cuba* (1962).

tuales alianzas que se pudieran producir entre las diversas naciones. Una nueva diplomacia que se basará en la buena fe y en la resolución de los conflictos.

2. El segundo punto aborda la "libertad de navegación en los mares en tiempos de paz y de guerra, excepto si estos debían ser cerrados parcial o totalmente para aplicar pactos internacionales". Un principio bien asentado en el sistema internacional desde finales del siglo XVII y que proporcionaba seguridad en el desarrollo del comercio internacional y, con ello, animaba la cooperación fundamentalmente de carácter económica entre los países. Con la afirmación de esta libertad de navegación, el presidente americano no creó un nuevo principio en el orden internacional, sino que fortaleció una regla establecida en la sociedad internacional de la época, siendo así que su formulación inspiraba la preocupación porque las relaciones entre los países se desenvolvieran por medios pacíficos y mediante la colaboración mutua, en sectores tan notables y sensibles como el comercio internacional.
3. Eliminar las barreras económicas y establecer igualdad de condiciones en el comercio entre las naciones que respeten y se asocien para mantener la paz. El objetivo era promover el libre comercio entre las naciones con el fin de impulsar su recuperación económica tras el fin de la gran guerra. En este sentido, hoy día, se puede hablar de una organización dedicada exclusivamente a las relaciones comerciales internacionales, la OMC, creada ocho décadas después de esta pretensión de Wilson. El presidente americano intuyó la relevancia del sector económico a la hora de asegurar y consolidar la paz, de tal modo que las reglas relativas al comercio estaban dirigidas preferentemente a robustecer la cooperación entre los países e impedir el surgimiento de conflictos. A veces, no se ha puesto el debido énfasis en estos aspectos cuan-

do se analizan los componentes de la teoría idealista, quizá por el gran protagonismo que siempre se otorga a los temas referidos a la guerra y la paz. La implantación de procedimientos internacionales para la cooperación en el ámbito económico y, en particular, en relación con el comercio será una vía eficaz para garantizar la estabilidad en la escena internacional.

4. Garantías adecuadas para la reducción de armamentos nacionales como medida para evitar futuras guerras. Uno de los países que puso en marcha este principio fue Reino Unido, a través del plan conocido como *Regla de los Diez Años de 1919*, cuyo propósito fue reducir sus arsenales armamentísticos y, por consiguiente, sus gastos militares. El desarme se constituye claramente como uno de los principios rectores de la teoría del idealismo y será una de las cuestiones que, desde entonces, más han preocupado en la sociedad internacional. Serán numerosos los pronunciamientos de la Sociedad de Naciones en esta materia, así como los avances que se produjeron en esa época, con la reducción y eliminación de determinados tipos de armas. Esta Organización fue precursora, y con ello la afirmación del punto 4 del presidente Wilson, en la vinculación que se establecerá desde entonces entre desarme y seguridad colectiva y, en términos más generales, con la seguridad internacional. En este campo, habría que tener en cuenta también las decisiones de las Conferencias Internacionales americanas. La aportación al desarme y control de armamentos es realmente significativa y, por ello, los fracasos en materia de desarme durante el periodo de entreguerras en nada desmerecen el empeño por constituir la reducción y eliminación de armamentos como un objetivo esencial de la sociedad intencional.

5. Reconocimiento del derecho a la autodeterminación de los pueblos. Este principio defiende el derecho de independencia de los pueblos colonizados que así lo deseen, lo que suponía fragmentar imperios multinacionales y coloniales. Esta propuesta sería avalada, posteriormente, por las Naciones Unidas a través de la célebre Resolución 1514 de la Asamblea General, aprobada el 14 de diciembre de 1960[96]. No obstante, se han prodigado diversas interpretaciones en relación con este Punto del presidente estadounidense y, en ocasiones, su contenido se ha situado más en el terreno de la democracia y el establecimiento de regímenes democráticos, que en lo relativo a la independencia de los territorios sometidos a dominación colonial. La fuerza política que tiene la formulación de un principio así, y su mera inclusión en los Puntos del presidente Wilson sirvieron como acicate para activar y proyectar el anhelo de los pueblos hacia la liberación que, finalmente, se plasmó en la creación de Estados soberanos e independientes, que inmediatamente revindicaron la soberanía permanente sobre sus recursos naturales. A partir del pensamiento del presidente Wilson, la libre determinación de los pueblos quedó grabada en los trazos que delinean las siluetas de la sociedad internacional, a pesar de que muy probablemente fuera diferente el contenido que quiso darle el mandatario americano.

Los siguientes puntos abordan cuestiones más concretas como, por ejemplo, el punto 6 referido a la evacuación del territorio ruso tras el estallido de la Revolución bolchevique en

---

[96] Resolución 1514 de la AGNU. Disponible en: https://www.ohchr.org/SP/ProfessionalInterest/Pages/Independence.aspx. Esta resolución se considera la piedra angular del movimiento de descolonización.

1917. El punto 7 sobre Bélgica, en el que se plantea la restauración de la soberanía del país para evitar que Alemania proyecte su invasión de cara a lograr determinados objetivos en Europa. El punto 8, en el que se expone la liberación de todo el territorio francés y la reparación de los perjuicios causados por Prusia en 1871 cuando, en la guerra franco-prusiana, se anexionó Alsacia y Lorena. Este punto se respetó hasta 1940 cuando Hitler decide no cumplirlo. Por su parte, el punto 9 plantea "el reajuste de las fronteras italianas de acuerdo con los principios de nacionalidad". Recordemos que en 1915, Italia había firmado con Reino Unido y Francia el *Tratado de Londres* por el cual se le concedían una serie de territorios: las zonas habitadas por italianos en el Imperio austrohúngaro, una parte de la costa Dálmata.... El punto 10, que versa sobre la desmembración del Imperio Austrohúngaro tras la 1ªGM y la necesidad de dar una oportunidad para el desarrollo de los nuevos Estados conformados: Austria, Checoslovaquia y Hungría, entre otros. El punto 11, directamente relacionado con el anterior, se ocupa de "la evacuación de Rumanía, Serbia y Montenegro, la concesión de un acceso al mar a Serbia y arreglar las relaciones entre los estados balcánicos de acuerdo con sus sentimientos y el principio de nacionalidad". La lucha por el dominio de los países balcánicos había causado numerosas pugnas entre Rusia y Austria, y se consideraba que había llegado el momento de respetarlas como naciones libres y con fronteras definidas. El punto 12 se refería a otro imperio, en este caso al otomano, el cual también quedó desmembrado tras la 1ªGM. El penúltimo punto (13) aborda la necesidad de declarar a Polonia como un Estado independiente con acceso al mar, con lo que se pretendía que este país, ocupado durante los años previos a la guerra por Austria y Alemania, recobrará su plena libertad y soberanía.

14. El último de los puntos del documento elaborado por el presidente Wilson planteaba la creación de una asociación general de naciones "con el propósito de garantizar la independencia

política y la integridad territorial, tanto de los Estados grandes como de los pequeños". Por entonces, Estados Unidos ya expresaba la importancia de la seguridad colectiva, es decir, que el mantenimiento del orden en el sistema internacional recayera sobre todas las naciones, no solo en las grandes potencias o en alianzas concretas. Este punto estuvo en el origen de la Sociedad de Naciones, una organización creada con el objetivo de reducir las hostilidades, impulsar y fomentar la cooperación, así como la seguridad y la paz colectiva entre los países. Sin embargo, esta organización fracasó por las tensiones existentes entre varios países y, fundamentalmente, por el estallido de la 2ªGM. A pesar de todo, en 1945, de la mano del presidente norteamericano Franklin D. Roosevelt, surgen las Naciones Unidas como un modelo mejorado de la Sociedad de Naciones de Wilson y que aún perdura. Se debe reivindicar que el fracaso de la Sociedad de Naciones es relativo, al menos desde el punto de vista conceptual y de la teoría del idealismo, puesto que muchas de las propuestas e iniciativas que se esbozaron durante su periodo de vigencia encontraron plasmaciones políticas y jurídicas con posterioridad, y sirvieron de base para la construcción de los objetivos de otras organizaciones internacionales e instancias de cooperación.

Por lo tanto, en el documento de los *Catorce Puntos de Wilson,* fuente doctrinal de la teoría idealista, destaca lo siguiente: Primero, la renuncia a la guerra, la autodeterminación de los pueblos coloniales, la instauración de un orden internacional multilateral y la creación de la Sociedad de Naciones, es decir, grandes valores y principios que estarían insertos en la teoría del idealismo y que conllevan una remisión al respeto de las reglas que deben regir la sociedad internacional. En pocas palabras, se incorporan elementos tan relevantes para las relaciones internacionales como la institucionalización, la reglamentación, el desarme o el pacifismo. Segundo, la teoría asociada a los *Catorce Puntos de Wilson* es el idealismo, cuyo objetivo principal es presentar una propuesta teórica que favorezca la conformación de un sistema internacional que proteja a la humanidad del estallido de una nueva guerra mundial. Se pretende establecer un orden de posguerra basado en la paz, puesto que el propósito prioritario de esta escuela es desterrar el conflicto y la guerra de la sociedad internacional, y sustituirla por la cooperación entre las naciones. Este enfoque condujo, después de la 1ªGM, como se ha visto, a la creación de la Sociedad de las Naciones, pionera de la actual Naciones Unidas, y que encarna los valores y principios que están incorporados en la teoría del idealismo.

C) Posiciones doctrinales, teóricas y características del idealismo

Sobre la base de las consideraciones anteriores, y penetrando específicamente en los aspectos más notables que definen la teoría del idealismo y que, en buena parte, se han ido apuntando al hilo del análisis de acontecimientos tan relevantes que se producen alrededor de la 1ªGM, se deben subrayar los lineamientos más característicos de esta teoría y que, de una u otra forma, siguen permaneciendo en los debates en torno a los elementos que definen a la actual sociedad internacional. Se trata únicamente de registrar los propósitos básicos y los fundamentos más sólidos de la teoría del idealismo y que explican y exhiben su contenido.

i) En primer lugar, los idealistas se caracterizaban por su convicción en el progreso, su visión optimista de la naturaleza humana, y por abogar por la solución pacífica de los conflictos políticos a través de la diplomacia, la negociación, y otros mecanismos. En efecto, su propuesta es desterrar el conflicto/guerra y expandir la cooperación entre los Estados. Como se ha visto, el cuarto punto del documento presentado por el presidente Wilson habla del desarme de las naciones, una noción totalmente contraria a la corriente realista en la que prima la política de la fuerza en clave militar como vía para evitar futuros conflictos. No obstante, a pesar de las propuestas de los idealistas, de los intentos por preservar la paz, y de la multitud de tratados firmados en el período de entreguerras (*Tratado de Versalles, de Saint-Germain, de Neuilly, de Lausana...*), solo se logrará una paz efímera, pues en 1939 estallaría la 2ªGM en la que se enfrentaron prácticamente los mismos bandos (países) que en la primera. En los postulados idealistas, la paz se concibe como el ideal de esta teoría y es la condición necesaria e imprescindible para construir una sociedad internacional en la que prime la cooperación y el entendimiento entre los países. La incesante búsqueda de la paz será una nota distintiva de los teóricos del idealismo que aspiran lograrla a través de diversos métodos y procedimientos, entre los que sobresalen los esfuerzos de cooperación en el ámbito económico y comercial y, por supuesto, la resolución pacífica de diferencias y controversias.

ii) En segundo lugar, otro de los principios del idealismo, que se aprecia también en los *Catorce Puntos* del presidente Wilson, es el llamado "interés internacional". Los idealistas supeditaban el interés de los Estados (interés nacional) en favor del "interés internacional". Esta concepción hace posible que penetren en la escena internacional nociones que, hasta entonces, eran desconocidas, en cuanto que siempre se había dado prevalencia al interés y al poder de los Estados, sobre la base del concepto absoluto de soberanía. La incorporación y el reconocimiento de la existencia de un "interés común" suponen un vuelco decisivo y un avance para el que la sociedad internacional del periodo de entreguerras todavía no estaba preparada. Sin embargo, los idealistas acogen esta concepción que queda plasmada en diversos textos de la época de gran valor político, por lo que no es tan solo resultado de la elucubración, sino que entronca con la práctica internacional. Incluso, se resalta en esta línea el pensamiento americano que aporta el concepto de solidaridad entre las naciones del continente y que pone de relieve la existencia de intereses y objetivos comunes, al esbozar la noción de "solidaridad continental" que queda explicitada en textos como *la Declaración de los principios de la solidaridad de América*, aprobada en la Octava Conferencia Internacional Americana, celebrada en Lima en 1938.

iii) Por último, la corriente teórica del idealismo propone una diplomacia pública y de carácter multilateral, regulada por el Derecho Internacional y destacando la labor de determinadas organizaciones internacionales. Los autores que pertenecen a esta corriente centran "su atención en aspectos legales y formales de las relaciones internacionales como el Derecho Internacional y las organizaciones internacionales, y proyectan sus análisis en conceptos y preocupaciones morales como los Derechos Humanos"[97]. La finalidad primordial del idealismo era clara: evitar otra guerra mundial y para ello sus defensores plantearon la construcción de un nuevo orden mundial basado en principios y valores internacionales comunes, en el Derecho Internacional y en la creación de organizaciones como la Sociedad de Naciones, con funciones de árbitro de paz en el tablero internacional. Es difícil no reconocer que estos postulados de los idealistas están presentes todavía en la actual sociedad internacional, a pesar de que en ocasiones ocupen un lugar más marginal, siendo así que por lo menos a partir del periodo analizado comenzó el proceso de proliferación de Organizaciones internacionales y la aprobación de nume-

---

97 PEARSON, F. S. y ROCHESTER J. M. *op. cit.*, p. 17.

> rosas reglas de conducta en diversos y amplios sectores de las relaciones internacionales. Aunque haya quedado demostrado que la paz no solo se logra mediante el Derecho y el quehacer de las Organizaciones internacionales, se trata de dos factores que influyen terminantemente en la convivencia y estabilidad internacional.

El idealismo presenta las herramientas que sus autores consideran necesarias para desterrar la guerra de las relaciones internacionales. Esto llevó a Frederic Pearson y Martin Rochester a decir que los idealistas "tienden a estar más interesados en cómo debería ser el mundo que en analizar cómo en efecto es el mundo"[98], es decir, una visión un tanto utópica de la realidad internacional en la que se acentúan más las luces que las sombras. Se podría afirmar que el idealismo no solamente trata de explicar la realidad internacional sino que además se presenta como una teoría constitutiva o solving teory, en palabras de Robert Cox, al considerar que los organismos internacionales y el Derecho Internacional son instrumentos eficaces para avanzar hacia la paz y eliminar el fenómeno de la guerra de las relaciones internacionales[99]. En esta línea, el presidente Woodrow Wilson fue quien propuso la creación de una organización internacional sobre la que se asentara un nuevo or-

---

[98] *Ibid.*

[99] En términos jurídicos, la posición idealista siempre se enfrenta a dificultades de difícil solución por la incesante búsqueda de principios de carácter universal en una sociedad internacional profundamente fragmentada y con escasa normatividad. Como se ha dicho, "los idealistas enfrentan un doble problema, de contenido y de instrumentación: cómo determinar cuáles son esos principios universales, en un mundo de múltiples culturas; y cómo aplicar políticas idealistas si no existe una autoridad mundial", BRUNO, E. "La trabajosa construcción del Derecho Internacional", *Revista Científica de UCES*, vol. XIV, 1, 2010, p. 15.

den mundial, aunque *el sistema ginebrino*, como fue conocido en referencia a la sede de la organización, no consiguió internacionalizar muchas cuestiones ni convertirse en una especie de autoridad mundial. El proyecto comenzó a hacer aguas cuando el congreso estadounidense rechazó la propuesta de paz, es decir, el país dirigido por el precursor de la idea quedó fuera de la institución[100], lo que representó seguramente su primer revés. Ni que decir tiene que, a pesar del fracaso de la organización internacional con vocación de universalidad, se produjeron notables avances en la conformación política de la sociedad internacional de la época, aunque poco después quedaran sustancialmente ensombrecidos por los acontecimientos que tuvieron lugar y que se resumen en el estallido de la 2ªGM.

Se puede aseverar que la visión idealista de las relaciones internacionales se consolidó durante el periodo de entreguerras. De hecho, sobre los principios y postulados de la corriente idealista se celebraron eventos realmente innovadores en la sociedad internacional, como tratados de renuncia a la guerra y de arreglo pacífico de conflictos. A tal efecto, bastaría recordar tan solo, una vez más, tres hechos de colosal trascendencia: por un lado, como se señaló con anterioridad, la aprobación durante el periodo de entreguerras del *Pacto Briand-Kellogg*[101], que representó "el primer intento" serio de

---

100 En 1919, un total de 32 estados-nación decidieron formar parte de la Sociedad de Naciones.

101 Un trabajo de sumo interés: BERMEJO GARCIA, R. "El uso de la fuerza, la Sociedad de Naciones y el Pacto Briand-Kellogg". Para este autor: "La Organización de la Sociedad de las Naciones representó el primer intento en la historia de la humanidad de establecer una organización política dotada de órganos permanentes con carácter universal", en *Los orígenes del derecho internacional contemporáneo: Estudios conmemorativos del Centenario de la Primera Guerra Mundial*, 2015, p. 220.

la comunidad internacional por poner fin a los conflictos armados entre los Estados y que tuvo una extraordinaria acogida entre quienes integraban entonces la sociedad internacional; por otro lado, la aprobación, ese mismo año de 1928, en Ginebra, del *Acta General para el Arreglo Pacífico de las Diferencias Internacionales* que consagró la conciliación como un método idóneo de resolver todo tipo de controversias entre los Estados; y, por último, la aprobación del tratado de la Sociedad de Naciones, un instrumento pionero que se propuso por primera vez en la historia instaurar un sistema de seguridad colectiva (anotado en Los Catorce puntos de Wilson)[102] y que resumía bastante los postulados idealistas en su preocupación por el arreglo pacífico de las diferencias, el desarme, y la limitación al empleo de la fuerza en las relaciones internacionales. Se podrían citar muchos ejemplos más de este periodo para ilustrar las expresiones del idealismo en las relaciones internacionales, que en ocasiones únicamente suavizaron posiciones puramente realistas.

---

102 El Pacto de la Sociedad de Naciones constaba de un preámbulo y 26 artículos. El objetivo fundamental de la organización quedó explicitado: "promover la cooperación internacional y lograr la paz y la seguridad internacionales". Véase el texto del Acta. Disponible en: https://www.dipublico.org/3589/acta-general-para-el-arreglo-pacifico-de-las-diferencias-internacionales-1928/#google_vignette. Así, por ejemplo, el sistema de Mandatos que quedó consagrado por la Sociedad de Naciones es una solución de compromiso entre dos visiones de la realidad internacional. Se ha dicho, con razón, que este sistema "fue un compromiso entre idealismo y realismo, entre los vencedores de la Guerra y los vencidos. Se trataba de gestionar por un organismo internacional, que no de colonizar, las colonias de los vencidos", *Los orígenes del Derecho internacional contemporáneo, Estudios conmemorativos del Centenario de la Primera Guerra Mundial,* Nota preliminar de Yolanda Gamarra Chopo y Carlos R. Fernández Liesa, Zaragoza, 2015, p. 31.

Desde esta perspectiva, el precursor de la teoría liberal de las Relaciones Internacionales fue el idealismo, una corriente que no solamente se centra en los aspectos políticos, pues de hecho considera que la interacción entre los países también se extiende al ámbito económico y cultural. Los idealistas –teóricos y prácticos- dominaron, como se ha indicado, el campo de las Relaciones Internacionales entre 1919 y 1939, conocido como período de entreguerras, siendo así que actualmente el Movimiento Federalista Mundial es uno de los principales representantes de esta corriente de las Relaciones Internacionales[103]. Ahora bien, el idealismo generó diferentes versiones y sus seguidores se adscribieron, según su espíritu y talante, a la versión del "racionalismo" o del "revolucionismo" y alguna otra tendencia más. Lo que se descubre entre la variedad de corrientes del idealismo es que existen diferencias sustanciales, tanto en el contenido de sus postulados, como en los métodos para lograr los fines propuestos.

---

[103] *El Movimiento Federalista Mundial* tiene su origen en Suiza (1947) y está conformado por ciudadanos y organizaciones vinculadas. Su objetivo es el establecimiento de un sistema federalista y democrático a nivel mundial. La corriente que promueve este fin, conocida como federalismo mundial, considera que para lograr la paz en el mundo y una gestión ordenada de los asuntos humanos hace falta que los Estados, principales actores internacionales, deleguen parte de su soberanía en organismos internacionales. Esta idea fue defendida por intelectuales como Albert Einstein, Bertrand Russell o Albert Camus, entre otros. En esa propuesta del *Federalismo Mundial* se explica la creación de la Organización de las Naciones Unidas. Algunas aportaciones en ROJO SALGADO. A. "Globalización, Integración mundial y Federalismo", *Revista de Estudios Políticos (Nueva Época)*, 109, 2000, pp. 29-72.

El primer grupo, también conocidos como "idealistas racionalistas" serían, según P. García Picazo, "los partidarios del Derecho Internacional, de la idea de sociedad internacional, de la regulación de la vida internacional mediante los principios de buena fe y arreglo pacífico de controversias internacionales, de la promoción de las mejoras económicas y el progreso social y cultural de sectores cada vez más mayoritarios de la humanidad, etc"[104]. Esta versión defendió la premisa del control legal de la guerra y para ello preconizó la resolución de las disputas a través de mecanismos legales, tales como la mediación, la conciliación o el arbitraje. Ejemplos prácticos de esta visión de las relaciones internacionales fueron la creación de la Corte Permanente de Justicia Internacional, órgano de justicia internacional constituido en 1921, y la ratificación del *Pacto Briand-Kellogg* de 1928, el cual prohibía la guerra como instrumento de política nacional. Esta visión idealista defendía como principales postulados el valor de las normas jurídicas y su eficacia para resolver los conflictos. A ello le acompaña el fenómeno de la institucionalización en la sociedad internacional que, con toda seguridad, traería múltiples ventajas no solo en relación con la paz, sino también con referencia al desarrollo económico y social.

El segundo grupo se podría denominar "los idealistas revolucionarios" que, aunque persiguen, en esencia, lo mismo que los idealistas racionalistas, son proclives a hacerlo "de un modo mucho más decidido y rápido, y, sobre todo, de ir al fondo de las estructuras: aboliendo cualquier condición y manifestación de la violencia institucionalizada en el medio internacional, imponiendo un régimen de justicia, paz, igualdad y solidaridad internacionales, suprimiendo cualquier forma de dominio

---

104 GARCIA PICAZO, P. *op. cit.* pp. 57-58.

y hegemonía en la escena internacional, etc"[105]. Se trataría de una versión más radical de las posiciones idealistas racionalistas, apostando por una rápida y profunda transformación de la sociedad internacional, apoyada en las máximas del pensamiento idealista, es decir, aboliendo la guerra y cualquier otra expresión de violencia en la escena internacional; y profundizando los aspectos de la colaboración y cooperación internacional entre los países, rescatando el concepto de solidaridad internacional que quedó recogido en algunos textos de la época, lo que apuntaría hacia la existencia de una tendencia supranacional.

Por último, un tercer grupo de programas idealistas tuvo como objetivo principal reducir la inversión armamentística de los Estados a través de la firma de tratados de control de armas, desarme y otros medios. El logro de la meta basada en el desarme total habitó en el pensamiento idealista y formó parte de los principales lineamientos de esta teoría, siendo así que un sector de los integrantes del pensamiento idealista situó a esta materia como el centro de gravedad. Las tentativas de alcanzar el desarme en el periodo de entreguerras fueron muchas y se manifestaron de diversas formas. Conviene recordar, con independencia de los resultados que se obtuvieran, al menos, la Conferencia de Washington de 1921 y 1922; y la Conferencia Internacional de Desarme celebrada en Ginebra, en 1932 y 1933. El estrepitoso fracaso de esta última se podría calificar en la actualidad como un anuncio de lo que se avecinaba y, con ello, como un descalabro de las posiciones idealistas en esta esfera.

A pesar de todo, el optimismo desplegado por el idealismo, en cualquiera de sus corrientes, chocó con el pensamiento realista que ya empezaba, desde antes del estallido de la 2ªGM, a hacerse presente en el ámbito de la disciplina de las Relaciones

---

105 *Ibid.*, p. 58.

Internacionales. No era para menos por cuanto, a finales del decenio de 1930, el nazismo y el fascismo se asentaban con vigor en Europa mientras la Sociedad de Naciones se debilitaba progresivamente. Estos factores favorecieron el paulatino descrédito del idealismo[106] y la emergencia del realismo. Por entonces, los primeros realistas critican al idealismo al que tachan de exceso de teorización, abstracción e incapacidad para presentar propuestas que modifiquen la realidad internacional dominada por los totalitarismos. Critican su visión optimista respecto a la creación de un orden mundial de cooperación internacional; y por estar instalados en una especie de espejismo de paz en un clima internacional prebélico. Así, autores como el realista John H. Herz señalan que el idealismo "no reconoce los problemas que surgen del dilema seguridad y poder, y que sólo centra su interés sobre condiciones o soluciones racionales"[107].

Por todo, se atestigua que el idealismo es una teoría o pensamiento político que dominó los incipientes estudios sobre las Relaciones Internacionales tras la 1ªGM y que, además, mostró su fe y apoyo por las herramientas y mecanismos que presuntamente minimizan el conflicto armado y permiten, por ende, avanzar hacia la paz, partiendo de premisas que son consustanciales al ser humano, como es el caso de la tendencia a la universalidad. En definitiva, el idealismo fue una teoría que ha dejado su impronta en las relaciones internacionales contemporáneas y que queda marcada por su anhelo de paz y desarme en la sociedad internacional; su convicción en la resolución

---

106 Los idealistas manifestaban que sus ideas no habían sido plenamente implantadas en la etapa de entreguerras y que, por lo tanto, no habían sido puestas a prueba de manera adecuada. Los realistas, sin embargo, manifestaban todo lo contrario.

107 HERZ, J. H. *Political Realism and Political Idealism: A Study in Theories and Realities*, University of Chicago, Chicago, 1951, p. 18.

pacífica de los conflictos internacionales; su apego a las normas del Derecho Internacional; y su confianza en el principio de la buena fe en las relaciones internacionales. Una teoría, en el fondo, que esgrime que la humanidad es perfectible y que puede modificar el comportamiento de los Estados a través del Derecho Internacional y la cooperación.

2.2. El predominio de la Teoría Realista

Al idealismo del periodo de entreguerras le siguió, en el estudio y análisis de la realidad internacional, a partir del final del decenio de 1930, el realismo. La incapacidad manifiesta de los teóricos del idealismo para prever el estallido de la 2ªGM y el contexto de tensión político-militar entre las grandes potencias tras el fin de la conflagración favorecieron la aparición del "nuevo" pensamiento político. El realismo se configuró como teoría preeminente de las Relaciones Internacionales durante la etapa conocida como Guerra Fría y, por lo tanto, sus postulados primaron en el análisis de las relaciones internacionales durante un largo periodo. En otros términos, el realismo se ha constituido en una de las teorías principales (mainstream) y más seguidas por los estudiosos de esta disciplina, tanto por el atractivo que encierran sus lineamientos básicos como por los aciertos a la hora de esclarecer la realidad internacional. Una teoría sólida y con evidente proyección en el campo de las relaciones internacionales.

La sociedad internacional en la que surge el realismo como teoría de las Relaciones Internacionales se caracterizó por el enfrentamiento ideológico entre dos grandes pontencias: EE.UU y la URSS (orden bipolar). A pesar de esta evidencia, se podrían buscar los orígenes de esta teoría y decir que las raíces del "nuevo" pensamiento se remontan a la época del historiador y militar ateniense Tucídides (471-400 a. JC.) cuando en su obra, *Historia de la Guerra del Peloponeso,* entre Atenas y Esparta, relata el primer enfrentamiento del sistema internacional bipolar de la historia[108]. Asimismo, autores como Edward Hallett Carr consideran que las raíces de la narrativa realista también se encuentran en la obra escrita en el siglo XVI por Nicolás de Maquiavelo, *El Príncipe.* Incluso, otro de los antecedentes fundamentales del realismo político se suele situar en Thomas Hobbes, filósofo inglés (s. XVII y XVIII), autor del *Leviathan.* En consecuencia, los fundamentos y principios del paradigma realista se pueden hallar en obras escritas muy anteriormente al periodo de la Guerra Fría, y quizá por ello Celestino del Arenal advierte que, "aunque este paradigma de las Relaciones Internacionales (...) es fruto directo de la teoría política y de la experiencia que se deriva a partir del Renacimiento, de la afirmación del Estado como forma por antonomasia de organización política y social (...), no debe olvidarse que los fundamentos del mismo hunden sus raíces en una larga corriente de pensamiento, que se remonta a Mencio, Kaultilya y Tucídides"[109]. Ya en el siglo XX, la primera corriente realista de las Relaciones Internacionales nace en Gran Bretaña y entre los autores más destacados figuran E.H. Carr con su obra *The Twenty Year's Crisis 1919-1939*[110], Georg Schwarzenberger, au-

---

108 El resto de las polis griegas se alinearon con Esparta o con Atenas a través de Ligas (la Liga de Delos y la Liga del Peloponeso). *La Liga de Delos* fue una alianza político-militar liderada por Atenas; y la del Peloponeso estuvo bajo el control de Esparta. Varios estudiosos sostienen que el filósofo griego Tucídides fue uno de los precursores del pensamiento realista.

109 ARENAL, C. del: *Introducción a las Relaciones Internacionales, cit.*, p. 28,

110 CARR, E.H. *The Twenty Years' Crisis, 1919-1939. An Introduction to the Study of International Relations,* Harper Torchbooks, Nueva York, 1964. Señala E. H. Carr en su obra que "de la misma manera que las llamadas a la 'solidaridad nacional' en la política internacional siempre

tor de *Power Politics. A study international society, 1953;* y Martin Wight con su libro *Power Politics, 1945.*

Más allá, sin embargo, se puede catalogar como "padre" del realismo y figura icónica y académica del mencionado paradigma en el siglo XX a Hans J. Morgenthau, autor de *Politics Among Nations: The Struggle for Power and Peace* (1948)[111]. Tanto es así que, si el núcleo central del realismo está asociado ontológicamente con la tradición filosófica hobbesiana y maquiaveliana, sus principales elementos complementarios fueron sistematizados y formulados por el internacionalista norteamericano, siendo ésta su principal contribución teórica. No obstante, junto a H. J. Morgenthau destacaron como referentes formales de la nueva teoría y por su contribución académica George F. Kennan, Reinhold Niehbur y Henry Kissinger. Todos ellos se convirtieron pronto en los autores centrales y más representativos del realismo clásico. Al mismo

---

proceden de un grupo dominante que desea usar esa solidaridad para reforzar su propio control sobre toda la nación, las llamadas a la solidaridad internacional y a la unión mundial proceden de aquellas naciones dominantes que esperan ejercer su control sobre un mundo unificado". Y añade este autor que si Alemania, refiriéndose al periodo de entreguerras, "llegara a conseguir la supremacía en Europa, establecería algún tipo de organización internacional para reforzar su poder". Incluso, no duda en afirmar que "orden internacional" y "solidaridad internacional" son eslóganes de aquellos que se sienten suficientemente fuertes para imponérselo a los demás, pp. 85-88.

111 Véase MORGENTHAU, H. "Seis principios del realismo político", en MORGENTHAU, H. J. *Escritos sobre política internacional,* Tecnos, Madrid, 1990; GRIFFITHS, M.; ROACH, S. y SCOTT SOLOMON, M. *Fifty Key Thinkers in International Relations,* Routledge, London and New York, 2009; y LOBELL, S. E. RIPSMAN, N. M. y TALIAFERRO, J. W. (eds.), *Neoclassical Realism, the State and Foreign Policy,* Cambridge University Press, Cambridge, 2009. Los seis principios fueron incluidos en la tercera edición de su famoso libro "Polítics among nations..." reeditado en 1960, pp. 6-7.

tiempo, otro de los teóricos por excelencia del realismo fue el francés Raymond Aron, un autor que supo combinar la Filosofía de la Historia con la Sociología para abordar una visión de las relaciones internacionales impregnada del pensamiento de Hegel y del racionalismo sociológico de Max Weber[112]. En resumen, la teoría del realismo no solo tiene innumerables seguidores y un gran impacto en los estudios de las relaciones internacionales, sino que también se pueden encontrar diversos antecedentes de esta teoría y se podrían señalar distintos postulados como causa de un pensamiento de este tipo. El realismo ha cautivado a un sector relevante de la doctrina científica porque desgrana una serie de características que se reflejan en la sociedad internacional (no solo en el periodo de la Guerra Fría); y porque pone los énfasis en materias que verdaderamente preocupan a los países en el diseño del rumbo de su política exterior, como son las esferas relativas al mantenimiento de la paz y la seguridad internacionales.

A) Contexto histórico en el que surge el realismo en las Relaciones Internacionales

La consolidación de la escuela realista se produjo después de la 2ªGM (1945) y durante la etapa histórica conocida como Guerra Fría. Fue en ese nuevo contexto, marcado por la tensión político-militar y la inseguridad de los Estados en un medio hostil; la lucha ideológica; y el poder omnímodo de dos superpotencias, EE. UU. y la URSS, en el que se impuso el realismo, que nace con el fin de abordar, precisamente, la problemática de la seguridad nacional en clave militar. Ésta será una de las características que de manera más contumaz definen y perfilan al realismo: su honda preocupa-

---

112 Véase COLACRAI, M. "Raymond Aron un intelectual de 'todos los tiempos': su aporte a las relaciones internacionales", *Revista Chilena de Relaciones Internacionales,* vol. I, 1, 2017, p. 20.

ción por la cuestión militar y por los asuntos referidos a la guerra y la paz. Los postulados realistas no olvidan en modo alguno estas cuestiones, que son en las que ponen los énfasis para analizar el devenir de la sociedad internacional y el comportamiento de los Estados. Hasta tal punto es así que es posible que "la mayoría de los analistas realistas veían en un conflicto armado la única posibilidad de transformación del sistema internacional", por lo que antes del desmoronamiento de la Unión Soviética, "prácticamente, no hubo debate sobre la posibilidad de que se produjera un cambio sistémico por medios pacíficos"[113].

En poco tiempo, los autores realistas se hicieron con el dominio de la disciplina de las Relaciones Internacionales en muchos ámbitos y convirtieron al realismo en el paradigma hegemónico, con más tradición y potencialidad teórica, y con una narrativa incapaz de ser derrotada hasta el día de hoy, a pesar de los numerosos embates recibidos por las corrientes que se han formulado posteriormente. Como lo señala C. del Arenal, es una teoría con "continuidad histórica"[114] a la que se sumó su gran utilidad práctica por cuanto sus postulados fueron decisivos en el diseño de la diplomacia y política exterior de la potencia americana durante la Guerra Fría. El estadista y secretario de Estado norteamericano, Henry Kissinger, fue uno de los grandes defensores de la aplicación práctica del pensamiento realista en la política exterior de los Estados Unidos. Así, no se puede desconocer que H. Morgenthau elabo-

---

113 PÉREZ CALDENTEY, I. "El realismo y el final de la guerra fría", *Agenda Internacional, 3*, 6, 1996, p. 74.

114 ARENAL, C. del: "Americanocentrismo y Relaciones Internacionales: La Seguridad Nacional como referente", *op. cit.*, pp. 21-60. Véanse como trabajos "realistas" los siguientes: KENNAN, G F. *American Diplomacy 1900-1959*. University of Chicago Press, Chicago, 1951; y KISSINGER, H. *American Foreign Policy: Three Essays*. W.W. Norton, New York, 1969.

ró los *Principios del realismo político*, con el objetivo de influir y orientar la política de los EE.UU. en una época en la que la superpotencia mantenía un intenso y directo pulso político y militar con la URSS. Este autor desarrolló su teoría de la política internacional no solo con fines puramente académicos, sino también como una herramienta práctica en el diseño de la política exterior de EE. UU. El realismo encontró así una expresión práctica de primer nivel y se pudieron apreciar, al plasmarse en la realidad internacional, todas las dimensiones del pensamiento realista, tanto positivas como negativas.

B) Los seis principios del Realismo Político de Hans J. Morgenthau

Desde este prisma, los razonamientos más decisivos del paradigma realista quedan reflejados en la reflexión de H. J. Morgenthau, habiéndose definido como *los Seis principios del realismo*. Principios que permiten comprobar cuáles son los elementos centrales de esta teoría y cuáles son los ámbitos de las relaciones internacionales que verdaderamente preocupan al realismo y de qué manera. Estos principios resumen la esencia de la teoría realista, a pesar de que, como se verá, existen múltiples corrientes y versiones de este pensamiento político que se proyectan en el campo de las relaciones internacionales y que han venido explicando el devenir de la sociedad internacional. Estos principios serían los siguientes, tal y como son reseñados textualmente por el citado autor:

> "1. La política, como la sociedad en general, está gobernada por leyes objetivas arraigadas en la naturaleza humana, que es invariable; por lo tanto, es posible desarrollar una teoría racional que refleje estas leyes objetivas.
>
> 2. El rasgo principal del realismo político es el concepto de *interés*, definido en términos de poder que infunde un orden racional al objeto de la política, y de ese modo hace posible la comprensión teórica de la política. El realismo político hace hincapié en lo racional, lo objetivo y lo no emocional.

3. El realismo asume que el interés definido como poder es una categoría objetiva universalmente válida, pero no con una definición fijada de una vez y para siempre. El poder es el control del hombre sobre el hombre,

4. El realismo político es consciente del significado moral de la acción política. Es también consciente de la tensión entre el control moral y las exigencias de la acción política eficaz. Por lo tanto, el realismo no es inmoral, sino que su objeto de estudio no es la moral.

5. El realismo político se rehúsa a identificar las aspiraciones morales de una nación en particular con las leyes que gobiernan el universo. Es el concepto de interés definido en términos de poder lo que nos salva de los excesos morales y la torpeza política.

6. El realista político sostiene la autonomía de la esfera política. Se pregunta: ¿cómo afectará esta política el poder de la nación? El realismo político está basado en una concepción pluralista de la naturaleza humana. Un hombre pura y exclusivamente político no sería más que una bestia, pues carecería por completo de límites morales. Sin embargo, para desarrollar una teoría autónoma del comportamiento político, el 'hombre político' debe abstraerse de los demás aspectos de la naturaleza humana".

Poniendo el foco más específicamente en la teoría que H. Morgenthau expone a través de los principios del realismo, se aprecia que para el politólogo estadounidense tres factores son los desencadenantes de los problemas del mundo: la ambición de poder del ser humano; la defensa del interés nacional; y la naturaleza anárquica del sistema internacional. Para Morgenthau, el concepto clave del realismo político es el 'interés', entendido en términos de poder. Es más, define "la lucha por el poder" como el "elemento característico de la política internacional", es decir, el poder constituye la naturaleza misma de las relaciones internacionales, y es precisamente éste, o más bien el interés sobre el mismo, el que determina la agenda de los actores internacionales, puesto que "la política internacional, como todas las políticas, es una lucha por el poder"[115]. La clave para el desarrollo y aplicación de la teoría realista de Morgenthau es precisamente la *concepción del poder*, o el *interés definido en términos de poder*, tal y como señala uno de los principios de su teoría. El poder se erige como elemento esencial de la política y, por lo tanto, Morgenthau enfatiza que todos los actores estatales deben ser vistos, únicamente, como entidades políticas que persiguen sus propios intereses entendidos en términos de poder.

C) Posiciones doctrinales, teóricas y características del realismo clásico

A partir de ahí, se subrayan las características más sobresalientes del pensamiento realista y se averiguan cuáles son las nociones y conceptos en los que los autores realistas colocan los cimientos de su teoría. Aunque el realismo se construye en buena medida sobre la base de la realidad internacional y de las situaciones que vive la sociedad internacional en el largo periodo de la Guerra Fría, la determinación de sus rasgos se hace imprescindible para articular y estructurar una teoría más compleja en sus componentes de lo que, en principio, parece ser. Algo que no resulta fácil de explicar, en la medida en que el realismo ha incorporado varias versiones y se ha ido enriqueciendo a lo largo del tiempo. Por esto, lo más oportuno será indicar los aspectos reveladores del realismo clásico, una teoría que se caracteriza por su oposición al idealismo.

---

115 MORGENTHAU, H. J. *Politics among Nations: The Struggle for Power and Peace.* Segunda Edición, Alfred A. Knopf, New York, 1949. p. 13.

i) El realismo asume que el Estado es una entidad soberana, inherentemente unitaria, racional, responsable del orden en su interior y que apunta constantemente a maximizar sus intereses. Puesto que cada Estado es soberano para regirse a sí mismo de manera absoluta con sus propias leyes, también lo es para relacionarse de la forma que considere oportuna con los demás, esto es, buscando sus propios intereses nacionales, y con el fin último de garantizar su seguridad y soberanía en un contexto anárquico. De hecho, la seguridad nacional y la fuerza militar, vinculadas a los fenómenos de la guerra y de la paz, son las materias fundamentales de la corriente realista. El estatocentrismo está relacionado con la idea de *interés nacional* que defiende H. J. Morgenthau como elemento principal del realismo político. En su escrito titulado: *Otro gran debate: El interés nacional de los Estados Unidos* extrajo la frase de Tucídides en la que sostiene que "la identidad de intereses es el vínculo más seguro entre Estados o entre individuos"[116]. Esta célebre frase también fue recogida en el siglo XIX por Lord Salisbury al observar que "el único vínculo que perdura" entre las naciones es "la ausencia de intereses enfrentados". Y solo en pro de la consecución de esa identidad de intereses sería posible la cooperación entre Estados[117]. En

---

116 MORGENTHAU, H. J. "Otro gran debate: El interés nacional de los Estados Unidos", en *Escritos sobre Política Internacional*, 1952.

117 De este modo, "se cree que los acuerdos de cooperación entre los Estados solo sobreviven mientras los Estados los perciben como algo que favorece sus propios intereses, y que las instituciones multilaterales existen dependiendo del capricho de los intereses de las grandes potencias", AL-RODHAN, N. "El futuro de las relaciones internacionales: una teoría del realismo simbiótico", OpenMind en 2013. Disponible en: https://www.bbvaopenmind.com/articulo/

palabras de Morgenthau: "El concepto de interés nacional no presupone ni un mundo pacífico y armonioso ni la inevitabilidad de la guerra, como consecuencia de la persecución de los intereses nacionales por parte de todas las naciones. Supone, por el contrario, un continuo clima de conflicto y amenaza de guerra, que obligue al continuo ajuste de los intereses a través de la acción diplomática"[118]. Las ideas de interés nacional y poder del Estado están ancladas en el pensamiento realista, lo que se plasma del mismo modo en el comportamiento de los Estados en la escena internacional, con lo que las relaciones internacionales son una prolongación mecánica del interés nacional y del poder del que dispone el Estado.

Con base en estas premisas, y desarrollando particularmente los aspectos anteriores, el pensamiento realista clásico enfatiza que el ámbito esencial de estudio en la disciplina de las RR.II. es el *Poder*, definido como *hard power* (ámbitos militar y económico fundamentalmente). De tal forma que, con el fin de garantizar su seguridad, los Estados persiguen el equilibrio de poder. Para Morgenthau, el poder es el "control del hombre sobre la mente y las acciones de los otros hombres", de

---

el-futuro-de-las-relaciones-internacionales-una-teoria-del-realismo-simbiotico/, p. 341. Un estudio de interés: MOURE PEÑÍN, L. "El realismo en la teoría de las relaciones internacionales: génesis, evolución y aportaciones actuales", en *Teorías de las relaciones internacionales,* Tecnos, Madrid, 2015, pp. 61-96.

118 De hecho, derivado del cuarto precepto de las características del realismo, Morgenthau explica que "el elemento principal que permite al realismo político encontrar su rumbo en el panorama de la política internacional es el concepto de interés definido en términos de poder", MORGENTHAU, H. *Política entre las Naciones. La lucha por el poder y la paz.* Buenos Aires, Argentina: Grupo Editor Latinoamericano, 1986, p. 13.

ahí que según él la aspiración de poder parte de la naturaleza humana. Así el poder "no es un accidente de la historia, no es una desviación temporal de un estado natural de libertad, es un hecho que todo lo permea y que es inherente a la existencia humana"[119]. El ser humano se concibe en términos de poder y los Estados están inclinados irremediablemente a ejercer el poder en las relaciones con otros Estados. Este es uno de los elementos clave del pensamiento realista, cuya aplicación se pudo advertir durante los momentos más álgidos de la Guerra Fría. Asimismo, las personas y los Estados tienen intereses y precisamente estos explican su conducta en cualquier tiempo y lugar, si bien el contenido de cada interés específico es distinto y cambiable. El pensamiento realista entiende las relaciones internacionales como la "lucha por el poder" entre los Estados, más que como la "lucha por el orden". Según su visión, el poder se erige en el elemento central y en el eje prioritario de la política internacional, y los Estados en el ejercicio de su política exterior persiguen el poder para lograr su fin principal: sobrevivir y ejercitar hegemonía sobre el resto.

ii) El pensamiento realista defiende que los Estados son los actores principales y los que ocupan un lugar preeminente en las estructuras y procesos de las relaciones internacionales, siendo los únicos capaces de movilizar el tipo y la cantidad de recursos necesarios para ser un actor relevante en el terreno de la seguridad. Los primeros autores realistas se caracterizaron por no prestar atención a otro tipo de actores internacionales. De hecho, Morgenthau fue uno de los realistas que reconoció que el Estado no tiene un valor permanente y se atrevió a augurar que con el tiempo se daría paso

119 MORGENTHAU, H. *op. cit.*, p. 43.

a nuevas formas de organización, como así ocurrió[120]. No debe sorprender, sin embargo, que se le otorgue un papel central y omnímodo al Estado en las relaciones internacionales por parte del realismo, en la medida en que así venía siendo desde el surgimiento de lo que se podría entender como actual sociedad internacional. Incluso, durante la segunda mitad del siglo XX, y a pesar del nacimiento y expansión de otros actores con capacidad de actuar en la vida internacional, como es el caso de las Organizaciones internacionales, el protagonismo del Estado ha sido indiscutible, sobre todo por su amplia facultad para condicionar el devenir de la realidad internacional.

Además, Morgenthau defendió que los factores causales que explican el comportamiento de los Estados tienen que ver con la naturaleza humana. Así, el primer principio del realismo político señala que "la política al igual que toda la sociedad obedece a leyes objetivas que nacen de la naturaleza humana"[121], de los individuos, y que los Estados solo son la fachada ante el marco internacional. Siguiendo el pensamiento del filósofo griego Tucídides, el realismo reconoce que los seres humanos son egoístas por naturaleza y que están animados por un instinto innato de poder y dominación, inclinados a mirar siempre por sus intereses personales, que los llevaría a competir entre

---

120 En términos generales el realismo "ha sido crítico con el rol de las organizaciones internacionales, considerándolas principalmente como un escenario en el que se compite por la defensa de sus intereses. No obstante, hay autores realistas que sí reconocerían su utilidad, cuanto menos como foro de discusión o de legitimidad en determinados momentos", TOVAR RUIZ, J. *La política internacional de las grandes potencias*, Edit. Síntesis, Madrid, 2021, p. 49.

121 MORGENTHAU, H. *Política entre las naciones*, G.E.L. Buenos Aires, 1986, p. 12. Véase GIRALDO RAMÍREZ, J. "Contra el realismo político, en la carne de Morgenthau", *Estudios Políticos*, 18, 2001, p. 138.

ellos por la adquisición de riqueza, poder y prestigio. El ser humano, además, busca permanentemente la supervivencia, la satisfacción del deseo de poder, aquello que pueda colocarlo en situación diferenciada y superior ante los demás. Incluso, autores como Morgenthau consideran que la raíz del conflicto está en la naturaleza imperfecta y diabólica del individuo, la cual en un estado de anarquía genera una situación de permanente conflicto y lucha entre los Estados por incrementar su poder y hegemonía en el escenario internacional. Los autores realistas, conscientes de la naturaleza egoísta del ser humano, entienden que, a través del equilibrio del poder, concepto clave para lograr un orden internacional, se puede impedir que cualquier nación o alianza política logre la hegemonía internacional. Así, se puede comprobar cómo después de la 2ªGM las dos superpotencias entraron en una peligrosa carrera armamentística por liderar las relaciones internacionales. A finales de la década de 1950 se alcanzó el denominado equilibrio de poder que "impidió" la hegemonía absoluta de uno de los dos Estados y un cierto orden internacional (*equilibrio del terror*), por consiguiente, una relativa calma y estabilidad en las relaciones entre ambos países que se trasladó a la realidad internacional.

iii) El realismo clásico es una perspectiva de la política internacional que enfatiza sobremanera su aspecto competitivo y conflictivo, excluyendo otros sectores como la cooperación natural o el derecho internacional, como ejes fundamentales de la política exterior. El realismo considera que el estado natural de la realidad internacional es el conflicto y que la cooperación solamente es posible si esta favorece el logro de los intereses propios de los actores involucrados, por lo tanto, sería una manifestación más de la defensa de los intereses nacionales y del ejercicio del poder. De hecho, no se advierten otras temáticas de interés en la teoría realista, con la excepción de algunos fragmentos de textos de uno de sus autores más emblemáticos, Hans Morgenthau. El gran exponente del paradigma dominante llegó a realizar una fundamentación teórica de la ayuda internacional, ahora bien, imbuida por la lógica que dominaba en buena parte de los países donantes durante ese periodo y que consistía en asociar directamente la ayuda a sus intereses de política exterior o comercial. Así, en este periodo es difícil advertir la presencia de la noción de desarrollo y menos todavía la de desarrollo sostenible.

Relacionado con la falta de cooperación, el realismo destaca el carácter *anárquico* de la realidad internacional para señalar que, al no existir una autoridad superior que proporcione seguridad, los Estados han de tener capacidad para protegerse a sí mismos. Para los realistas "la meta última de todos los Estados es la seguridad en un ambiente hostil y anárquico; de tal forma que sus políticas están determinadas por los cálculos del poder en la búsqueda de la seguridad nacional"[122]. Según esta teoría, por una parte, la seguridad nacional se concibe como el interés nacional principal y se debe defender frente a otros intereses; y, por otra, la seguridad de cada Estado entra en contradicción con los intereses de los demás actores.

Este pensamiento provoca que inevitablemente se produzcan conflictos entre actores con intereses idénticos o cercanos a su área de influencia. Y, además, este escenario implica que en el sistema internacional rija la anarquía y que los Estados, a modo de "bolas de billar"[123], actúen unos contra otros en una *lucha por el poder*, lo que les sumerge en un esta-

---

122 PEARSON, F. S. y ROCHESTER, J. M. *op. cit.*, p. 20.

123 WOLFERS, A. *Discord and Collaboration. Essays on International Relations*, The John Hopkins UP., Baltimore, 1962. Recogido también en BARBÉ, E. *op. cit.*, 2020, p. 88. *Vid.*, BURCHILL, S.; LINKLATER, A.; DEVETAK, R.; DONNELLY, J.; PATERSON, M.; REUS-SMITH, C. y

do de inseguridad en un medio hostil en el que la amenaza es constante. Una perspectiva así se postula como heredera de la tradición hobbesiana de pensamiento, en la que, como recuerda Martin Wight, se concibe a las relaciones internacionales como una "guerra campal", en la que el conflicto es la actividad internacional más distintiva, en clara coincidencia con el pensamiento de Thomas Hobbes[124]. Todo ello conlleva una situación de anarquía que se estimula por la defensa a ultranza de los propios intereses, sin tener en cuenta a la cooperación internacional. Para el pensamiento realista clásico la cooperación está ausente de la escena internacional o, en el mejor de los casos, las expresiones de cooperación son una mera herramienta de los Estados para mostrar su poder y defender sus intereses.

iv) Otra de las características o principios de la teoría realista es su consideración sobre el "carácter cíclico de la historia o, lo que es lo mismo, sobre la imposibilidad de progreso histórico y de cambio hacia formas cualitativamente diferentes de orden internacional[125]". El realismo cree en la inevitabilidad del destino y la incapacidad de cambiarlo, con lo que los autores del pensamiento político realista no esperan que el paso del tiempo favorezca que los Estados desarrollen inclinaciones menos proclives al conflicto y que aparezca una vocación más tendente a la cooperación. De hecho, los mencionados autores tienen la convicción de que las guerras entre las grandes potencias están llamadas a repetirse de mane-

---

TRUE, J. *Theories of International Relations*, Palgrave Macmillan, New York, 2005, p. 30.

124 WIGHT, M. *International Theory. The Three Traditions*, Leicester UP, Londres, 1991.

125 BARBÉ, E., Op. cit, 2020, p. 71.

ra sistemática e inevitable[126]. Ahora bien, caben algunas precisiones a este respecto: ante todo, el pensamiento realista considera que el peligro proviene fundamentalmente de los Estados más insatisfechos con su *status quo*, siendo estos los más proclives a iniciar estrategias de expansión territorial, que están en el origen de las guerras, para modificar el orden internacional, en la medida en que se ven afectados sus intereses. Y, sobre todo, con esta forma de ver y entender la realidad internacional, parece lógico que los autores realistas estén más interesados en los ámbitos de la estrategia militar, el poder nacional, y no tanto en sectores como la diplomacia, la cooperación y el Derecho Internacional. Lo señalan F. Pearson y M. Rochester al decir que "los realistas manifiestan que han aprendido sus propias lecciones de la Segunda Guerra Mundial, esto es, que la forma de prevenir futuros enfrentamientos bélicos radica en depender no solo de las instituciones formales y legales o de los preceptos morales, sino fundamentalmente de un 'equilibrio del poder', capaz de disuadir a los agresores potenciales, o también de un 'acuerdo de poderes' capaz de efectuar una labor de control 'policial' en el mundo"[127].

---

126 Así, se puede sostener que solo la prudencia en la política exterior puede moderar el peligro al que se exponen los Estados ante los horrores y adversidades de las guerras. Según sostiene Luis R. Oro Tapia, "para el realismo la principal virtud del político es la prudencia. Ésta supone la existencia de tres habilidades: la capacidad para sopesar diferentes opciones, la propensión a ponderar las circunstancias y la disposición para rehuir a las soluciones que son sencillas e idealmente perfectas", "En torno a la noción de Realismo Político", *Revista Enfoques*, vol. VII, 10, 2009, p. 34.

127 PEARSON, F. y ROCHESTER, M. *op. cit.*, p. 21.

El denominado realismo, en sus diferentes versiones y manifestaciones, *clásico, ofensivo, defensivo*[128], *neorrealismo*[129], o la más reciente, el *realismo neoclásico,* ha dominado el pensamiento de varias generaciones de analistas y estudiosos de las Relaciones Internacionales, desde la Segunda Guerra Mundial hasta la actualidad. Es más, tras la invasión rusa de Ucrania, el 24 de febrero de 2022, este pensamiento se ha vuelto a situar de nuevo en la cúspide del análisis de la realidad internacional[130]. No obstante, la diversidad teórica y las diferentes etapas en su evolución no han impedido que todas las corrientes inscritas en el pensamiento realista coincidan en visualizar una sociedad internacional desordenada, peligrosa y caótica, en la que los Estados ven amenazada su soberanía, y con ello, su propia existencia y seguridad. Incluso, todas las narrativas realistas se caracterizan por priorizar una imagen estática y determinista

---

128 Mientras el realismo ofensivo sostiene que "la seguridad y la supervivencia de los Estados nunca están totalmente garantizados en un entorno de anarquía (...)", el realismo defensivo "se asienta en una visión relativamente optimista del sistema internacional", donde los Estados persiguen intereses moderados con políticas exteriores menos agresivas, MOURE PEÑÍN, L. "El realismo en la teoría de las Relaciones Internacionales: Génesis, Evolución y Aportaciones Actuales", en ARENAL, C. del y SANAHUJA, J. A. *op. cit.*, pp. 87 y 84.

129 Se dice que "los realistas contemporáneos, conocidos también como 'neorrealistas', incorporan más elementos económicos en sus análisis y buscan extender su conocimiento acerca de la estructura básica de las relaciones internacionales y las dinámicas subyacentes en los conflictos entre los Estados", PEARSON, F. y ROCHESTER, M. *op. cit.*, p. 21. Véase: WALTZ, K. N. *Theory of International Politics,* Reading Mass. Addison-Wesley, 1979.

130 Una perspectiva de interés: SÁNCHEZ HIDALGO, A. "Entre el idealismo wilsoniano y el euroasianismo: la invasión rusa de Ucrania", *Revista de Estudios Jurídicos y Criminológicos,* 7, 2023, pp. 187-211.

que dificulta e incluso impide toda posibilidad de transformación en las relaciones internacionales, o bien reducen ésta al cambio en el sistema interestatal de equilibrios de poder. En síntesis, las diversas versiones y corrientes del realismo conservan y atesoran los elementos más notables que permanentemente configuran y perfilan a esta teoría.

De todo lo expuesto se deduce que, a pesar de que el realismo mantenga algunos principios inmutables, los postulados de este pensamiento conforman una teoría que ha estado en constante evolución y cambio, como la sociedad internacional y las relaciones que se establecen entre los actores y que trata de explicar. Los cambios experimentados a finales del decenio de 1970, con el consiguiente incremento de la tensión política entre los EE. UU. y la URSS, van a coincidir con la aparición de nuevas teorías, pero también con la reformulación de la corriente hegemónica de la disciplina que está dispuesta, de la mano de Kenneth N. Waltz, a renovarse hasta lo "más profundo" de sus cimientos teóricos para no perder preponderancia dentro de la narrativa de las Relaciones Internacionales. En ese contexto, el neorrealismo o realismo estructural de este autor dominará en el decenio de 1980, de tal forma que "las críticas se centraron entonces en los dos ejes fundamentales del pensamiento realista: la primacía del Estado y el concepto de poder"[131]. Cuando el enfrentamiento y la tensión política se incrementan entre las grandes potencias en la sociedad internacional, se asiste a una revaloración del realismo que implica, entre otras cosas, volver a asumir un papel central como paradigma hegemónico que explica la realidad internacional. Por todo, se puede asegurar que es la escuela teórica probablemente más "genuina" y de mayor "tradición intelectual" en la formación de la disciplina de las

---

131 MOURE, L. *op. cit.*, p. 73.

Relaciones Internacionales, y que no ha dejado de ofrecer una compresión global sobre el comportamiento del Estado en el sistema internacional.

2.3. Primero y segundo debate en la disciplina: Realismo *versus* Idealismo; Tradicionalismo *versus* Behaviorismo

El progresivo desarrollo científico de la disciplina de las RR. II va a generar que surjan debates que, como en otras ciencias, cumplirán una doble función: Por un lado, perfilan las características de cada una de las teorías que se confrontan y se fortalecen los principales presupuestos que las sostienen en cada caso. Por ejemplo, en el supuesto del realismo se insiste en la fuerza del poder y la defensa de los intereses del Estado en la política exterior; y en el caso del idealismo se persevera en el valor de los principios y reglas que deben regir las relaciones internacionales, y lo mismo sucede con el resto de las teorías. Por otro lado, el debate entre teorías provoca que afloren las contradicciones que habitan en todos estos pensamientos políticos y en sus postulados, y que se descubran los puntos más frágiles y los argumentos más débiles que los componen. En cualquier caso, el primero fue un debate de carácter filosófico-normativo, y el segundo de carácter metodológico, centrado fundamentalmente en la técnica de la investigación científica. Aunque brotaron otros, es conveniente centrarse a continuación en los dos señalados.

A) Primer debate: Realismo versus Idealismo

De las dos aproximaciones teóricas que dominaron el análisis interpretativo de los actores y su comportamiento en la sociedad internacional surgió, durante los decenios de 1930 y 1940, el primer debate de la disciplina que enfrentó a realistas e idealistas. Dos formas diferentes, como se ha visto, de plantear, entender e interpretar las relaciones internacionales. Mientras los primeros son partidarios del estatocentrismo (ausencia de un poder por encima del Estado en la sociedad internacional) y defensores de las doctrinas del interés nacional y el poder; los segundos propugnan la creación de un orden internacional dirigido por organismos internacionales, la primacía del derecho internacional, la diplomacia y la resolución pacífica de los conflictos. A diferencia del realismo que ve y entiende a la sociedad internacional como una estructura jerarquizada del poder; el idealismo persigue la conformación de una organización internacional que promueva el equilibrio del poder[132]. Dos visiones ciertamente contrapuestas de la realidad internacional, cuya aplicación en el terreno de la práctica llevaría a consecuencias muy distintas.

De hecho, autores idealistas como Alfred Zimmern, en su obra *The League of Nations and the Rule of Law 1918-1935*, Woodrow Wilson o Fisher Williams rechazan la orientación fatalista de los realistas en favor de la paz internacional; mientras que los realistas como Hans Morgenthau o Reinhold Niebuhr son partidarios del estatocentrismo, del principio del interés nacional como eje vertebrador de la política internacional y del poder militar. Es más, algunos de ellos como Edward Hallet Carr apuntan que la paz, la cooperación y la solidaridad internacional no son más que una utopía imposible en una sociedad internacional egoísta e interesada. Tanto es así, que el realismo plantea la imposibilidad de evitar la guerra, y de

---

132 Ver HERZ, J. *Political Realism and Political Idealism. A Study in Theories and Realities*, Chicago UP, Chicago, 1951; y GRIFFITHS, M. *Realism, Idealism and Internacional Politics. A reinterpretation*, Routledge, Londres, 1993.

crear una organización internacional que promueva la colaboración desinteresada de sus miembros. Esta visión explica que los idealistas criticaran a la corriente realista y la tacharan de pensamiento reaccionario, crítico y pesimista.

Con estas mimbres, el primer debate es fruto de la confrontación entre el realismo, que considera que la defensa del interés nacional es la conducta natural de los Estados, y el idealismo, que insiste en que la paz es posible y se pronuncia abiertamente contra la inevitabilidad de la guerra pues, según esta corriente, sus consecuencias son inaceptables. No obstante, el fracaso de la Sociedad de Naciones, la incapacidad de evitar o frenar los totalitarismos en Alemania e Italia mediante políticas como la de "apaciguamiento", y el inicio de la 2ªGM condujeron al descrédito de la corriente idealista. En todo caso, se trata de dos miradas antagónicas en las que priman elementos radicalmente distintos, siendo así que aspectos que son sustanciales para una de ellas, como es la cooperación para el idealismo, carece de importancia para el realismo. Incluso se enfrentan nociones y conceptos como cooperación-aislamiento; guerra-paz; interés nacional-solidaridad. La colisión entre las dos teorías queda reflejada prácticamente en todos los campos y sectores de las relaciones internacionales y, por ello, en el debate la escuela del realismo político criticó la visión idealista sobre la idea de la R*ealpolitik* y su pragmatismo.

Este primer debate de carácter filosófico-normativo sigue presente en la disciplina de las RR. II y se ha caracterizado por plantear problemas siempre sujetos a la reinterpretación. En particular, durante la Administración estadounidense dirigida por el republicano Donald Trump (2017-2021) se volvieron a poner encima del tablero internacional los postulados realistas de equilibrio del poder en términos militares, lo cual se tradujo en un incremento de los presupuestos de defensa. No fue el único país que adoptó esta opción por cuanto, a finales del segundo decenio del siglo XXI, también se asistió al rearme de China y la preponderancia militar de Rusia[133]. Frente a esta visión, los postulados idealistas se reafirman en las reuniones y competencias de los organismos internacionales como la ONU y en la defensa del multilateralismo. Aunque es posible que una misma política exterior de un país incorpore simultáneamente componentes de las posiciones realistas y de los postulados idealistas, como se observó en el mandato de la Administración estadounidense de Barack Obama que, al tiempo que potenció la cooperación internacional y asumió compromisos de solidaridad conforme a las reglas del Derecho internacional; llevó a cabo una política de intervención militar más acusada que la de otras administraciones norteamericanas. Motivo por el que se ha llegado a hablar de una eventual e ineficaz combinación "estratégica de idealismo liberal y pragmatismo estratégico tradicional", en el discurso y quehacer del presidente Obama[134].

---

[133] Informe del Instituto Internacional de Estocolmo para la Investigación de la Paz (SIPRI), 2018. En 2018, Donald Trump incrementó la inversión en Defensa un 4,6% respecto al año anterior, un 36% del total mundial, que creció hasta su máximo histórico. Washington y su rival estratégico Pekín "suman por primera vez más de la mitad de la inversión global en Defensa". Tras su llegada a la Casa Blanca Trump expresó su "intención de fortalecer aún más la supremacía militar de Estados Unidos sobre sus principales rivales geoestratégicos, China y Rusia". Véase TORRALBA, C. "El gasto militar mundial escala a su máximo por el impulso de EEUU", *El País*, 29 de abril de 2019.

[134] GARCÍA DUARTE, R. "Los Estados Unidos de Obama: entre el idealismo y el regreso al containment sin enemigo global", *OASIS 14*, 2009, p. 103.

B) Segundo debate: Tradicionalismo versus Behaviorismo

El segundo se inició en el decenio de 1950 y se presentó como un debate sobre cuestiones metodológicas y epistemológicas entre dos grupos, los denominados tradicionalistas frente a behavioristas, conductistas o cientificistas. Los primeros, los tradicionalistas, consideraban que solo a través de la observación, la experiencia, la investigación y el estudio de la historia se podrían lograr el conocimiento de la realidad internacional y la explicación de los problemas fundamentales que la asolan. El segundo grupo, en el que destacan teóricos de las Relaciones Internacionales como Karl Deutsch, J. David Singer y James Rosenau, se va a presentar como un nuevo modelo "que modificó las conductas metodológicas de una comunidad científica (...)"[135], las cuales se van a caracterizar por emplear "rigurosos métodos de las ciencias sociales, tales como la obtención y el análisis de datos a desarrollar y ponen a prueba teorías que explican el comportamiento de los actores en las relaciones internacionales"[136]. Los behavioristas desaprueban el método empleado por los tradicionalistas por la subjetividad que manifiestan en sus análisis y por no incidir en el carácter científico de la disciplina de las RR.II. Según las premisas conductistas, los datos son hechos objetivos y reales que muestran la realidad tal y como se presenta, con lo cual no precisan más constatación que la tangible. Por lo que cabría incidir que en el sentir de los cientificistas prevalece el estudio de aspectos y fenómenos concretos de la realidad internacional sobre los temas cruciales de ámbito general.

---

[135] PALOMARES LERMA, G. "Hegemonía y cambio en la teoría de las relaciones internacionales", *Revista CIDOB d' Afers Internacionals*, 22, 1991, p. 31.

[136] GARCÍA PICAZO, P. *op. cit.*, p. 89 y PEARSON, F.S. y ROCHESTER, J. M. *op. cit.*, pp. 23 y 630.

Uno de los grandes debates en el área de la metodología ha quedado reducido a la diferencia entre tradicionalistas *versus* behavioristas. Hasta que se inició el decenio de 1960, "el campo de las relaciones internacionales estuvo dominado metodológicamente por los tradicionalistas, para quienes el conocimiento era algo a lo que se podía llegar sólo a través de una participación de primera mano en la observación y en la experiencia práctica o a través de una inmersión en los grandes tratados de la historia de la diplomacia y otras formas de conocimiento e investigación en las bibliotecas"[137]. Sin embargo, a partir del decenio mencionado las posiciones behavioristas se van a imponer sobre las tradicionalistas en el estudio de las relaciones internacionales, lo que va a favorecer la consolidación del carácter científico de la nueva disciplina. Esta confrontación entre las dos posiciones tendrá efectos positivos desde la óptica doctrinal y respecto al análisis metodológico, en la medida en que vigoriza la disciplina a través de los postulados conductistas orientados a otorgar un valor más científico al campo de las relaciones internacionales.

Ahora bien, las herramientas de cada uno de los dos métodos de análisis difieren radicalmente. Mientras los conductistas consideran que las técnicas de análisis cuantitativo y la teoría, como instrumentos para explicar la dinámica internacional, son herramientas que permiten prever los acontecimientos que puedan modificar la estructura y el orden internacional y, por lo tanto, anticiparse a ellos; los tradicionalistas se muestran reacios a considerar y admitir que esto sea posible. Para ellos la imprevisión y el azar, así como la subjetividad de lo observable, impiden hacer análisis certeros sobre el futuro y todo lo más que se puede hacer es plantear "conjeturas razonables". Lo indicó el profesor estadounidense de Relaciones

137 PEARSON, F. S. y ROCHESTER, J. M. *op. cit.*, p. 23.

Internacionales Charles McClelland al aseverar que "la meta no es predecir exactamente los eventos que tendrán lugar en China", sino más bien "desarrollar las habilidades que muestran hacia dónde va el viento y por lo tanto qué podría pasar dentro de determinadas circunstancias"[138]. En las posiciones tradicionalistas priman los componentes de imprevisión e incertidumbre, mientras que los postulados conductistas se inclinan por la previsión y la certeza en los análisis, es decir, lo atinado de las predicciones científicas.

El examen de estos debates pone de relieve que, a pesar de los evidentes modos de entender el estudio y análisis de las relaciones internacionales entre tradicionalistas y behavioristas, desde hace años la disciplina está en una etapa "posconductista"; y los defensores de cada uno de los dos modelos metodológicos reconocen que ninguno acapara el saber y conocimiento en esta área y que, en definitiva, la ciencia de las Relaciones Internacionales aún se está desarrollando. La combinación de ambos métodos y de algunos más no deja de ser una de las mejores formas para acercarse al estudio, análisis y previsión de las relaciones internacionales contemporáneas y, por esto, se ha insistido en la necesidad de la pluralidad de metodologías para tener un conocimiento cabal de la realidad internacional. Una de las principales enseñanzas que se obtienen de este segundo debate es que no existe un único método ni un solo camino metodológico que explique el devenir internacional y cada uno de los aspectos que caracterizan la actual sociedad internacional. Todo lo contrario. Agarrarse a una sola posición teórica de análisis de las relaciones internacionales conduce necesariamente al fracaso, por lo que se apremia en favor de la conexión y acoplamiento de diversas

---

[138] McCLELLAND, Ch. A. "International Relations: Wisdom or Science?", en ROSENAU, J. N. ed., *International Politics and Foreign Policy*, ed. Rev., New York: Free Press, 1969, p. 4.

teorías y particularmente de diferentes métodos para la adquisición de los conocimientos de la realidad internacional. A este segundo debate le seguirá un tercero de carácter metateórico, es decir, un "debate no sólo metodológico y epistemológico como el segundo, no sólo filosófico normativo como el primero, sino ontológico"[139], en la medida en que va a cuestionar la esencia de la disciplina de las Relaciones internacionales, nos referimos a su objeto de estudio – su realidad, estructura, sentido y valor- y que va a coincidir con la aparición de un nuevo eje teórico: el postpositivista o reflectivista.

2.4. El surgimiento y consolidación del Transnacionalismo y Estructuralismo

Desde finales de la década de 1960 se producen una serie de transformaciones y cambios profundos en el contexto internacional. Nuevas realidades y amenazas en un mundo cada vez más interdependiente y en el que surgen nuevos Estados y otros actores relevantes en el tablero del juego internacional comienzan a combinarse. Aparece un número creciente de "centros de poder" que, en ocasiones, no representan los intereses del Estado, sino que responden a una expansión de la sociedad civil. Se establece también una agenda internacional más compleja y menos jerarquizada, fruto de la configuración de un sistema internacional de carácter más fragmentado y fluido, multiforme (aunque sin abandonar el bipolarismo) y donde los países y potencias medias tienen un mayor margen de maniobra en las relaciones internacionales que en las décadas anteriores. El poder económico también se dispersa, aunque la riqueza empieza a concentrarse en unas cuantas grandes empresas transnaciona-

---

139 AGUIRRE, I. *Proyecto Docente de Relaciones Internacionales* presentado en 1995, Universidad del País Vasco, p. 32.

les. A partir de ahí, se sientan las bases para que vayan surgiendo nuevas fórmulas de organización en la sociedad internacional que se muestra más abierta que nunca a la cooperación internacional, y menos centrada en los enfrentamientos bélicos, sin que estos infortunadamente desaparezcan. Es el periodo de la coexistencia y la interdependencia, en el que priman principios bien estructurados que van a regir el contexto en el que se desarrollan las relaciones internacionales.

El origen de esta nueva etapa se encuentra en los años posteriores al decenio de 1950, en los que se llega a decir que existe una nueva fase de la Guerra Fría, donde la rigidez y el constreñimiento que caracterizaron a las relaciones internacionales durante la primera década después de la 2ªGM, se desvanecen en buena medida. En este periodo, el primer hecho relevante será la inauguración de una nueva etapa de relación-cooperación entre las dos superpotencias, EE.UU. y la URSS, que dio paso a lo que se conoció como *coexistencia pacífica*[140]. Como consecuencia de los cambios producidos en el contexto internacional y la aparición de organizaciones internacionales y otros actores van a hacer acto de presencia, casi de forma simultánea, dos nuevos paradigmas para el estudio y análisis de la realidad internacional. Las dos corrientes se caracterizaron por verter significativas críticas a los postulados realistas y por acusar al realismo de anacronismo e incapacidad para explicar los cambios acaecidos (nuevos acontecimientos y actores en el escenario internacional). Una parte de los estudiosos de las relaciones internacionales consideraron, por entonces, que la narrativa realista ya no re-

---

140 El periodo de *Coexistencia pacífica*, término acuñado por el dirigente soviético Nikita Jrushchov, hace referencia a las relaciones que mantuvieron las dos superpotencias desde 1955 hasta el decenio de 1970. Véase el trabajo de FURTAK. R. K. "Revolución mundial y coexistencia pacífica", *Foro Internacional*, 1-2, 1966.

sultaba adecuada para la comprensión de los asuntos mundiales por cuanto la seguridad militar de los Estados había perdido relevancia en favor de otros temas. Así lo expresó Henry Kissinger, en 1975, cuando afirmó: "Seguir adelante con la agenda tradicional ya no es posible. Un nuevo tipo de temas, sin precedentes, están apareciendo. Los problemas de la energía, los recursos, el medio ambiente, la población, los usos del espacio y del mar se sitúan junto a las cuestiones de la seguridad militar, la ideología y la rivalidad territorial que tradicionalmente han conformado la agenda diplomática (…)"[141]. Es más, en 1975 se aprobaba el *Acta Final de la Conferencia sobre la Seguridad y la Cooperación en Europa*, donde se planteaban "cuestiones esenciales de orden económico, social y ambiental que son fundamentales para el desarrollo sostenible, tal y como hoy lo entendemos"[142]. De la misma o parecida opinión fueron activistas políticos estadounidenses contrarios a la guerra, como Carl Oglesby, quien mostró en un discurso titulado "Demos forma al futuro" (Let Us Shape the Future) su oposición a gran parte de la política exterior estadounidense guiada hasta entonces por los principios realistas, y manifestó la necesidad de cambiar la visión estatocéntrica por parámetros liberales. En definitiva, la reacción-crítica frente al realismo vino acompañada

---

141 Citado en KEOHANE, R. y NYE, J. *Poder e interdependencia. Políticas mundiales en transición*, Ed. Brown, Boston, 1977, p. 28. Véase, también: RODRÍGUEZ, P. *Seis claves sobre el 'Orden Mundial' de Henry Kissinger*, 2023. Disponible en: https://www.politicaexterior.com/seis-claves-sobre-el-orden-de-henry-kissinger/.

142 Palabras pronunciadas por el que fuera Secretario General de la OSCE, Lamberto Zannier, en ZANNIER, L. Fomento de la paz y el desarrollo sostenible: Compromiso genuino de la OSCE. Disponible en https://www.un.org/es/chronicle/article/fomento-de-la-paz-y-el-desarrollo-sostenible-compromiso-genuino-de-la-organizacion-para-la-seguridad. .

de dos nuevas aproximaciones teóricas: el transnacionalismo y el estructuralismo, que se analizan a continuación.

A) Posiciones doctrinales, teóricas y características del transnacionalismo

El transnacionalismo surgió para interpretar una sociedad internacional distinta de la que observaban los realistas en los dos decenios posteriores a la 2ªGM. El nuevo paradigma, también denominado globalista, pluralista o de la interdependencia compleja; con elementos de la corriente idealista, enfoca el estudio de las relaciones internacionales desde una perspectiva diferente a la utilizada por los realistas[143] que venía siendo, como sabemos, la posición dominante. Su origen más inmediato se sitúa en 1971, con la publicación de la obra editada por Robert O. Keohane y Joseph S. Nye, *Transnational Relations and World Politics.* Seis años después, en 1977, fecha de publicación de *Power and Interdependence: World Politics in Transition;* Keohane y Nye[144] avanzaron en su crítica al estatocentrismo del realismo clásico, al subrayar la creciente relevancia de las organizaciones internacionales y de los

143 El precursor de la teoría liberal de las Relaciones Internacionales fue el idealismo, un término utilizado de manera crítica, como se ha señalado, por aquellos que se veían a sí mismos como realistas, entre ellos Edward Hallett Carr. El pensamiento de John Locke, Montesquieu, Voltaire, Immanuel Kant, Adam Smith, David Ricardo, John Stuart Mill y Woodrow Wilson se asocia al liberalismo.

144 KEOHANE, R. O. y NYE, J. *Power and Interdependence. World Politics in Transition,* Little Brown and Company, Boston/Toronto, (Edición en español: Poder e interdependencia: la política mundial en transición. GEL, Buenos Aires, 1977; y MORAVCSIK. A. "Taking Preferences Seriously. A Liberal Theory of International Politics", *International Organization,* vol. 51, 1997.

intereses de las empresas transnacionales que restaban protagonismo al Estado como actor indiscutible de las relaciones internacionales. Por lo tanto, el transnacionalismo como narrativa emerge a comienzos de la década de 1970 con las aportaciones teóricas de autores como los citados y de James Rosenau, entre otros.

El nuevo paradigma trataba de encontrar una vía intermedia en la disputa que por entonces se "libraba entre el liberalismo clásico, como partida de nacimiento del capitalismo, y la planificación económica del Estado, como parte consustancial al modelo socialista"[145]. Un aspecto central de los globalistas o transnacionalistas, de base liberal, en un primer momento, es su crítica al paradigma realista, argumentando su incapacidad para analizar y comprender la nueva realidad internacional y la insuficiencia de los parámetros para explicarla. Con lo cual, más que rechazar las posiciones teóricas del realismo, lo que han buscado y pretendido la mayoría de los autores globalistas, es perfilarlas y ampliarlas, priorizando los fenómenos de la transnacionalización, la cooperación y la creciente complejidad e interdependencia entre los actores. Los transnacionalistas, a diferencia de los realistas, incorporan en su análisis de la sociedad internacional un campo mucho más amplio de actores y asuntos, como no podía ser de otra forma, puesto que en el decenio de 1970 ya se han instalado y consolidado numerosas organizaciones internacionales que invitan a la cooperación para la resolución de los problemas que se plantean en las relaciones internacionales, así como nuevos temas de gran relevancia en la agenda internacional y para el futuro más inmediato. Como lo señaló Du Pisani, fue entonces cuando "la promesa de la

145 PADRINO LÓPEZ, V. *La escalada de Tucídides. Hacia la tripolaridad*, Edit. El Perro y la Rana, Caracas, 2021, p. 35.

Ilustración de la mejora lineal y continua de la condición humana había demostrado ser un Mito del Progreso, porque se basaba en esperanzas humanas y aspiraciones más que potencialidades y limitaciones humanas"[146]. Por lo tanto, fue en el marco político del bipolarismo del decenio de 1970, sobre todo, cuando se modifican los tradicionales conceptos y temáticas de la agenda de seguridad de las relaciones internacionales para dar paso a nuevas formas en la comprensión del objeto de estudio de la nueva disciplina.

Lo dicho lleva a afirmar que el paradigma transnacionalista o globalista interpreta las relaciones internacionales en términos más complejos y consistentes porque no solo lo hace en situaciones de guerra y de paz, sino también en materias propias del bienestar económico y social. Además, enfatiza que el logro de los desafíos presentes, en un contexto de interdependencia progresiva, solo es posible a través de la fuerza de la cooperación e interactuación entre los diferentes gobiernos nacionales, organizaciones internacionales, empresas multinacionales y actores no estatales. De hecho, el acento que pone en la necesidad de constituir instituciones de cooperación internacional para manejar la interdependencia es lo que explica que los transnacionalistas sean considerados los herederos de la tradición idealista. En consecuencia, materias propias del desarrollo y del bienestar económico, social y medioambiental se convirtieron en algunos de los temas principales de la agenda de investigación de los globalistas. Precisamente por ello, se puede afirmar que los primeros destellos del desarrollo sostenible se encuentran en los fundamentos teóricos del paradigma transnacionalista.

---

146 DU PISANI, J. A. "Sustainable development-historical roots of the concept", *Environmental Sciences*, 3 (2), 2006, p. 89.

i) A diferencia del realismo, que considera al Estado como actor único y prioritario, esta versión del liberalismo reconoce la pluralidad y heterogeneidad de los actores que participan, interactúan e influyen en la sociedad internacional (entre los más relevantes: organizaciones intergubernamentales, organizaciones no gubernamentales, empresas transnacionales)[147]. Durante este periodo se asiste a la proliferación de nuevos organismos internacionales y a la consolidación de las principales organizaciones económicas multilaterales, entre ellas el Fondo Monetario Internacional (FMI), el Banco Mundial (BM) o el Banco Interamericano de Desarrollo (BID); además se celebran los primeros convenios y protocolos de alcance general sobre reconocimiento y protección de los derechos humanos y se instauran los principales procedimientos y sistemas de garantía, instrumentos y mecanismos que serán la base de los sistemas regionales de protección de los derechos humanos. Por último, también se incorporan a la escena internacional algunos organismos multilaterales de ayuda y cooperación internacional; así como un cuerpo de organizaciones no gubernamentales que actúan a tenor de la cooperación y la ayuda entre los Estados e individuos. Una panoplia más amplia de actores internacionales y, desde luego, una expansión en los ámbitos materiales de actuación que interesan y preocupan en la sociedad internacional.

---

[147] R. Keohane responde a la pregunta de qué se entiende por instituciones en el sistema internacional señalando que "las instituciones son conjuntos de reglas (formales e informales) persistentes y conectadas, que prescriben papeles de conducta, restringen la actividad y configuran las expectativas", *Cfr.* KEOHANE, R. O. "International Institutions: Two Approaches", en James Der Derian (ed.), *International Theory Critical Investigations,* Nueva York University Press, 1995, pp. 16-17.

ii) La pluralidad de actores y de las relaciones que se establecen entre ellos, lleva a los globalistas a afirmar que el mundo se presenta como una red o telaraña donde los hilos muestran la estrecha interdependencia, interconexión y cooperación entre esos actores. La interdependencia en la política global implica que las relaciones comerciales o de cooperación entre los actores internacionales producen efectos recíprocos y mutuos. En la actualidad, por lo que respecta a la guerra de Ucrania se comprueba cómo, en los primeros meses de la invasión (febrero 2022), prácticamente todos los países de la UE se vieron afectados por las sanciones impuestas a Rusia y que implicaban, entre otras cosas, no seguir importando petróleo y gas procedente de ese país. Esta decisión tuvo como consecuencia cierta inestabilidad en la política energética de los países de la Unión y un incremento de los precios de la energía para los consumidores de algunos países europeos. No obstante, las sanciones aprobadas por la UE contra Rusia tuvieron y tienen consecuencias negativas tanto para los países de la UE, compradores del gas y petróleo ruso, como para la propia Rusia, que dejó de recibir ingentes ingresos por la venta de los productos energéticos. Todo esto verifica que la interdependencia genera consecuencias negativas tanto para Rusia como para los países de la UE, aunque al tratarse de actores con grandes recursos en todos los ámbitos, ambos han demostrado y expresan que tienen capacidad para resistir los embates de la guerra y de las sanciones.

En perspectiva doctrinal, lo relevante es que la interdependencia compleja presenta un escenario diferente al del realismo en sus principales postulados porque, aunque considera que los actores internacionales persiguen también el poder y el logro de sus intereses, son las relaciones de cooperación y la dependencia mutua las que centran el devenir de las relaciones internacionales. Para Robert Keohane y Joseph Nye algunas de las características centrales de una sociedad de la interdependencia compleja serían[148]: 1) La interconexión que existe entre las sociedades y sus actores a través de múltiples vías y canales, como consecuencia de la revolución de las tecnologías de la información y de la comunicación (en adelante TIC). Actualmente y gracias a las TIC se ha avanzado hacia lo que algunos analistas se atrevieron a denominar, allá por el decenio de 1970, como la "aldea global"; y 2) La multiplicidad y diversidad de temas que están presentes en la agenda de la política internacional. Para el transnacionalismo, las preferencias del Estado, más que sus capacidades, son también un determinante primordial de su comportamiento, y la interacción entre los actores internacionales no se limita a salvaguardar la seguridad político-militar, sino también a prestar atención a otras dimensiones de la seguridad como la económica, social, medioambiental, energética o cultural. Es decir, existen varias oportunidades para la cooperación y amplias opciones de poder, como el que emana del capital cultural.

Estas características del paradigma globalista o pluralista, considerado el primer competidor teórico serio del realismo, nos permite afirmar que el transnacionalismo interpreta las relaciones internacionales en términos más complejos, como ya se ha dicho, al incorporar al análisis nuevos actores internacionales y nuevos temas que adquieren protagonismo y relevancia en la agenda internacional. Una visión más amplia que la del realismo clásico y menos restringida a los temas relativos a la seguridad internacional, concebida incluso, en la teoría realista en térmi-

---

148 KEOHANE, R. O. y NYE, J. S. *Power and Interdependence.* Boston, Pearson, 2011, p. 20. Véase también KEOHANE, R. y NYE, J. (eds.) *Transnational Relations and World Politics,* Harvard University Press, 1971; y HERZ, J. *International Politics in the Atomic Age.* Columbia University Press, New York, 1959.

nos netamente militares. En buena parte, la teoría globalista es consecuencia de una observación más pormenorizada de la sociedad internacional y, en especial, de los actores y factores que la conforman y el modo de interactuar entre ellos. Los postulados transnacionalistas no descartan el valor que tienen las organizaciones internacionales como mecanismos de cooperación e interdependencia y, sobre todo, su capacidad de actuar e influir en los asuntos internacionales y, en buena medida, su destreza para condicionar la política exterior de los Estados, incluso de los más poderosos e influyentes. Asimismo, el paradigma globalista no desconoce los múltiples sectores para la cooperación que abren las nuevas relaciones en la sociedad internacional, lo que procede del contexto que existía en el decenio de 1970 del pasado siglo. En términos actuales, sería posible aventurar que la Agenda 2030 para el desarrollo sostenible, aprobada en 2015, es quizá una expresión, aunque sea parcial, de postulados transnacionalitas, pluralistas o globalistas, tanto en función de la diversidad de actores que se ven implicados en el logro del desarrollo sostenible, como por el cúmulo de materias internacionales que quedan cubiertas por esta Agenda[149].

B) Posiciones doctrinales, teóricas y características del estructuralismo

La siguiente aproximación teórica surgió en el mismo contexto histórico que el transnacionalismo, esto es, decenio de 1970, y

---

149 MORÁN BLANCO, S. "Sustainable Development in international relations theory: Its presence or abscence. A proposal for a new paradigm", *Revista Iberoamericana de Estudios de Desarrollo=Iberoamerican Journal of Development Studies* 11, 2022; y SANTANDER CAMPOS, G. "Un análisis de la Agenda 2030 desde la teoría política: oportunidades como herramienta de transformación", *Política y Sociedad, 60,* 1, 2023, pp. 1-12.

se va a denominar paradigma estructuralista (o neomarxista). Los autores del estructuralismo van a detenerse en el análisis de una realidad internacional caracterizada por el "fin" del régimen colonial internacional y que va a tener como una de sus consecuencias principales el incremento sustancial del número de Estados, fruto de la descolonización de los continentes asiático y africano, fundamentalmente. Los nuevos Estados, encasillados por entonces con la denominación de *Tercer Mundo*[150], no pudieron evitar una situación de dependencia económica desde el primer momento, a la que se denominó *neocolonialismo*. Con este término se intentó describir una situación en la que un territorio consigue la independencia política, pero mantiene una dependencia económica con respecto a su antigua potencia colonizadora. Un *neocolonialismo* visible principalmente a través de tres mecanismos: 1) Dependencia financiera. Los países más desarrollados no dudaron (por propio interés) en facilitar préstamos a los menos desarrollados (por entonces denominados *subdesarrollados*), a menudo en forma de ayuda internacional. Estos préstamos crearon una enorme deuda externa en los países más pobres. 2) Dependencia tecnológica. El atraso tecnológico de los países menos desarrollados les obligó a comprar lo que precisaban en este ámbito a los países mejor posicionados y avanzados. 3) Y dependencia comercial. La mayoría de los países del *Tercer Mundo* sufrían una situación de déficit comercial crónico porque vendían y venden materias primas a precios

---

[150] Los países del *Tercer Mundo* se caracterizaron por algunos de los siguientes rasgos: a) crecimiento demográfico muy elevado; b) recurso al endeudamiento como medio para financiar las necesidades de inversión; c) desigualdades económicas y sociales extremas en las que una minoría muy reducida concentraba la mayor parte de la riqueza; d) y grave déficit educacional que ha impedido a gran parte de su población acceder a la formación necesaria. En la actualidad se ha sustituido el término de *Tercer Mundo* por el de *Países en Desarrollo* y, sobre todo, por el de *Sur Global*.

muy bajos y compran productos elaborados y tecnología a precios más elevados, con lo que la balanza comercial es siempre negativa para ellos. Por consiguiente, el estructuralismo es consecuencia de la aparición en el primer plano de la agenda internacional de la dialéctica del desarrollo-subdesarrollo, primariamente considerada en su vertiente económica, que surgió en la fase final del proceso de descolonización.

Por lo que se refiere a los orígenes del estructuralismo, este paradigma encuentra sus raíces intelectuales en las obras de Carlos Marx, autor de *El Capital*[151], y en la que escribió con Friedrich Engels, *El manifiesto comunista*, pero también en los escritos de Lenin, León Trotski y Rosa Luxemburgo, entre otros. En concreto, el pensamiento de C. Marx y su crítica del sistema económico capitalista por enfatizar la propiedad privada y favorecer el desarrollo de una clase dominante, burguesía que, según el filósofo alemán, explota a la clase trabajadora, proletariado; fue uno de los principales soportes científicos del paradigma estructuralista. En el contexto histórico en el que impactan las ideas de Marx, una parte importante de los Estados más poderosos habían adoptado el sistema económico capitalista, objeto de estudio del paradigma mencionado. De hecho, la imagen que proyecta el estructuralismo es prácticamente la del marxismo clásico, es decir, que el capitalismo es el mecanismo de dominación que emplean las *clases poderosas* sobre los más vulnerables (trabajadores). Con ello, se podrían detallar las principales características del paradigma estructuralista sobre la base de los conceptos de dependencia, subdesarrollo y desigualdad, que serán de manera prioritaria los

---

[151] Karl Marx criticó el sistema socioeconómico de su época, refiriéndose al capitalismo como la "dictadura de la burguesía" en la que las clases sociales con mayores recursos financieros y propietarias de los medios de producción se aprovechaban del trabajo de los obreros para su propio beneficio.

que definan esta teoría de las relaciones internacionales. La corriente estructuralista supone, además, una reacción al sistema económico capitalista y a sus consecuencias en la escena internacional, en cuanto representa la máxima expresión en el ejercicio del poder en la sociedad internacional. Se pretende básicamente reformar el capitalismo y desarrollar estrategias alternativas en la lucha contra la desigualdad. De tal manera que, como lo ha indicado K. Sodupe, "en el caso del paradigma estructuralista, la visión del mundo que se transmite es la de un sistema económico integrado, en el que sus diferentes partes, regiones desarrolladas y subdesarrolladas, a las que se asignan funciones económicas diferenciadas, están separadas por profundas desigualdades"[152].

i) Los estructuralistas centran su estudio en el fenómeno del subdesarrollo y sus causas porque su objetivo es analizar por qué los países más pobres no consiguen alcanzar el nivel económico de los más desarrollados, en definitiva, estudiar y analizar por qué entre 1950 y 1980 se registraron altas tasas de crecimiento y de desarrollo en los países de la Europa Occidental y en Norteamérica. La respuesta que dan los seguidores de la teoría estructuralista es que las empresas multinacionales y transnacionales, que habían experimentado un crecimiento espectacular después de la 2ªGM, tanto a nivel cuantitativo como cualitativo (influencia y relevancia en la sociedad internacional), "explotan" a los países de la *periferia* (menos desarrollados) y generan, movidos por su objetivo final de lucrarse (maximización de beneficios) daños ambientales (problemática que empieza a situarse en la primera línea de la agenda mundial) y

---

152 SODUPE, K. "El Estado actual de las relaciones internacionales como ciencia social: ¿crisis o pluralismo paradigmático?", *Revista de Estudios Políticos* 75,1992, p. 182.

violan, en multitud de ocasiones, derechos humanos ya consagrados por el Derecho Internacional (*Declaración Universal de los Derechos Humanos de 1948*). El teórico del estructuralismo describe las relaciones internacionales como una lucha entre las clases más prósperas y las más desfavorecidas (Estados desarrollados versus Estados subdesarrollados), a diferencia del realismo que las percibe como una contienda entre Estados en aras de la seguridad y el poder, por lo que el conflicto, característica intrínseca del realismo, también se observa en el estructuralismo.

ii) Los estructuralistas focalizan la crítica en el sistema capitalista mundial, objeto de estudio, y aunque consideran que el Estado tiene una relevancia como actor internacional y como organización político-económica de las clases poderosas, distan mucho de atribuirle el protagonismo expresado por el realismo. Las relaciones que se desarrollan en el marco del sistema capitalista mundial son de carácter conflictivo fundamentalmente, al basarse en la explotación económica y dominación política. La conflictividad en las relaciones internacionales deriva de las estructuras sociales generadas por el sistema capitalista, que se ha mantenido con diferentes formas a lo largo de la historia, y que ha generado una profunda dependencia entre los países menos desarrollados y los más ricos y prósperos mediante diferentes mecanismos entre los que se pueden mencionar las políticas de ayudas (...). Una vez realizada la crítica al sistema capitalista, el siguiente paso y uno de los principales objetivos de los estructuralistas es poner punto final a la leyenda negra propagada por el liberalismo sobre los efectos perniciosos de la intervención estatal y la pervivencia de economías "cerradas", por ejemplo, en la región latinoamericana.

Al igual que en el realismo, dentro del paradigma estructuralista se aprecian diferentes grupos de autores: "los teóricos de la dependencia, los teóricos del análisis centro-periferia y los teóricos del sistema mundo", entre otros. Así, mientras "la teoría de la dependencia, cuyo padre fundador es Raúl Prebisch[153], y el análisis centro-periferia, iniciado por Gunder Frank, parten de estudiosos radicados en países del Sur (esencialmente América Latina); los teóricos del sistema mundo (Immanuel Wallerstein, entre los más destacados) se asientan en universidades del Norte"[154]. En particular, los orígenes de la teoría de la dependencia se sitúan en 1950, cuando R. Prebisch, nombrado secretario ejecutivo de la recién creada CEPAL, esbozó una interpretación innovadora de la transición latinoamericana en curso desde el crecimiento primario impulsado por las exportaciones (desarrollo hacia afuera) al desarrollo urbano-industrial de orientación interna (desarrollo hacia adentro), en su obra *El desarrollo económico de la América Latina y algunos de sus principales problemas*[155], convertida en el documento fundacional del estructuralismo latinoamericano. En el informe conocido como el *Manifiesto Latinoamericano*, Prebisch abordó el concepto de centro-periferia y analizó la asimetría entre el *centro* (países desarrollados y prósperos) y la *periferia* (países con graves crisis y en vías de desarrollo), y sus efectos negativos. Este

---

153 Raúl Prebisch fue el líder de la escuela desarrollista o estructuralista y un precursor de la escuela de la dependencia. SÁNCHEZ, O. "The Rise and Fall of the Dependency Movement: Does it inform underdevelopment today? *E.I.A.L 14*, 2, 2003, pp. 31-50.

154 BARBÉ, E. *op. cit.*, 1995, p. 70. Véase, también CARDOSO, E. y FALETTO, E. *Dependencia y desarrollo en América Latina*, México, 1978; y FURTADO, C. *Economic Development of Latin America*, Cambridge UP, Londres, 1977.

155 PREBISCH, R. *El desarrollo económico de la América Latina y algunos de sus principales problemas*. CEPAL, 2012. Véase *Raúl Prebisch: Un aporte al estudio de su pensamiento*, CEPAL, 1987, p. 30.

análisis le llevó a la conclusión de que los países situados en la *periferia* sufren un inherente desequilibrio y asimetría con respecto a los países desarrollados. En palabras textuales de Prebisch: "El progreso técnico se inició en los centros y sus frutos permanecieron fundamentalmente allí. Para bien o para mal, tales frutos no se difundieron a la periferia mediante una baja general de los precios en relación con los aumentos de la productividad". Y aunque reconoce que "los procesos democráticos han demostrado gran eficacia en el mejoramiento de los ingresos reales y en la evolución del Estado", es necesario o "se requiere el socialismo para asegurar el *uso social* del excedente". Por si fuera poco, este autor considera que "la masa de acumulación de capital y la corrección de las grandes disparidades sociales deberían someterse a la decisión colectiva, estableciendo un nuevo régimen institucional, político y económico, para tal efecto"[156]. El economista argentino racionalizó el papel desarrollista de los países latinoamericanos y presentó un caso convincente a favor de la industrialización para superar la pobreza y el subdesarrollo.

El éxito del citado informe favoreció que un grupo de economistas latinoamericanos profundizasen en el pensamiento de R. Prebisch. Entre ellos destacaron Celso Furtado y Octavio Paz. Más en concreto, el primero de ellos abordó en su obra la noción de "heterogeneidad estructural" de la periferia, planteando propuestas de reforma estructural para transformar la división técnica y social entre las dos regiones[157],

---

156 PREBISCH, R. "Cinco etapas de mi pensamiento sobre el desarrollo", *El Trimestre Económico,* México, L (2), 198, 1983, pp. 1077-1096.

157 Los principales contenidos de las tesis que defiende este autor han sido resumidos en el trabajo de MALLORQUÍN SUZARTE, C. A. "Celso Furtado: un retrato intelectual", *Revista Mexicana de Ciencias Políticas y Sociales, 41,* 163, 1996, pp. 35-62. También del mismo autor, "Celso Furtado y la utopía organizada", *Estudios Sociológicos 23,* 68, 2005.

lo que representa una profundización de la teoría estructuralista de la dependencia. Asimismo, dentro de esta corriente teórica también sobresale el pensamiento del economista Alberto O. Hirschman, para quien el desarrollo requiere un proceso simultáneo de inversión en una serie de sectores o unidades de producción, e insistió en que el crecimiento estable es resultado de la inversión y, lo que es más importante, de una "estrategia de desarrollo consciente"[158]. En todos los casos, los diversos autores de esta tendencia teórica resaltan la relevancia del desarrollo en el campo de las relaciones internacionales y, con ello, la necesidad de superar las desigualdades desde una perspectiva netamente económica, lo que será uno de los rasgos distintivos del estructuralismo.

La teoría de la dependencia se ocupó principalmente de analizar la explotación que sufrían los países de la *periferia* por parte del *centro*. Este enfoque se convirtió rápidamente en un paradigma líder en muchos países y actualmente la teoría de la dependencia tiene seguidores entre las organizaciones y movimientos políticos de izquierdas, antiglobalización y anticapitalistas que sostienen que los países del *centro* se benefician del excedente de la *periferia* a través de relaciones comerciales y financieras desiguales perpetuando la subordinación y desigualdad económica[159]. Esta visión crítica de la realidad internacional, dirigida hacia los países más

---

158 Albert O. Hirschman trabajó en el ámbito del desarrollo, sobre todo en Latinoamérica, y su obra se centró en el progreso económico. La reivindicación de Hirschman, uno de los mentores de la teoría de la dependencia, aparece en la versión revisada de su libro publicado en 1945: *National power and the structure of Foreign Trade,* donde también argumenta sobre la prioridad de la noción del "index de Gini o su coeficiente". Véase HIRSCHMAN, O. A. *Salida, voz y lealtad,* Fondo de Cultura Económica, México, 1977.

159 SAAD-FILHO, A. "The Rise and decline of Latin-American Structuralism and dependency theory", *King's College,* London, 2005.

poderosos política y económicamente en el ámbito de las relaciones internacionales, explica que la teoría de la dependencia ocupe, en palabras de Iñaki Aguirre Zabala, "un lugar importante en la historia del pensamiento internacionalista por ser la primera expresión académica de una perspectiva teórica crítica elaborada desde el Sur y cuyo periodo de mayor incidencia cubre las décadas que van de los sesenta hasta los ochenta del siglo pasado"[160]. Este pensamiento caló también en un grupo de activistas estadounidenses entre los que se encontró Carl Oglesby, quien en un artículo publicado en 1969 argumentó que siglos "de dominio del norte sobre el sur global han convergido para producir un orden social intolerable"[161]. Por entonces era perceptible en las relaciones internacionales la fractura centro-periferia y los países de la periferia eran conocidos como *Tercer Mundo*. Pero, además, aquí se encuentran ideas y postulados que serán precursores del reflectivismo, en la medida en que este último enfoque teórico supone una cierta revisión al alza de las tesis marxistas y preconiza conceptos y comportamientos similares en su contenido, en defensa de la crítica al capitalismo internacional.

Todo lo dicho permite concluir que el paradigma estructuralista ha ejercido y ejerce una notable influencia en la narrativa teórica y científica de la disciplina de las RR. II. Las razones que justifican esta afirmación son varias y se visualizan en el marco internacional, puesto que el marxismo y su crítica al sistema capitalista han sido el sustrato ideológico de importantes

---

También cabe destacar: BARAN, P. *The Political Economy of Growth*. Monthly Review Press, New York, 1957.

160 AGUIRRE ZABALA, I. "Exclusión y teoría de las Relaciones Internacionales" en CASTRO RUANO, J. L. y ORUETA ESTIBARIZ, G. *op. cit.*, p. 30.

161 Carl Oglesby fue un líder del movimiento antibélico en la guerra del Vietnam. OGLESBY, C. *The New Left Reader*. Grove Press, New York, 1969.

movimientos político-sociales que han modificado en determinados momentos del siglo XX la estructura del sistema internacional. Los fundamentos del pensamiento marxista fueron la base de la dictadura que se implantó tras la revolución bolchevique de 1917 y que acabó con la época zarista para constituir, en 1922, la Unión de Repúblicas Socialistas Soviéticas (en adelante URSS). Casi tres décadas después, en octubre de 1949, el líder del Partido Comunista Chino, Mao Zedong, proclamó la República Popular China que se mantiene a pesar de las reformas económicas de corte capitalista introducidas por los sucesivos gobiernos y reconocidas como "socialismo con características chinas"[162]. En todos estos casos, y en algunos otros, la visión marxista fundamentó la implantación de regímenes que han sido un fracaso en términos económicos y políticos, y en los que se han producido y producen graves violaciones de los derechos humanos, lo que tiene trascendencia para la teoría de las RR.II.

A pesar de sus aportaciones teóricas son muchos los internacionalistas que no han dudado en reconocer que el estructuralismo se situó en los márgenes de la disciplina por varias razones, aunque conviene destacar dos. La primera, porque no responde a los parámetros que dominaban en los países occidentales con economías capitalistas; y la segunda, por la visión etnocéntrica imperante de las relaciones internacionales. El liderazgo de EE. UU y en general de los países europeos occidentales en la interpretación y análisis de la sociedad internacional, en la década de 1970, así como su "posición etnocéntrica" logró marginar y colocar en un segundo plano las "escasas aportaciones teóricas realizadas en otros ámbitos

---

162 HART-LANDSBER, M. BURKETT, P. "China and Socialism: Market Reforms and Class Struggle", *Monthly Review Press*, 56, 2004.

culturales no occidentales"[163]. Los aportes críticos, como el paradigma estructuralista o la teoría de la dependencia, realizados por internacionalistas situados fuera del contexto norteamericano o europeo, fueron desplazados, preteridos y silenciados en la medida en que socavaban los fundamentos de los paradigmas tradicionales dominantes. Durante la Guerra Fría el constreñimiento no solamente se vivió en la realidad internacional, sino que también se trasladó a la narrativa teórica de la nueva disciplina, de tal forma que solamente parecían caber las interpretaciones que de los asuntos internacionales se hacían desde los paradigmas realista y transnacionalista. La fractura ideológica de la Guerra Fría se vivió también de forma clara en la narrativa teórica de las Relaciones Internacionales. A esto habría que añadir que las tesis estructuralistas, en su versión más marxista, apuntaban una realidad internacional en la que reinaba el caos económico y la falta de libertades en el campo político, lo que favoreció que se constituyera por sí en una teoría marginal. Aun así, todo lo indicado no es óbice para afirmar que el marxismo ejerció una importante influencia en el desarrollo y la afirmación científica de los estudios internacionales por su repercusión en regiones como la latinoamericana, que todavía sufre las consecuencias de sus postulados.

Como conclusión, cada uno de los mencionados paradigmas de las RR.II. ofrece una visión sobre las distintas problemáticas y cuestiones que interesan en el contexto histórico en el que surgen, así como los posibles instrumentos y mecanismos de resolución para el logro de la paz y de la seguridad, tanto nacional como internacional; y cada uno hace su aportación teórica a la nueva disciplina según los asuntos de la política internacional que abordan. De ahí, surge la variedad teórica en la disciplina que condiciona sobremanera las posiciones en política internacional.

---

[163] ARENAL, C. del, "Americanocentrismo y relaciones internacionales: la seguridad nacional como referente", en ARENAL, C del y SANAHUJA, J. A. *op. cit.*, 2015, p. 35.

2.5. Emergencia del *Neorrealismo/Neoliberalismo*/Escuela Inglesa y Debate Neo-Neo

El panorama teórico de la disciplina va a experimentar cambios y transformaciones durante la década de 1980. Durante estos años se va a producir la reformulación de las dos corrientes prioritarias: el realismo y el liberalismo, e incluso se va a producir un cierto acercamiento entre los postulados doctrinales defendidos por cada una de ellas. No obstante, las dos teorías, denominadas a partir de entonces como neorrealismo y neoliberalismo, seguirán enmarcadas en el eje racionalista o positivista, a pesar de los cambios experimentados y los "nuevos" principios teóricos asumidos.

A) Neorrealismo/Neoliberalismo y Escuela Inglesa

Por entonces el realismo se encontraba en una posición de cierta debilidad, como consecuencia de los numerosos embates recibidos por las nuevas teorías que le sucedieron, y por las transformaciones del contexto internacional. Acontecimientos como el fin del sistema monetario y financiero internacional *Bretton Woods*, en 1971; *la crisis del petróleo*, dos años después; el inicio del "declive" de la hegemonía norteamericana o la activación del proceso de globalización ofrecieron el caldo de cultivo necesario para defenestrar al realismo por su carácter estatocéntrico en un mundo cada vez más interdependiente, y por su fijación en la seguridad militar. En ese momento la sociedad internacional proyectaba su imagen más "desorganizada" y heterogénea, tanto en sentido jurídico como político y social, fruto del aumento del número de actores internacionales y de la creación de nuevas estructuras de poder que respondían, entre otras razones, a una expansión de la sociedad civil. Además, se incorporan nuevos temas a una agenda internacional más compleja y menos jerarquizada y que proporcionan un mayor margen de maniobra y participación a los países intermedios[164].

En esta situación, el aliento que necesitaba el realismo para salir del estado de "fragilidad" en el que se encontraba y, de esta manera, revalorizarse como teoría de las Relaciones Internacionales llegó de la mano de Kenneth Waltz, fundador del neorrealismo o realismo estructural. En 1979 publicó *Theory of International Politics*, que se convertiría en la obra más representativa del momento[165], donde planteó una modificación principal al señalar que la unidad de análisis es la estructura del sistema internacional en lugar del Estado. Para este autor, "un sistema está compuesto por una estructura y por unidades interactuantes. La estructura es el componente sistémico que hace posible pensar en el sistema como un todo"[166]. En efecto, K. Waltz considera esencial analizar la estructura del sistema internacional y estudiar tanto su funcionamiento como su influencia en el comportamiento de los actores internacionales y, sobre todo, de los Estados. Con esto, el neorrealismo incluye el concepto de "estructura" como factor central

---

164 TOMASSINI, L. "El análisis de la Política Exterior", *Estudios Internacionales 84*, 1988, pp. 498-559.

165 Los principales representantes del Neorrealismo o Realismo Estructural son Kenneth Waltz, Stephen D. Krasner y Robert Gilpin. Otros autores destacados fueron Stephen Walt o John Mearsheimer. Sobre el neorrealismo véanse KEOHANE, R. (comp.) *Neorrealism and its critics*, Columbia UP, Nueva York, 1986; BUZAN, B.; JONES, C. y LITTLE, R. *The logic of Anarchy: Neorealism to Structural Realism*, Columbia University Press, Nueva York, 1993; y BALDWIN, D. (ed.), *Neorealism and Neoliberalism: The Contemporary Debate*. Columbia University Press, New York, 1993.

166 WALTZ, K. N. *Theory of International Politics*, Edit. Addison-Wesley Publishing Comp. 1979. (Traducción de Mirta Rosenberg.- *Teoría de la política internacional*, Edit. Grupo Editor Latinoamericano. Buenos Aires, 1988, p. 119.

de las relaciones políticas en la sociedad internacional. Una estructura internacional conformada por un número reducido de Estados protagonistas. Al analizar este aspecto se comprueba que el teórico norteamericano coincide con el pensamiento de Morgenthau, referente a que los Estados son actores que solamente velan por sus intereses y cuyo objetivo es obtener su bienestar a través del poder, aunque para K. Waltz el poder solo será un medio para garantizar su seguridad. En síntesis, el neorrealismo muestra una realidad internacional basada en los intereses y en el poder, al más puro estilo realista, y sostiene que la estructura anárquica del sistema internacional y la distribución de poder entre los Estados explican los continuos conflictos en la sociedad internacional. Desde ahí, K. Waltz estima que a mayor número de potencias liderando la sociedad internacional (multipolaridad), mayor inestabilidad y posibilidad de conflictos; mientras que la bipolaridad –tal y como sostiene- genera una mayor estabilidad y orden[167]. El neorrealismo comparte entonces algunos de los postulados centrales ya apuntados por el programa realista, como puede ser la consideración que hace sobre el carácter especialmente conflictivo de las relaciones interestatales[168]. Además, para

---

[167] WALTZ, K. N. "The Stability of a Bipolar World", *Daedalus 93*, 4, 1964, pp. 881-909.

[168] Por su parte, "la teoría de la paz democrática sostiene que las relaciones entre Estados pueden ser estables y pacíficas. La extensión de los valores, las normas, y las instituciones democráticas puede prevenir la aparición de la guerra entre actores internacionales. Mediante la tolerancia, la acomodación y la confianza en los métodos pacíficos para la resolución de conflictos, es posible edificar una zona de paz donde las guerras son altamente improbables. Esta forma de entender las relaciones entre Estados pone claramente en cuestión las tesis neorrealistas sobre la paz internacional. De hecho, las distintas explicaciones de la paz democrática se articulan como una respuesta liberal a los presupuestos realistas", en SODUPE CORCUERA, K. y MOURE PEÑIN, L. "Explorando los Fundamen-

el neorrealismo, al igual que para el realismo clásico, la naturaleza anárquica del sistema internacional es una característica permanente que define este sistema y que no significa que sea caótico, sino que no existe un orden jurídico-político que se sitúe por encima del Estado[169]. Por último, los neorrealistas también se centran en las temáticas relacionadas con el poder y la seguridad, aunque toman en consideración en el análisis completo de la realidad internacional a las relaciones de cooperación y a las relaciones de naturaleza económica que se forjan entre los Estados.

En definitiva, el neorrealismo amplia el concepto de poder al considerar otras dimensiones. Sitúa la dimensión económica del poder en el mismo nivel que la político-militar y aborda, así, otras relaciones y actores de la realidad internacional que no examinaba el realismo clásico.

Como se ha dicho, junto a K. Waltz también hay que destacar a otros autores como Klaus Knorr o Rober Gilpin e incluso Robert Keohane. Llama la atención que, por entonces, el padre del transnacionalismo (el paradigma que intenta denostar y sustituir al *mainstream*) llegue a reconocer que "el realismo es un paradigma necesario para un estudio coherente de la política mundial ("the realism constitutes the central tradition in the study of world politics"). Estas declaraciones se pueden considerar uno de los primeros pasos en ese acercamiento que se producirá entre ambos paradigmas, con lo que R. Keohane concluye indicando que "dado que el realismo se basa en ideas

---

tos de la Teoría de la Paz Democrática", en CASTRO RUANO, J. L. y ORUETA ESTIBARIZ, G. *op. cit.*, p. 356.

169 El orden político internacional existente, así como las reglas jurídicas que surgen al amparo de él, son una resultante de la soberanía de los Estados y no el producto de un poder o autoridad política superior. VIOTTI, P. R. y KAUPPI, M. V. *International Relations Theory: Realism, Pluralism, Globalism,* Macmillan, 1987, pp. 47-48.

fundamentales sobre la política mundial y sobre la actividad estatal, el progreso en las relaciones internacionales solo será posible si construimos a partir del núcleo realista"[170]. Estas aseveraciones supusieron un espaldarazo relevante a las posiciones teóricas que defiende el realismo para el análisis de la realidad internacional. Con todo ello, las innovaciones teóricas que incluyó el neorrealismo produjeron no solo un cierto *tsunami* en el realismo clásico, sino que revalorizaron la Escuela y demostraron su capacidad de teoría con continuidad. El éxito de Kenneth Waltz y en general de todos los autores del momento fue resituar al realismo en el núcleo de la disciplina y dotarla de proyección de futuro[171]. Las "correcciones" que introdujo el neorrealismo o realismo estructural constituyeron una revisión significativa de los postulados teóricos, lo que logró situar nuevamente al realismo en el centro de las narrativas dominantes de la disciplina a la hora de realizar un análisis coherente del sistema internacional.

Al mismo tiempo también se produjo dentro de la disciplina la reformulación del liberalismo que implicó, a su vez, una serie de innovaciones. Como lo señala E. Barbé, "se deja atrás el

---

170 KEOHANE, R. O. Theory of World Politics: Structural realism and beyond, en A. W. FINITER (ed.): *Political Science: The State of the Discipline*, APSA, Washington D.C. 1983, p. 504. También puede verse en BARBÉ, E. *op. cit.*, 2007, p. 64. Véase también ASHLEY, R. K. "The Poverty of Neorealism", *International Organization, 38*, 2, 1984, pp. 225-286.

171 WAEVER, O. "Waltz's Theory of Theory", *International Relations 23*, 2, 2009, pp. 201-222. Una variante del neorrealismo fue el realismo estructural defensivo, creado a finales de la década de 1980 por autores como Stephen M. Walt. Según ellos, el comportamiento de los Estados no se explicaría solo por la distribución internacional del poder, sino que también actuarían otros factores de índole interna, así como los propios objetivos y motivaciones de los Estados o las percepciones internacionales de sus dirigentes.

transnacionalismo de los setenta (más enfocado hacia los flujos humanos y sociales que hacia los Estados), para asentar el neoliberalismo en un institucionalismo (...), centrado en conseguir la cooperación entre un grupo de estados democráticos y defensores del libre mercado (...). De tal forma que los neoliberales insisten en las relaciones de cooperación y la creciente interdependencia de la sociedad internacional. El institucionalismo neoliberal o teoría institucionalista, entre cuyos representantes destaca Robert Keohane, hace de las instituciones su centro de análisis"[172]. Por lo tanto, el neoliberalismo o institucionalismo neoliberal se desarrolló en el decenio de 1980 y, al igual que ocurrió con el neorrealismo, sus aportaciones teóricas lograron revalorizar al paradigma transnacionalista o liberalismo. Algunos autores señalaron que se trató de una respuesta en clave liberal *al mainstream*[173]. Los denominados neoliberales creen que las organizaciones internacionales, bien de carácter universal o regional, juegan un rol fundamental en la resolución de conflictos y en la consolidación de la cooperación internacional. Más todavía, lo nuevos liberales subrayan su interés por las dinámicas

172 BARBÉ, E. *op. cit.* 2007, p. 78. Véase OVERBEEK, H. y VAN APPELDORN, B. (eds.), *Neoliberalism in Crisis,* Palgrave Macmillan, Londres, 2012. KEOHANE, R. O (ed), *Neorealism and its Critics,* Columbia University Press, New York, 1986; KEOHANE, R.O. *International Institutions and State Power: Essays in International Relations Theory,* Boulder, Westview Press, 1989; y GILL, S. "Globalisation, Market Civilization and Disciplinary Neoliberalism", *Millennium: Journal of International Studies 24,* 3, 1995. También, GRASA, R. "Neoliberalismo e institucionalismo. La reconstrucción del liberalismo como teoría sistémica internacional", en ARENAL, C. del y SANAHUJA, J.A. (Coords.) *Teorías de las Relaciones Internacionales,* Madrid, Tecnos, 2015.

173 CASTAGNINO, P. "El concepto de poder en el mainstream de las teorías de Relaciones Internacionales", *Sociología Crítica,* 2010. Disponible en: https://sociologiacritica.es/2010/02/04/el-concepto-de-poder-en-el-mainstream-de-las-teorias-de-relaciones-internacionales-pablo-castagnino/.

de la cooperación en una realidad internacional en la que la interdependencia no cesa de crecer. Al igual que los neorrealistas, los neoliberales consideran que los Estados persiguen por encima de todo su propio interés, pero concediendo importancia a la cooperación como vía para el logro de sus objetivos y retos. En esencia, los neoliberales creen: primero, que la cooperación interestatal en el marco de organismos internacionales es una realidad y una necesidad para la consecución de los intereses y objetivos de los Estados; y, segundo, que es a través de la cooperación como la sociedad de Estados puede avanzar hacia una comunidad política internacional con instituciones e ideas compartidas y en la que primen los valores convergentes.

Sin embargo, conviene recordar que las dos versiones reformuladas del realismo y del liberalismo, nos referimos a las corrientes *neo* que tomaron forma durante el decenio de 1980, coincidieron en señalar que tanto la seguridad como el bienestar económico son metas importantes y las dos versiones solo diferían entre sí a la hora de determinar cuál es prioritario para los Estados, así como los mecanismos para su logro. Como señala Mónica Salomón: "Mientras los neorrealistas, igual que los realistas clásicos, ponen el énfasis en la seguridad y en la superioridad militar; los neoliberales consideran que las prioridades económicas son básicas para los Estados" e insisten en la fuerza de la cooperación por encima de la fuerza militar. Y continúa: "Para los neoliberales, los regímenes y las instituciones internacionales mitigan los efectos constreñidores que tiene la anarquía sobre la cooperación"[174].

---

[174] SALOMÓN GONZÁLEZ, M. "La teoría de las relaciones internacionales en los albores del siglo XXI: diálogo, disidencia, aproximaciones", *Revista CIDOB d'Afers Internacionals,* 56, 2001, p. 18.

En esta etapa de las relaciones internacionales es preciso destacar el renovado interés que despierta la Escuela Inglesa (en adelante EI)[175], también conocida como liberal-realismo o institucionalismo británico, la cual sostiene que existe una "sociedad de Estados" a nivel internacional que "descartaría" la premisa realista de la anarquía como seña de identidad de la sociedad internacional. La EI (English School) de Relaciones Internacionales, cuyos principales precursores son el australiano Hedley Bull y el británico Barry Buzan, se presenta como una especie de síntesis entre el realismo y el liberalismo por cuanto combina presupuestos teóricos de ambas corrientes. Es más, esta escuela de pensamiento, preocupada tanto por el estudio de las propiedades morales, políticas y sociales de la sociedad internacional como por la investigación de las particularidades emergentes, representa una síntesis de los enfoques normativo y racionalista[176].

---

175 La Escuela Inglesa surgió a finales de la década de 1960 y estuvo conformada por un grupo de estudiosos y profesores de la *London School of Economics* y de la Universidad de Cambridge, que se dedicaron a analizar la política mundial a través de las normas y de las instituciones presentes en la realidad internacional. Por lo tanto, esta corriente teórica ha tenido entre sus principales objetivos el estudio de la sociedad internacional, así como el rol que ejercen las normas y las instituciones en su devenir. Véase GARCÍA SEGURA, C. "La Escuela Inglesa y la teoría de la Sociedad Internacional. Propuestas, crítica y reformulación", en ARENAL, C. del y SANAHUJA, J. A. (coords.) *op. cit.*, pp. 269-299. BULL, H. *The Anarchical Society: A Study of Order in World Politics*, Macmillan, Londres, 1995. Véase BUZAN, B. *From International to World Society?: English School Theory and the Social Structure of Globalisation*, Cambridge University Press, Cambridge, 2004; y BUZAN, B. *An Introduction to the English School of International Relations: The societal approach*, Cambridge, Polity, 2014.

176 GRIFFITHS, M.; ROACH, S. y SCOTT SOLOMON, M. *Fifty Key Thinkers in International Relations cit.*, p. 212. LINKLATER, A. y SUGANAMI, H. *The English School of International Relations. A Contem-*

Por su carácter de síntesis y por las características que la definen vamos a dedicar atención a esta corriente teórica.

En lo relativo a los componentes y rasgos de la Escuela Inglesa, se pueden anotar como más sustanciales los siguientes: En primer lugar, uno de los temas prioritarios será el estudio de las *tres grandes tradiciones de pensamiento* elaboradas por Martin Wight en el decenio de 1950: la tradición realista o hobbesiana, la tradición racionalista o grociana y la revolucionista o kantiana. Así, aunque la Escuela Inglesa se identifica más con los postulados de la tradición racionalista o grociana, no cabe desconocer que propone en la actuación internacional una vía intermedia entre la política del poder del realismo y el "utopismo" del revolucionismo. Con lo cual, esta escuela hunde sus raíces en el pensamiento del teólogo protestante, jurista y filósofo Hugo Grocio, uno de los primeros en plantear la teoría de la paz mundial como meta principal de los pueblos; y cuya visión y principios del Derecho natural fueron la base del Derecho internacional. En segundo lugar, el tema central o unidad de análisis de la Escuela Inglesa es la sociedad internacional, convertida en el elemento prioritario de sus postulados teóricos y en su aportación más relevante. El Estado es para esta corriente el actor prioritario de las Relaciones Internacionales, rasgo coincidente con el realismo clásico, de hecho, pone el foco en la sociedad de Estados. En tercer lugar, según sus autores, las normas y las instituciones juegan un papel central en el funcionamiento de la sociedad internacional. Esta característica explica que los temas clave de la agenda de investigación de la mencionada escuela sean los análisis históricos sobre la evolución de la sociedad internacional. Y, por último, esta teoría

---

porary Reassessment, Cambridge University Press, Cambridge, 2006. NAVARI, C. y GREEN, D. (eds.), *Guide to the English School in International Studies,* Wiley-Blackwell, Chichester, 2014.

proyecta una visión progresista, "en el sentido que contempla la posibilidad de progreso -entendido como la reducción de la violencia- en las relaciones internacionales"[177], lo que evidencia su fe en el fin de la guerra en el escenario mundial.

B) El Debate Neo-Neo: Convergencia y Límites

La emergencia del neorrealismo y del neoliberalismo o institucionalismo liberal fue acompañada casi simultáneamente por el *debate neo-neo* que "enfrentó" a ambas escuelas durante los dos últimos decenios del siglo XX. El mencionado debate derivó en lo que se conoció como *síntesis neo-neo* y que fue resultado del acercamiento y confluencia entre las dos corrientes. Con lo cual, en los estertores de la Guerra Fría asistimos a un progresivo acercamiento y similitud entre los postulados teóricos de las dos corrientes dominantes, -al igual que se había producido en el escenario mundial entre las dos superpotencias EEUU/URSS y que dio paso a la firma de importantes acuerdos de desarme y la consiguiente puesta en marcha de una arquitectura internacional de seguridad-, como consecuencia de los cambios en las relaciones entre los actores internacionales, el surgimiento de nuevos actores y las transformaciones experimentadas en la sociedad internacional con el fin del bipolarismo. En este contexto, el acercamiento *neo-neo* fue fruto de la reformulación de ambas teorías positivistas que, sin obviar sus postulados originales, experimentaron una serie de cambios al igual que lo había hecho la sociedad internacional que trataban de explicar y porque entendieron que tenían que reinventarse en un momento en el que despuntaban una serie de "voces alternativas", situadas fuera

---

177 GARCÍA SEGURA, C. "La Escuela Inglesa y la teoría de la Sociedad Internacional: Propuestas, críticas y reformulación", en ARENAL, C. del y SANAHUJA, J. A. *op. cit.*, p. 275.

del enfoque racionalista que caracterizaba a las aproximaciones teóricas de las RR.II. Como lo indica E. Barbé, los "neorrealistas y neoliberales comparten tres cosas. Primero, (...) la premisa de la inexistencia de una autoridad central, capaz de elaborar y hacer cumplir normas (anarquía) (...) Segundo, (...) una agenda de investigación (...) en la que los estudiosos se concentran en analizar la incidencia de las reglas y de las instituciones internacionales en el comportamiento de los Estados en el marco de la anarquía internacional. Tercero, (...) el uso de teorías formales", o dicho de otra forma, teorías "que pretenden explicar la realidad internacional mediante trabajos empíricos"[178].

Se advierten, en consecuencia, una serie de similitudes entre las dos teorías, que explica precisamente que los estudiosos del tema presentaran ese acercamiento como una *síntesis neo-neo* y que refleja la relevancia de ambas teorías a través de la aproximación de sus postulados en el análisis de la realidad internacional. En todo caso, el prefijo "neo" que adoptan las dos corrientes teóricas indica, primero, que son reformulaciones, en este caso de los paradigmas más influyentes de la disciplina durante los años de la Guerra Fría; y, segundo, el progresivo acercamiento entre las dos corrientes fruto de la "coincidencia" en algunos de los postulados teóricos que las definen[179]. Las asunciones y proposiciones enmarcadas en el llamado diálogo neorrealismo-neoliberalismo institucional dominaron el ámbito de la teoría de la disciplina de las Relaciones Internacionales durante la década de 1980, y actualmente las dos reformulaciones siguen teniendo un papel "relevante" en el análisis de la realidad internacional. Pero ese acercamiento *neo-neo* también tuvo sus límites, como es comprensible, porque de haber pros-

---

178 BARBÉ, E. *op. cit.*, 2007, pp. 80-81.

179 Véase de forma más pormenorizada divergencias y similitudes entre las dos corrientes "neo" en SALOMÓN GONZÁLEZ, M. *op. cit.*

perado hubiera significado la fusión de las dos corrientes prevalentes y, sin embargo, las diferencias también eran evidentes y se mantuvieron. La disimilitud entre las dos corrientes teóricas queda perfectamente establecida en el clásico esquema realizado por el profesor de la universidad de Princeton, David Baldwin, quien llegó a señalar los siguientes aspectos:

Primero, los neorrealistas consideran al Estado el actor prioritario en política internacional y garante de sus intereses nacionales, y dan un papel preponderante a la fuerza militar, como "elemento disuasorio y de cooperación". El neorrealismo concibe a la cooperación internacional como una relación compleja y difícil de lograr entre los Estados, mientras que los neoliberales resaltan los beneficios netos de la cooperación. Así pues, cada corriente tiende a visualizar las perspectivas de la cooperación internacional de forma distinta, por lo que los neorrealistas se muestran mucho más escépticos sobre la cooperación internacional y, al igual que los realistas clásicos, se caracterizan por adoptar una interpretación pesimista respecto a las relaciones interestatales. Según ellos, ningún Estado puede establecer con un igual una relación pacífica con carácter indefinido, y aunque la guerra no es constante ni endémica en un sistema anárquico como el internacional, si es muy posible[180]. Por esta razón, consideran que los actores siempre deben mantenerse en alerta y responder, en caso necesario, para garantizar su supervivencia y seguridad. No es ésta la dirección en la que apuntan las tesis del neoliberalismo, quien otorga un papel mucho más protagonista a la cooperación y al quehacer de las Organizaciones internacionales en la realidad internacional. Por consiguiente, entre las dos teorías racionalistas existen diferencias sobre la cooperación internacional, de tal modo que el neorrealismo predijo la no cooperación sobre la base de la protección de los intereses nacionales; mientras que el neoliberalismo iden-

---

180 SODUPE CORCUERA, K., y MOURE PEÑÍN, L., Op. cit., p. 356.

tificó a las instituciones como fuerzas impulsoras en la aplicación de la cooperación[181].

Segundo, aunque los neoliberales coinciden con los neorrealistas en algunos de los temas que integran la agenda de investigación (de hecho, las dos corrientes se dedican al estudio de los regímenes internacionales), sin embargo, el realismo estructural entiende que como consecuencia de la anarquía la cuestión más relevante para los Estados es su seguridad, mientras que al neoliberalismo le preocupa otros temas distintos como la economía, la energía o el medio ambiente. La visión de los neoliberales será, por lo tanto, mucho más amplia en relación con las materias que están presentes en la escena internacional y de las que se debe ocupar la política exterior de los Estados, en buena parte derivado de la relevancia que conceden a la cooperación internacional y sus efectos. Por este motivo, los neorrealistas en ningún caso consideran que las instituciones internacionales puedan evitar o reducir las consecuencias de la anarquía, mientras que para los neoliberales los regímenes y organizaciones internacionales fomentan la cooperación y coadyuvan a establecer una sociedad internacional más estable e institucionalizada.

Por último, en las cuestiones concernientes a la distribución de recursos o capacidades y a las posibilidades de ganancia en las relaciones entre Estados, el realismo estructural incide sobremanera en las capacidades y recursos materiales de los que disponen los Estados y no tanto en las ideas, a diferencia de los neoliberales que sitúan en un primer plano a las percepciones e intenciones, en definitiva a elementos no tangibles[182]. Las diferencias entre las dos teorías en este campo resultan evidentes, tal y como lo establece D. Baldwin.

---

181 *Ibid.*

182 Las diferencias entre neorrealismo y neoliberalismo, así como las bases del debate neo-neo, están claramente establecidas en el esquema elaborado por David Baldwin: *Neorealism and neoliberalism:*

2.6. El "Tercer Debate" en la disciplina

La emergencia de los paradigmas transnacionalista y estructuralista en la década de 1970, así como la *síntesis neo-neo*, protagonizada por las dos versiones del realismo y del transnacionalismo, proporcionó el material teórico necesario para nuevos debates. Aunque no hay unanimidad en la doctrina científica respecto al número exacto de "grandes debates", sí se aceptaría, por lo menos, que el final de esa larga etapa conocida como Guerra Fría sorprende al campo teórico de las Relaciones Internacionales sumido en varios debates[183] por dos razones fundamentales: primera, por la existencia de diversas corrientes de pensamiento; y segunda, porque ninguna de ellas ofrece una imagen o visión completa del mundo, puesto que cada una se centra en un objeto de estudio determinado. Precisamente de este análisis nace: Por una parte, el *debate entre realismo/ pluralismo y globalismo*, denominado por la Escuela Inglesa, a partir de la conceptualización de Martín Wight, como el *debate entre realismo, racionalismo y revolucionismo*. Sin embargo, este debate fue muy criticado por los teóricos de las Relaciones Internacionales, en particular Ole Waever no le da credibilidad porque según él representa "(...) un mapa engañoso y una mala guía para introducir a los estudiantes en el debate"[184].

The Contemporary Debate, Columbia, U.P. Nueva York, 1993, pp. 4-8, tomado de BARBÉ, E. *op. cit.*, 2007, pp. 79-80.

183 O. WAEVER los ha definido como *cuarto debate a* (racionalismo versus reflectivismo) y *cuarto debate b* (neorrealismo versus neoliberalismo), en *Figures of international thought: introducing persons instead of paradigms cit.*, p. 22.

184 WAEVER, O. "The Rise and Fall of the Inter-Paradigm Debate", en SMITH, S.; BOOTH, K. y ZALEWSKI, M. (eds.) *International Theory: Positivism and Beyond*, Cambridge, Cambridge University Press, p. 149. Ver: WIGHT, G. y PORTERM B. (eds.) *International Theory: the three traditions*, Martin Wight. Leicester University Press, Leicester/

Y, por otra parte, el conocido como *debate interparadigmático* o "tercer debate" generado, según algunos internacionalistas, a partir de la introducción en la disciplina de la noción kuhniana de "paradigma" o "pluralismo teórico"[185].

Fue Robert Keohane quien apuntó, a principios del decenio de 1980, la necesidad de sustituir el planteamiento de la exclusión entre paradigmas de los setenta por la coexistencia. Es decir, este debate, centrado en la cuestión de la pluralidad paradigmática de las Relaciones Internacionales, reconoce que todos los paradigmas son necesarios para la interpretación correcta y objetiva de la realidad internacional en la medida en que cada uno se detiene en aspectos concretos y necesarios para hacer un análisis lo más completo posible. En palabras de Michael Banks, "intentar comprender las Relaciones Internacionales supone participar en un debate entre constelaciones de ideas en competencia"[186]. El debate interparadigmático resulta de gran interés para hacer una interpretación y análisis científicos por su capacidad para abarcar a los diferentes fenómenos presentes en la sociedad internacional, y por tomar en consi-

---

Londres. Y VIOTTI, P. R. y KAUPPI, M. V. *International Relations Theory: Realism, Pluralism, Globalism*, Macmillan, Nueva York, 2010.

185 Entre los defensores del debate interparadigmático en Relaciones Internacionales caben destacar, entre otros, a ARENDT LIJPHART, JOHN VASQUEZ, MICHAEL BANKS, KAL HOLSTI: LIJPHART, A. "The structure of the theoretical revolution in international relations", *International Studies Quaterly*, 18 (1), 1974, pp. 54-59; VASQUEZ, J. *The Power of Power politics: A critique*, Frances Pinter, London, 1983; BANKS, M. "The inter-paradigm debate", en LIGHT, M. GROOM A. J. R. (eds.) *International Relations. A Handbook of Current Theory*, Frances Pinter, London, 1985.

186 BANKS, M. "The evolution of international relations theory", en BANKS, M. (ed.). *Conflict in World Society: A new perspective on International Relations*, Wheatsheaf Books, Brighton, 1984, pp. 3-21.

deración cada uno de los tres paradigmas, los cuales se pueden resumir en: inseguridad en clave político-militar y económica; interdependencia-cooperación internacional; y desigualdad que conlleva graves violaciones de los derechos humanos.

Si se aceptara la relación de debates que establecen la mayoría de los estudiosos de las Relaciones Internacionales, las grandes controversias que han marcado el desarrollo teórico de la disciplina hasta 1990 serían: idealismo *versus* realismo; tradicionalismo *versus* cientificismo, y el debate interparadigmático o tercer debate. No obstante, merece la pena reconocer que algunos teóricos incorporan debates como: realismo *versus* globalismo, abstracción *versus* relevancia, etc; y, que el tercer debate no significa lo mismo para todos los internacionalistas. De hecho, hay una cierta confusión en torno a la naturaleza del denominado tercer debate, lo que apuntó Steve Smith al decir que "hay diferencias en cuanto a cuáles son los protagonistas del tercer debate"[187]. Así, por ejemplo, para algunos autores el tercer debate enfrenta a realistas y a globalistas. De hecho, inicialmente por tercer debate se entendió, en el decenio de 1970, la controversia entre teorías estatocéntricas y teorías transnacionales, cuya prolongación vieron algunos en el debate entre neorrealismo e institucionalismo. Después, a mediados de la década de 1980, se desarrolló de la mano de Michael Banks el debate interparadigmático propiamente dicho y que se impuso con fuerza como tercer debate en la disciplina. Y, por último, a finales de la Guerra Fría, la reinterpretación realizada por Yosef Lapid, quien lo identifica como el debate pospositivista. Para este autor, el tercer debate enfrenta a las teorías dominantes del polo racionalista con las voces críticas del polo pospositivista que comenzaban a despuntar y que se caracterizan por cuestionar los postulados teóricos del positivismo.

---

187 SMITH, S. *The Self-Images of a Discipline: A Genealogy of International Relations Theory cit.*, p. 18.

3. Segundo Gran Eje Teórico de la disciplina de las Relaciones Internacionales: Reflectivismo o Post-positivismo

En los últimos decenios del siglo XX, la teoría de las RR.II recibió una fuerte sacudida intelectual y científica tanto por los debates surgidos entre las diferentes corrientes teóricas y que se caracterizaron por plantear cuestiones clave sobre la naturaleza del conocimiento, su alcance y límites; como por el incremento de las críticas por el "marcado americanocentrismo"[188] que mostraba la disciplina desde su nacimiento. Coincidiendo en el tiempo con estos factores, se produjo la configuración de un nuevo polo teórico alrededor del cual va a surgir un grupo de corrientes disidentes con los debates y teorías imperantes en la disciplina o, dicho de otra forma, con el polo racionalista que había dominado en la teoría de las RR.II. desde su creación. Esta revolución teórica tuvo como principal consecuencia un evidente viraje epistemológico hacia posiciones post-positivistas. En efecto, tocando a su fin el *orden bipolar* que se estableció tras la Segunda Guerra Mundial, se vivió una especie de agitación de índole científica, calificada por el profesor Philip Cerny como una revolución kuhniana, en la que se observan reacciones críticas tanto al americanocentrismo vigente en la disciplina, como a la rigidez y el determinismo estructural del racionalismo[189]. Así, por ejemplo, en el marco de la Economía Política Internacional (EPI) van a sobresalir los estudios realizados por la académica británica Susan Strange, considerados pioneros por su crítica a las teorías del polo racionalista[190].

---

188 Véase ARENAL, C. del, "Americanocentrismo y Relaciones Internacionales. La Seguridad nacional como referente", *cit.*, pp. 21-60.

189 CERNY, P. "From 'iron triangles' to 'golden pentagles'? Globalizing the policy process", *Global Governance* 7 (4), 2001, pp. 397-410.

190 STRANGE, S. *States and Markets.* Pinter, Londres, 988, pp. 18-19.

Desde entonces, el nuevo polo/eje ha sido denominado de diversas maneras. Los calificativos más ampliamente utilizados han sido post-positivismo, por Y. Lapid, o reflectivismo por R. Keohane. En relación con el primero, sobresale el número especial de la revista estadounidense *International Studies Quaterly*, de 1989, donde se publicaron una serie de artículos sobre las nuevas voces críticas aparecidas en la teoría de las Relaciones Internacionales. En particular con el *paper The Third Debate: On the Prospects of International Theory in a Post-Positivist Era*[191], su autor, Y. Lapid inauguró formalmente la nueva era post-positivista. En relación con el segundo, el internacionalista estadounidense R. Keohane utilizó por primera vez el término reflectivismo en un discurso sobre el estado de la disciplina pronunciado en 1988, en el que planteó que había una serie de aproximaciones críticas con el racionalismo y que se situaban en los márgenes de la disciplina académica. Es decir, fue el primero tanto en exponer una clara división de la teoría de las RR.II. en dos polos: racionalista (que incluía a neoliberales y neorrealistas) y otro que denominó reflectivista o interpretativista (formado por un conjunto de narrativas alternativas); como en reconocer que el principal eje de debate se resituaba en una línea de tensión con dos polos. El nuevo polo crítico o giro pos-positivista difiere ontológica y epistemológicamente del positivista o racionalista; y está integrado por toda una panoplia de voces disidentes que surgen entre los decenios de 1980 y 1990. Entre ellas despuntan, por una parte, el social-constructivismo y, por otra, una pléyade de corrientes teóricas posmodernas que encajan en el marco de la filosofía, como el post-estructuralismo, la

---

191 LAPID, Y. "The Third Debate: On the Prospects of International Theory in a Post Positivist Era", *International Studies Quaterly 33*, 3, 1989, pp. 235-254. HOFFMAN, M. "Normative international theory: approaches and issues", en A.J.R. GROOM, Margot LIGHT, (eds.) *Contemporary International Relations: A Guide to Theory*, Pinter Publishers, London, 1994, p. 28.

teoría crítica o el feminismo. Por lo tanto, el post-postivismo se podría calificar como un *tsunami* teórico, y el mayor desafío epistemológico para la teoría de las RR.II.

3.1. *Revolución* Post-Positivista y contexto histórico en el que surge

La aparición del nuevo polo teórico, que removió la base científica de la joven disciplina como nunca había ocurrido, se desarrolló en un contexto histórico de notables transformaciones políticas y significativos cambios estructurales del sistema internacional, como consecuencia de acontecimientos que ocasionaron un terremoto geopolítico en la sociedad internacional por su entidad disruptiva. Entre ellos destaca el derrumbe del *Muro de Berlín,* en 1989 (acontecimiento simbólico); la disolución de la URSS, en 1991,[192] y su desaparición como superpotencia (acontecimiento real); la reactivación de la globalización, fenómeno impulsado en el terreno de las ideas por una ideología neoliberal que abogó por la desregularización y la liberalización; el "declive" del papel central y hegemónico que había ejercido Occidente, con EEUU a la cabeza; y el consiguiente aumento del protagonismo de potencias y actores no occidentales en las relaciones internacionales como China[193].

---

192 J. Rosenau, representante del modelo explicativo de las Relaciones Internacionales denominado *Turbulencia Internacional,* señaló de manera enfática que: "La Política Internacional está, quizás más visiblemente marcada por la Turbulencia, es decir, por dinámicas que incitan conflictos intensos, desarrollos inesperados, incertidumbres penetrantes y cambios alteradores", en ROSENAU, J. y DURFEE, M. *El Postinternacionalismo en un Mundo Turbulento cit.,* p. 3. ROSENAU, J. N. *Turbulence in World Politics. A Theory of Change and Continuity,* Princeton University Press, Princeton, 1990.

193 John Lewis Gaddis, profesor de la Universidad de Yale y autor del libro *Grandes Estrategias* (Taurus, 2019), afirmó que "la cultura chi-

Fue también una etapa, a principios de la década de 1990, posguerra fría, en la que, por una parte, se percibieron nuevas oportunidades para la expansión de un orden internacional pacífico basado en normas comunes y, por otra, donde los valores e ideales de Occidente, en especial de la democracia liberal como forma de gobierno, los derechos humanos y la economía de mercado, podrían expandirse a otros Estados del sistema. Nuevos conceptos como la seguridad humana, las intervenciones humanitarias, así como la promoción del desarrollo se fueron haciendo un hueco en la agenda, en tanto las potencias autocráticas poderosas como China se concentraron en su propio desarrollo o, como fue el caso de Rusia, en gestionar sus importantes problemas internos, sin descuidar la posibilidad de aumentar su protagonismo en la esfera internacional.

Todos estos acontecimientos/eventos, y algunos más, desembocaron en un *tsunami* político e impulsaron el fin del bipolarismo que había prevalecido desde la 2ªGM, con reglas de juego bien definidas, e inauguraron un nuevo período histórico que se bautizó inmediatamente como Posguerra Fría. Con lo cual el final de la Guerra Fría marcó un antes y un después en la historia de las relaciones internacionales contemporáneas dando pie a una lluvia torrencial de teorías que han ido incorporando las "emociones" como nuevo objeto de estudio. Ya en el siglo XXI se comprobará como los atentados terroristas del 11 de septiembre de 2001, en Nueva York y Washington, reafirmaron esta tendencia debido al fuerte componente emocional que subyace detrás de episodios con una carga traumá-

---

na se basa en principios distintos a los occidentales. No se rige por modelos democráticos, parlamentarios, sino jerárquicos y su forma de entender la sociedad es muy diferente" sin embargo, auguró que cada vez "habrá menos confrontación cultural y una mayor comprensión mutua".

tica tan significativa por su envergadura mortífera. Incluso autores como Bernard Lewis y Samuel Huntington comenzaron a esbozar una visión de las relaciones internacionales que, aun estando fuertemente entroncada en la tradición realista, tiene muy en cuenta el papel que juegan algunas emociones como la rabia o el rencor. Precisamente estos componentes complicaron, sin lugar a duda, la definición del nuevo periodo de las relaciones internacionales que se inauguraba, en lo que se refiere a sus principales rasgos y a los factores que lo determinan.

Entre los acontecimientos señalados, cabe destacar que la implosión de la URSS generó no solo una convulsión en la escuela realista sino también numerosas críticas dirigidas a los académicos de la política internacional por su falta de perspicacia y predicción. Además, las críticas epistemológicas a las bases teóricas de las RR.II y las consiguientes debilidades científicas que evidenciaba la disciplina, así como la emergencia de una sociedad internacional potencialmente turbulenta, prepararon el camino para una intrusión teórica y empírica por parte de multitud de pensadores que marcaron el inicio de la "década desestabilizadora". Según anunció con cierto pesar Kal J. Holsti, en el citado trabajo: *The Dividing Discipline*, "la teoría internacional está en un estado de confusión"[194]. El consenso establecido durante largo tiempo sobre los objetivos y la metodología, y que sirvió de fundamento al estudio de las relaciones internacionales, quedó en entredicho y para algunos académicos la multiplicación de las perspectivas teóricas planteaba serios problemas para el futuro de la disciplina. En definitiva, se comprueba como los siguientes factores: 1) nuevo

---

194 HOLSTI, K. *The Dividing Discipline: Hegemony and Diversity in International Theory*. Allen and Unwin, Boston, 1987, p. 1. Véase HOLSTI, K. J. "Mirror, Mirror on the Wall, which are the fairest theories of all?", *International Studies Quaterly* , *22*, 3, 1989, pp. 255-261.

escenario de las relaciones internacionales; 2) debilidad teórica de la disciplina por su incapacidad para prever cambios de magnitud; y 3) el deseo de muchos internacionalistas por tumbar la hegemonía de las corrientes positivistas, serán los que expliquen realmente la emergencia del nuevo polo teórico. Por esto, Y. Lapid no dudó en señalar en el diagnóstico temprano que ofrecía en 1989, en su citado artículo, que el desafío pospositivista es, asimismo, una respuesta a la dominación teórica racionalista y se inscribe dentro de una "transición intelectual" más amplia que afecta al conjunto de las ciencias sociales[195].

Los factores que se han señalado empujaron, principalmente a los estudiosos de la disciplina a la elaboración de nuevas propuestas narrativas que analizarán a la sociedad internacional desde otras perspectivas, y que se van a caracterizar por poner en duda la utilidad de las teorías racionalistas para explicar la realidad internacional del momento. Además, las nuevas voces críticas a la ortodoxia principal pronto adquirieron peso o "carta de naturaleza" en la nueva ciencia. Por lo que, en los últimos años del siglo XX, tanto la teoría de las RR.II. como la disciplina en sí encerraron, como veremos en las próximas páginas, unos componentes de renovación o de cambio en los cuestionamientos, y de amplitud y de radicalidad en los planteamientos. Como se aprecia, el terremoto geopolítico y cambio profundo del sistema internacional coincidió con una revolución intelectual de la disciplina que algunos autores definieron como una etapa de "crisis" de la teoría y de la ciencia de las RR.II. El nuevo escenario internacional coincide con la emergencia de un mundo donde la heterogeneidad, complejidad, interdependencia y desorden contrastan con la crisis moral y científica (de la teoría de las RR.II) que señalan algunos

---

195 LAPID, Y. *The Third Debate: On the Prospects of International Theory in a PostPositivist Era cit.*, p. 236.

y que explicarán/justificarán la aparición de una generación de corrientes críticas. Se asiste, pues, a la constatación de la diversidad y confusión teórica internacional y que nos lleva a afirmar que la pluralidad de escuelas o de corrientes es una característica que ha marcado el desarrollo histórico de la teoría de la disciplina, siendo cierto que para algunos estudiosos esta situación no representaría un grave problema. Así, para el académico Fred Halliday, "la diversidad teórica es una fuerza, no una debilidad de las Relaciones Internacionales"[196].

El giro reflexivo o post-positivista significó, como se ha dicho, una perceptible ruptura teórica en los estudios internacionales, y la reestructuración del debate teórico en el decenio de 1990. La consecuencia inmediata fue que la teoría y disciplina de las RR.II se tornó más plural, heterogénea y diversa. Dentro de la doctrina española se reconoció la importancia del reflectivismo y se apostó por "decolonizar la teoría y disciplina de RR.II a partir del reconocimiento de otras perspectivas, tradiciones y teorías, y entrar en un giro post-occidental"[197], en este caso con una base apegada a la realidad internacional.

En resumen, en las dos últimas décadas del siglo XX llegaron al escenario del análisis de la política internacional nuevos instrumentos de interpretación, los cuales presentan postulados

---

196 HALLIDAY, F. *Rethinking International Relations*, Macmillan, Londres, 1994, p. 1.

197 SANAHUJA, J. A. "Reflexividad, Emancipación y Universalismo: Cartografías de la Teoría de las Relaciones Internacionales", REDI, 70/2, 2018, p. 121. Véase: GRUFFYD, B. (ed.) *Decolonizing International Relations*, Rowman Littlefield, Nueva York, 2006 y NEUFELD, M. "Reflexivity in International Relations Theory", *Millennium: Journal of International Studies*, vol. 22, 1993, pp. 53-76; LEANDER, A. "Do we really need Reflexivity in IPE? Bourdieu's Two reasons for answering Affirmatively", *Review of International Political Economy*, 4, 2002.

teóricos diferentes para abordar la realidad internacional desde el punto de vista ontológico y epistemológico. Autores como Steve Smith identificaron, en 1995, cuatro teorías dentro del nuevo eje narrativo de la disciplina y que supusieron un desafío al racionalismo: la teoría critica de las Relaciones Internacionales, el constructivismo o la sociología crítica, el feminismo y el posmodernismo[198]. En definitiva, se desarrollaron una gran variedad de ofensivas teóricas contra las narrativas dominantes y singularmente contra el positivismo, metodológicamente hegemónico en los estudios internacionales hasta entonces. A pesar de todo, y al margen de las características centrales del nuevo polo teórico, se distinguen dos tipos de reflectivismo: 1) Un reflectivismo radical en el que se incluirían las corrientes posmodernistas, el feminismo y la teoría crítica; y 2) Un reflectivismo moderado representado por el constructivismo social que, según expresó uno de sus principales creadores, Alexander Wendt, se presenta como una especie de "teoría puente" o bisagra al tomar elementos de ambos polos teóricos[199]. Pero, es más, el pluralismo o

---

198 Sobre la Sociología crítica, S. Smith llegó a decir que era la teoría "menos positivista de las cuatro puesto que utiliza métodos muy similares y reposa en presupuestos similares a los que se pueden encontrar, por ejemplo, en el debate interparadigmático", SMITH, S. *The Self-Images of a Discipline: A Genealogy of Internacional Relations Theory cit.*, pp. 24-26.

199 LUNA RAMÍREZ, C. S. *El Constructivismo Social ¿Una teoría para el estudio de la Política Internacional o un esquema para el análisis de la política exterior de los Estados?*, Jornadas de Relaciones Internacionales, FLACSO, 2009. Alexander Wendt argumentó que diversas teorías sociales: teoría crítica, postmodernismo y feminismo- comulgan con algunos principios básicos del constructivismo. WENDT, A. *Social Theory of International Politics,* University Press, Cambridge, 1999, p. 1. "Las versiones de corrientes intelectuales feministas varían: desde el Feminismo Liberal, apegado más a las visiones tradicionales- hasta las versiones más extremas como Constructivismo Social Feminis-

diversidad teórica existente dentro del eje postpositivista podría incluso ampliarse como han hecho otros autores. Ahora bien, en este trabajo conviene centrarse en las cuatro corrientes señaladas por Steve Smith, y advertir que las diferentes voces críticas no se plantearon en ningún momento formar una nueva teoría alternativa de las Relaciones Internacionales. Como lo apuntó el mencionado autor "(...) no se suman (unas en otras para formar) una teoría internacional pospositivista; son a menudo incompatibles entre ellas, y no pueden ser consideradas como fácilmente combinables. Lo que tienen en común es un rechazo de la filosofía simplista de la ciencia que subyace a la mayoría de la producción académica positivista en teoría internacional"[200]. De ahí la dificultad para que las nuevas corrientes postpositivistas confluyan en una única teoría o cuarto paradigma de las Relaciones Internacionales.

3.2. Características y rasgos generales del Polo Post-positivista

Fruto de ese giro reflectivista, a finales del siglo XX y principios del XXI, se desarrollarán, como se ha mencionado, las conocidas como corrientes posts-positivistas. A pesar de las diferencias existentes entre ellas, a todas les unen una serie de principios comunes o postulados teóricos. Así, por ejemplo, las nuevas teorías van a demostrar un claro interés por avanzar hacia posiciones no-occidentales de la política mundial, por lo que su primer paso es denunciar o criticar el universalismo occidental de las teorías clásicas o racionalistas. Como lo apunta, con acierto, C. del Arenal, las corrientes reflectivistas "romperán con

---

ta, Teoría Crítica Feminista, Post-estructuralismo feminista y Post-colonialismo feminista".

200 SMITH, S. *The Self-Images of a Discipline: A Genealogy of International Relations Theory cit.*, p. 26.

los corsés interpretativos tradicionales de las Relaciones Internacionales y empezarán a desarrollarse planteamientos teóricos no occidentales"[201]. Además, la aparición de nuevos enfoques teóricos debilitará tanto el marcado etnocentrismo existente en la disciplina desde su nacimiento, como el monopolio racionalista relacionado con la cosmovisión hegemónica occidental.

A) *Primera Característica: Reflexividad, Ideas*

Las nuevas teorías del eje postpositivista van a suponer en primera instancia un giro epistemológico hacia la reflexividad. En 1989, autores como Y. Lapid destacaron que "la reflexividad acrecentada" es la "contribución más importante hasta la fecha de la actual reestructuración teórica". Y es que nunca, desde el nacimiento de la disciplina de las Relaciones Internacionales, se había vivido una etapa con tanta creatividad teórica[202]. En relación con la mencionada idea de la creatividad, Y. Lapid recordaba las principales aportaciones del debate señalando que: "El

---

201 ARENAL, C. del, *Etnocentrismo y teoría de las Relaciones Internacionales*. Equilibrium Global, Ciudad de Buenos Aires, Argentina, 2009. Disponible en: www.equilibriumglobal.com. Véase: WAEVER, O. "Figures of International thought: introducing persons instead of paradigms", en NEUMAN, I. B. y WAEVER, O. *The future of International Relations. Masters in the making*, Routledge, Londres, 1997, p. 27; y LAKE, D. "Theory is dead, long live theory: the end of the Great Debates and the rise of eclecticism in International Relations", *European Journal of International Relations 19*, 3, 2013.

202 Y. LAPID describió y analizó las características del "giro pospositivista" en su famoso artículo publicado en 1989 y centró principalmente su análisis en tres "temas" que le parecen decisivos y distintivos en el "pospositivismo": la "preocupación por las unidades metateóricas (paradigmatismo)", el "interés por las premisas y los supuestos subyacentes (perspectivismo)", y la "deriva hacia el pluralismo metodológico (relativismo)", LAPID, Y. *The Third Debate cit.*, p. 249, y en AGUIRRE, I. *op. cit.*, p. 130.

debate ha estimulado la efervescencia teórica y epistemológica en la teoría de las relaciones internacionales, forjando lazos con otras disciplinas que están experimentando un proceso similar. Ha puesto en tela de juicio criterios admitidos para la evaluación de construcciones teóricas (como la validez empírica, la predicción, y la explicación), permitiendo a las teorías ser reexaminadas en relación a su contexto histórico, a sus apuntalamientos ideológicos, a las formas de sociedad que promueven o apoyan (...)"[203]. El reflectivismo entiende, en consecuencia, que los sucesos internacionales, así como las teorías, no son preexistentes y ajenos al ser humano, sino que son socialmente construidos, lo cual contradice las bases del conocimiento generado a partir del Renacimiento y de la Ilustración. Además, el reflectivismo, como corriente de pensamiento dentro de las Relaciones Internacionales, hace hincapié en el papel capital de las ideas y los valores intersubjetivos a la hora de comprender la realidad internacional, transformarla y, en definitiva, proyectar un cambio social internacional. Por ello, entre los muchos resultados de la agitación intelectual y científica, se debe anotar una mayor consideración de los factores ideológicos, culturales y creencias que sustentan la producción y expansión del conocimiento científico. De hecho, se prestó mayor atención a cómo los elementos culturales pueden mediar, o incluso influir en las tendencias y los fenómenos en el ámbito social, político, económico y científico.

B) Giro hacia la Filosofía y otras ciencias

Como resultado de la primera característica se repara en que la teoría de las Relaciones Internacionales da un giro hacia otras

---

[203] LAPID, Y. *The Third Debate cit.*, pp. 249-250.

ciencias, y de forma particular hacia la Filosofía, la Lingüística[204] o la Semiótica, con el objetivo fundamental de "deconstruir" el discurso general que sobre la realidad internacional habían proyectado las teorías clásicas. Giro que queda constatado al comprobarse que la epistemología reflectivista considera a las ideas, los significados intersubjetivos y el lenguaje como elementos "constitutivos" del orden social. En síntesis, los autores reflectivistas critican que la nueva disciplina no haya bebido más de las fuentes del saber filosófico y se haya centrado, prácticamente en exclusiva, en los instrumentos de las ciencias racionalistas (nivel empírico y analítico). Esta crítica generó que las distintas corrientes postpositivistas surgidas en las Relaciones Internacionales muestren una mayor consideración por los factores ideológicos/culturales y filosóficos que sustentan la producción del conocimiento científico. A pesar de todo, este giro hacia la Filosofía por parte del reflectivismo puede llegar a desvirtuar las explicaciones de la realidad internacional, y debilitar el análisis científico que deben recibir las relaciones internacionales, como materia específica y de carácter autónomo.

C) Desafío y replanteamiento de los conceptos centrales de las teorías clásicas y en definitiva del positivismo

Uno de los aspectos más relevantes del polo post-positivista es que plantea una serie de desafíos a las teorías clásicas y dominantes: el desafío epistemológico a través de la crítica, y el desafío ontológico al reelaborar algunos de los conceptos básicos

---

204 La introducción en el discurso teórico de Relaciones Internacionales de conceptos filosóficos técnicos como el de "ontología" o "epistemología" es significativa de la "transición intelectual" pospositivista. En el siglo XX , y sobre todo a partir de Ludwig Wittgenstein, se desarrolla una nueva forma de hacer Filosofía que toma al lenguaje como punto de partida.

de las Relaciones Internacionales como poder, hegemonía u orden, entre otros. Las posiciones teóricas del postpositivismo se caracterizan por diferir ontológica y epistemológicamente del positivismo. Así, mientras R. Keohane reconoce que "existe hegemonía cuando un único Estado con capacidades extraordinarias ejerce el liderazgo creando y manteniendo las reglas fundamentales del sistema internacional"[205]; Antonio Gramsci, fuente de inspiración de la teoría crítica, defiende que la hegemonía se logra a través de las instituciones, las ideas y los discursos con los que las clases dominantes ejercen un liderazgo moral e intelectual que permiten que sus intereses particulares se reflejen en los valores y normas sociales generalmente aceptados. De la misma opinión fue Robert Cox, uno de los principales autores de la teoría crítica, quien no duda en afirmar que es a través de la institucionalización como se puede estabilizar y perpetuar un determinado orden internacional[206]. De esta forma, los nuevos postulados del postpositivismo ensombrecen nociones tradicionales de las Relaciones Internacionales o las reinterpretan con base en criterios de carácter más ideológico y en función de intereses de otra naturaleza y contenido.

D) "Deficiencias" de las Nuevas Teorías

Además de lo indicado, las nuevas teorías van a presentar desde el primer momento una serie de deficiencias que se van a encargar de destacar los autores más representativos del posi-

---

205 KEOHANE, R. y NYE, J. *Poder e interdependencia. Políticas mundiales en transición*, Ed. Brown, Boston, 1977, p. 40.

206 COX, R. W. "Fuerzas sociales, estados y órdenes mundiales: Más allá de la Teoría de Relaciones Internacionales", *Revista de Relaciones Internacionales 24*, Universidad Autónoma de Madrid, 2013, p. 142.

tivismo. De este modo, R. Keohane señaló que las disimilitudes básicas y profundas entre los dos polos se centraban en que las teorías reflectivistas carecían de un programa de investigación científico propio, a diferencia de las racionalistas, y no eran capaces de dar una explicación coherente y lógica de la realidad internacional con base en sus postulados teóricos[207]. En efecto, pronto se hizo visible que las narrativas reflectivistas, interpretativas o hermenéuticas no persiguen analizar y explicar la realidad internacional como las positivistas, lo que fue utilizado por R. Keohane para augurar a las nuevas voces disidentes un futuro incierto y situarlas en la periferia teórica de la disciplina. A pesar de la deficiencia expuesta por R. Keohane, y que se tradujo en una crítica hacia la nueva narrativa teórica, se ha aludido, como lo hacen E. Barbé y J. P. Soriano, que años después el mismo autor "incorporará al racionalismo parte de los enfoques reflectivistas para poder completar su análisis de las relaciones internacionales"[208]. Es más que probable que éste fuera el intento más inteligente, pero sin recorrido, llevado a cabo por el positivismo para "engullir" al reflectivismo como nuevo polo teórico de la disciplina. A pesar de todo, el reflectivismo y las teorías inscritas en este polo han seguido su avance y desarrollo incorporando nuevos postulados teóricos, y, al mismo tiempo, no han dejado de presentar deficiencias notables en relación con la explicación de la realidad inter-

---

207 KEOHANE, R. O. "International Institutions: Two Approaches", *International Studies Quarterly*, 32, 4, 1988, p. 392. La hermeneútica tiene como fin el conocimiento y la compresión de las acciones de los seres humanos y la realidad interpretando el sentido y la singularidad de los fenómenos y actores que interactúan.

208 BARBÉ, E. y SORIANO, P. "Del debate Neorrealismo-Neoliberalismo a la (RE) construcción del discurso dominante en Relaciones Internacionales", en ARENAL, C. del y SANAHUJA, J.A, *op. cit.*, 2015, p. 140.

nacional, desenvolviéndose con frecuencia en el terreno de la elucubración y alejadas de los factores reales que inciden en el devenir de las relaciones internacionales. Además, el carácter de herederos de las posiciones marxistas que identifica a buena parte de los autores reflectivistas estimula, a la luz de lo que ha sucedido en la sociedad internacional, que la visión crítica persigue también objetivos de carácter ideológico.

E) Doble sentimiento: deconstrucción/construcción

Las teorías reflexivas proyectan, como lo anotó I. Aguirre, un "doble movimiento simultáneo de 'deconstrucción' y de 'reconstrucción' de la teoría y de la disciplina de Relaciones Internacionales, movimiento que es característico del debate pospositivista en todo lo que encierra de radical y disolvente, de contradictorio y fecundo, de constructivo y esperanzador, a la vez"[209]. Las teorías reflectivistas o interpretativas persiguen deconstruir el pensamiento proyectado hasta entonces por los autores del realismo y del liberalismo, principalmente, y transformar la sociedad internacional, teniendo en cuenta que su objetivo principal no es tanto explicar la realidad internacional sino transformarla. Además, las voces reflectivistas no se presentan como teorías explicativas ni buscan relaciones de causalidad objetivables, como las racionalistas. Por lo que se podría concluir diciendo que "las teorías críticas se erigen como teorías eminentemente constitutivas; en el plano ontológico, asumen la naturaleza esencialmente social de la realidad, construida a través de la interacción y la comunicación humana, y no 'dada' u objetiva, y el carácter contingente e histórico del

---

209 AGUIRRE, I. *Relaciones Internacionales,* 1996, p. 37. SODUPE, K. *La teoría de las Relaciones Internacionales a comienzos del siglo XXI,* Universidad del País Vasco, Bilbao, 2003.

orden social"[210]. Para los racionalistas es posible el conocimiento objetivo a través de la razón, mientras que para los reflectivistas, en tanto post-positivistas, el conocimiento real es difícil de lograr y consideran que los modelos científicos no aportan luz al respecto. Para los reflectivistas, la crítica no solo describe sino que pretende transformar a las sociedades, y ese es precisamente su objetivo principal. Todo esto explica que a finales de la década de 1980 emerjan un conjunto de aproximaciones alternativas o nuevas corrientes en la disciplina, reagrupadas, algunas de ellas, bajo la etiqueta común del "pos/post" (posestructuralismo, posmodernismo), que plantean nuevas propuestas para abordar la realidad internacional; y que supusieron una reorientación y renovación de la teoría y de la práctica de las Relaciones Internacionales.

3.3. Social-constructivismo, "teoría puente" entre el Racionalismo y el Reflectivismo

La primera narrativa inscrita en el polo reflectivista es el socialconstructivismo. Sus orígenes teóricos se sitúan en los trabajos realizados por Nicholas Onuf y Friedrich Kratochwil, dos profesores estadounidenses que se centraron en el estudio del lenguaje y su significado como elementos clave del nuevo enfoque de análisis de la realidad internacional[211]. El constructivis-

---

210 SANAHUJA, J. A. *Reflexividad, emancipación y universalismo: Cartografía de la Teoría cit.*, p. 115.

211 El término socialconstructivismo fue acuñado por Nicholas Onuf en su obra *World of our making: rules and rule in social theory and international relations*, Columbia, University of South Carolina Press, 1989. KRATOCHWIL, F. "Constructing a New Orthodoxy? Wendt's Social Theory of International Politics and the Constructivist Challenge", *Millennium: Journal of International Studies 29*, 1, 2000; SANTA CRUZ, A. (ed.), *El constructivismo y las Relaciones Internacionales,* CIDE, Méx-

mo social, tal y como hoy lo conocemos, llega a la disciplina de las Relaciones Internacionales a mediados del decenio de 1980 impulsado, sobre todo, por los trabajos científicos que llevó a cabo Alexander Wendt. El eje central de la compleja teoría que elabora A. Wendt es que las ideas se sitúan por encima de las capacidades materiales de los actores en el contexto internacional. Si bien en un primer momento parecía que el socialconstructivismo estaba condenado a ser una teoría marginal respecto a las corrientes dominantes, el tiempo y la potencialidad de sus postulados teóricos la han convertido, sin embargo, en una teoría relevante en el ámbito de las Relaciones Internacionales[212].

A) Contexto político, social e ideacional en el que surge el Socialconstructivismo

La aparición de esta teoría como alternativa de análisis coincidió con una cierta debilidad del positivismo, base epistemológica del realismo, del liberalismo, así como de sus *versiones*

---

ico, 2005; ZEHFUSS, M. *Constructivism in International Relations: The Politics of Reality*, Cambridge University Press, Cambridge, 2002; IBAÑEZ, J. "Socialconstructivismo: ideas, valores y normas en la política mundial", en ARENAL C. del y SANAHUJA, J. A. (Coords.) *Teorías de las Relaciones Internacionales*, Madrid, Tecnos, 2015.

212 WENDT, A. "Constructing international politics", *International Security*, 20 (1), 1995; también: *Social Theory of International Politics*, Cambridge University Press, Cambridge, 1999. Véase, asimismo, GUZZINI, S. "A reconstruction of Constructivism in International Relations", *European Journal of International Relations 6*, 2, 2000. Un balance de esta teoría se puede comprobar en VITELLI, M. "Veinte años de constructivismo en relaciones internacionales. Del debate metateórico al desarrollo de investigaciones empíricas. Una perspectiva sin un marco de política exterior", *Revista POSTData, Revista de Reflexión y Análisis Político 19*, 1, 2014.

neo-neo. Una debilidad motivada en buena medida por su dificultad para anticiparse o "pronosticar" los acontecimientos y fenómenos acaecidos en la sociedad internacional en 1989. Se alude particularmente, como ya se ha referido, al derrumbe del Muro de Berlín, hecho que supuso no solo el fin de la Guerra Fría, sino también la emergencia de una nueva sociedad internacional caracterizada por no venir precedida, a diferencia de lo que había ocurrido a lo largo de la historia ante cambios de magnitud similares, de ninguna confrontación militar entre grandes potencias. Esto quedaba reflejado, por ejemplo, en *la Carta de París para una Nueva Europa*, aprobada en 1990, en la que los países que participaban entonces en la *Conferencia de Seguridad y Cooperación en Europa* (CSCE) decían, sin ambages, que "nos hemos reunido en París en un momento de profundos cambios y de históricas esperanzas. La era de la confrontación y de la división de Europa ha terminado", por lo que declaraban "que de ahora en adelante nuestras relaciones se basarán en el respeto y la cooperación"[213]. Los hechos expuestos favorecieron que un nuevo grupo de académicos y pensadores reconociesen la falta de capacidad de las teorías clásicas para explicar e interpretar los nuevos y sorprendentes acontecimientos que habían tenido lugar y que suponían un cambio trascendental en el sistema internacional, que ciertamente no habían sido presagiados ni por los teóricos ni por los analistas de la disciplina. Se trataba incluso de una transformación de tipo estructural y, en ningún caso, de acontecimientos de un mero carácter puntual. El cambio de determinados elementos de la estructura internacional, como la polaridad, fue decisivo para situarnos ante una nueva sociedad internacional a la que se denominó, como se ha señalado, Posguerra fría.

---

213 OSCE. Disponible en: https://www.osce.org/es/mc/39521.

En el contexto internacional que se acaba de describir irrumpe, en la década de 1990, una corriente que, sin pretender ser una teoría –en palabras de su creador, Alexander Wendt- alberga tanto elementos reflectivistas como racionalistas. Esta corriente se conoce como constructivismo social, y exalta el papel de las identidades, las ideas, los intereses y las percepciones que determinan las acciones de los Estados en su actuación internacional, y considera que las instituciones u organismos internacionales, resultado de la interacción y el acuerdo entre Estados, son creaciones "intersubjetivas" (acuerdo, sentido común) con funciones tanto reguladoras como constitutivas. La emergencia del social constructivismo coincidió en el tiempo con dos corrientes racionalistas: el neorrealismo y el neoliberalismo, y como toda nueva teoría su primer paso es criticar y argumentar contra las narrativas prevalentes y hacerse un hueco en el ámbito teórico, en este caso de las RR.II. Los autores de esta corriente de pensamiento lograron este objetivo por dos razones fundamentalmente: primera, por la situación de debilidad por la que atravesaban los postulados científicos del racionalismo, lo que provocó que adquirieran mayor significación las nuevas ideas que propugnaba el constructivismo; y, segunda, porque pronto se comprobó que el nuevo enfoque teórico ofrecía instrumentos innovadores al introducir elementos como la identidad, las ideas o procesos, que hasta entonces no se habían tomado en consideración de manera esencial para el estudio e interpretación de las relaciones internacionales[214]. El propósito esencial de esta nueva teoría será el estudio de las

---

214 Se viene afirmando, con reiteración, que "el constructivismo es la corriente teórica más adecuada para el estudio de las identidades estatales", puesto que "el resto de las teorías más utilizadas en las relaciones internacionales (realismo y liberalismo) no hacen posible el estudio de la identidad estatal o de la política exterior de un Estado", PEREYRA DOVAL, G. "El estudio de la Identidad en las

ideas y valores subjetivos que modelan el sistema internacional, y que pueden generar una transformación social a nivel mundial. Por todo, el contructivismo se detiene en el estudio de elementos de carácter histórico y cultural que influyen en la configuración de lo que se denomina intereses e identidades.

Para ilustrar los postulados teóricos del socialconstructivismo se puede acudir a un texto de Alexander Wendt y, a tal efecto, se presenta a continuación uno de sus escritos más célebres titulado "Anarchy is what states makes of it: The Social Construction of Power Politics" ("*La anarquía es lo que los Estados hacen de ella: La construcción social de las políticas de poder*"). En este texto el autor estadounidense muestra su visión acerca de conceptos clave de la disciplina de las Relaciones Internacionales como son las distintas identidades e ideas de los Estados (entendidas las ideas como los objetivos, amenazas, riesgos e inseguridades que determinan el comportamiento de los actores internacionales); las instituciones internacionales; la seguridad y los sistemas de seguridad; y la anarquía.

Merece la pena recoger textualmente lo que dice este autor para desde ahí proceder a su interpretación y análisis. Para Alexander Wendt:

> "Las identidades son las bases de los intereses. Los actores no tienen una "agenda" de intereses que trasportan consigo independientemente del contexto social en el que estén; lo que ocurre es que los actores definen sus intereses dentro del mismo proceso en el que se definen las situaciones. Como señala Nelson Foote: "La motivación...se refiere al grado en el que un ser humano, como participante en el proceso social en el que se encuentra necesariamente inmerso, define una situación problemática en la que se requiere su actuación, y anticipa, mejor o peor, los objetivos y consecuencias, y según esto su

---

Relaciones Internacionales. El constructivismo como 'solución' teórica temporal", *Enfoques XXVII*, 1, 2015, p. 129.

organismo libera la energía necesaria para llevarla a cabo". A veces las situaciones no tienen precedente en nuestra experiencia, y en estos casos tenemos que construir su significado, y nuestros intereses, bien por analogía o bien inventándolos desde el principio. Lo más normal es que tengan características habituales en las que nos apoyamos para asignar un significado basado en los roles definidos institucionalmente. Cuando decimos que los profesores tienen "interés" en la enseñanza, en la investigación o en un periodo sabático, estamos diciendo que para funcionar con la identidad de "profesor" tienen que definir ciertas situaciones cuando se les demandan determinadas actuaciones. Esto no significa que tengan que hacerlo necesariamente (las expectativas y las habilidades no aseguran un resultado), pero si no lo hacen perderán sus contratos. La ausencia o la equivocación con los papeles dificulta la definición de situaciones y de intereses, y el resultado puede ser una confusión identitaria. *Esto es lo que parece estar ocurriendo hoy entre Estados Unidos y la antigua Unión Soviética: sin las atribuciones de amenaza y hostilidad mutua de la guerra fría para respaldar la definición de sus identidades, estos estados parecen no estar seguros de cuáles deberían ser sus "intereses". Una institución es una estructura o un conjunto de identidades e intereses relativamente estable. Normalmente estas estructuras están codificadas en reglamentos y normas oficiales, pero éstas solamente tienen valor en virtud de la socialización de los actores y de su participación del conocimiento colectivo.* Las instituciones son fundamentalmente entidades cognitivas que no existen independientes de las ideas de los actores sobre el funcionamiento del mundo. Esto no significa que las instituciones no sean reales u objetivas, que no sean más que "meras creencias". Como parte del conocimiento colectivo, se perciben como poseedoras de una existencia "separada y por encima de los individuos que las personifican en ese momento." De este modo, las instituciones llegan a oponerse a los individuos como hechos sociales más o menos coercitivos, aunque continúan estando en función de lo que los actores "conocen" colectivamente. Las identidades y las cogniciones colectivas no existen separadas las unas de las otras; son "mutuamente constitutivas". Según esta perspectiva, la institucionalización es un proceso consistente en interiorizar nuevas identidades e intereses, no algo que ocurre en el exterior y que afecta sólo al comportamiento; la socialización es un proceso cognitivo, no simplemente conductual. Al concebirlas de esta manera, *las instituciones pueden ser cooperativas o conflictivas, un aspecto que a veces se pierde de vista en la literatura sobre regímenes internacionales, que tiende a igualar instituciones con cooperación. De hecho, existen importantes diferencias entre instituciones cooperativas y conflictivas,* pero todas las relaciones relativamente estables entre uno mismo y el otro–incluso entre "enemigos"–se definen intersubjetivamente. La autoayuda es una institución, una de las muchas estructuras de identidad e intereses que pueden existir en condiciones de anarquía. Los procesos de formación de la identidad en condiciones de anarquía afectan primero y principalmente a la preservación de la "seguridad" del yo. Por lo tanto, *los conceptos de seguridad difieren en función de cómo el yo se identifique cognitivamente con el otro, y hasta qué punto esta identificación tenga lugar, y, quiero sugerir, que el significado de anarquía y de la distribución del poder depende de esta variación cognitiva.* Para ilustrar este punto propongo situar los sistemas de seguridad en un continuo estándar. En un extremo tenemos los sistemas de seguridad "competitivos", en los que los estados se identifican entre ellos como negativos para la seguridad y la ganancia de ego es vista como la pérdida del alter. La identificación negativa en condiciones de anarquía conforma sistemas de política de poder "realistas": actores que temen el riesgo, deducen intenciones a partir de capacidades y se preocupan por las ganancias y las pérdidas relativas. En el límite–en *la guerra hobbesiana de todos contra todos- la acción colectiva es prácticamente imposible dentro de este sistema porque cada actor teme constantemente que otro le apuñale por la espalda.* En el punto medio de este continuo está el sistema de seguridad "individualista", en el que los estados son indiferentes a las relaciones entre su seguridad y la de los otros. Esto conforma sistemas neoliberales: los estados aún son egoístas en los temas concernientes a su seguridad, pero se centran en las ganancias absolutas en lugar de en las relativas. La posición propia dentro de la distribución de poder es menos importante, y la acción colectiva tiene más posibilidades de producirse (aunque todavía sujeta a fluctuaciones porque los estados continúan siendo "egoístas"). Tanto el *sistema competitivo como el sistema individualista son formas de autoayuda dentro de la anarquía en el sentido en que los estados no identifican positivamente la seguridad propia con*

> *la de los demás, sino que consideran la seguridad como la responsabilidad individual de cada uno. Dada la carencia de una identificación cognitiva positiva sobre la que fundar regímenes de seguridad, la política de poder dentro del sistema consistirá, necesariamente, en los esfuerzos por manipular a los otros para satisfacer los intereses propios. Esto contrasta con el sistema de seguridad "cooperativo", en el que los estados se identifican positivamente entre ellos y así la seguridad es percibida como una responsabilidad de todos.* Esto no es autoayuda en un sentido interesado, ya que el yo en función del cual se definen los intereses es la comunidad; *los intereses nacionales son los intereses internacionales.* Naturalmente, en la práctica, el grado en el que los estados se identifican con la comunidad varía, desde la forma restringida de los "conciertos" hasta la forma más completa de los acuerdos de "seguridad colectiva". Dependiendo de lo desarrollado que esté el yo colectivo, se llevarán a cabo prácticas de seguridad que serán en diferentes grados altruistas o prosociales. Esto implica que la acción colectiva dependerá menos de la presencia de amenazas activas y será *menos proclive al surgimiento de gorrones (free* riders). Además, se reestructurarán los esfuerzos para hacer avanzar los objetivos propios o la "política de poder", según normas compartidas, y no según el nivel de poder relativo"[215].

Como se puede observar en el texto citado, A. Wendt define el término institución "como una estructura o conjunto de identidades e intereses relativamente estable" que, al estar codificada en reglamentos y normas oficiales, se entiende que están menos sujetas al cambio de las ideas y a la continua modificación que las identidades de los países que las conforman. Además, en el párrafo se advierte cómo el autor considera que pueden existir sistemas internacionales muy si-

---

215 Véase: WENDT, A. "La anarquía es lo que los estados hacen de ella. La construcción social de la política de poder", *Revista Académica de Relaciones Internacionales 1*, 2005, pp. 8-10. Y en inglés, WENDT, A. "Anarchy is what states makes it: The Social Constribution of Power Politics", *International Organization 46*, 2, 1996.

milares a aquellos propuestos por los realistas o los liberales, aunque niega que estos sean la única forma de concebir el mundo. Partiendo de posiciones reflectivistas, este autor aboga por la construcción social de la realidad internacional, con lo que se distancia de las posiciones clásicas que consideran a la realidad internacional como un todo inmutable.

B) Características o postulados teóricos del social-constructivismo

A pesar de seguir una determinada y constante línea de pensamiento, el social-constructivismo presenta diferentes tendencias al igual que sucede con el resto de las teorías. El mismo A. Wendt distingue, en términos epistemológicos, tres tipos de socialconstructivistas: positivistas, posmodernos e interpretativistas. Lo verdaderamente importante es que algunos de sus principales aportes teóricos serán perceptibles en todas las variantes que presenta esta línea de pensamiento, al igual que en el resto de las narrativas inscritas en el enfoque postpositivista. Bastaría decir, a estos efectos, que A. Wendt reconoció que diversas corrientes sociales -teoría crítica, postmodernismo y feminismo- comulgan bastante con algunos principios básicos del socialconstructivismo. Desde luego, tal y como lo sostienen Richard Price y Cristian Reus-Smit, existirían tres presupuestos ontológicos desde los que los socialconstructivistas percibirían la realidad internacional: las identidades a partir de las cuales se determinan los intereses; las estructuras normativas y las estructuras y actores sociales[216]. La estructura de la sociedad internacional está formada por los recursos materiales y las ideas, de tal manera que ideas y normas son los puntos

---

216 PRICE, R. y REUS-SMIT, C. "Critical International Theory Constructivism", *European Journal of International Relations,* 1998, pp. 259-294, citado por VITELLI, M. *Veinte años de constructivismo cit.*, p. 132.

centrales que explican con toda intensidad las tesis constructivistas y tienen reflejo en todos los campos del conocimiento, también en el ámbito de las relaciones internacionales. Con base en todo esto, conviene aclarar que entre los principales presupuestos teóricos que sostiene el socialconstructivismo destacan los siguientes:

i) Identidades, ideas, percepciones e interacciones. El socialconstructivismo exalta el papel de las identidades, las ideas, los intereses y las percepciones que determinan el devenir y el comportamiento de los Estados en su convivencia con los demás. Esta corriente teórica plantea el estudio de las relaciones internacionales como construcción social, y a las interacciones entre los diferentes actores internacionales como un elemento fundamental para la formación del sistema internacional o la transformación del entorno en el que actúan[217]. Fruto de esta realidad, "la construcción del mundo por medio de in-

---

217 Los factores que conforman la identidad de un Estado son muy variados y pueden surgir de diferentes ámbitos, por ejemplo, la política exterior que un país diseña. Del mismo modo, un Estado construye su identidad a partir de sus propias características internas, recursos. La identidad, como todo constructo social, es dinámica y no estática, por lo que cualquier cambio en la identidad afecta directamente los intereses de los actores. Según Bravo y Sigala, identidad es un término que se refiere a "(...) las imágenes de individualidad formadas, proyectadas y modificadas en las relaciones que, a lo largo del tiempo, un actor sostiene con sus otros significados. Estas imágenes son producto de una identidad en cuya construcción intervienen elementos como: 1) los atributos propios del sujeto, 2) la conciencia del yo frente al otro; y 3) las interacciones sociales dentro de una estructura normativa", BRAVO VERGARA, J. J. y SIGALA GÓMEZ, M. A. "Constructivismo", en SCHIAVON URIEGAS, J. A. et al (eds.), *Teorías de las Relaciones Internacionales en el siglo XXI: Interpretaciones críticas desde México*, México, BUAP-UABC, 2014, p. 442.

teracciones sociales ocasiona que el medio esté en constante proceso" [218]. Por ello, al igual que el resto de las narrativas teóricas post-positivistas, el constructivismo niega que la política mundial sea una realidad dada e inmutable, es decir, rechaza la existencia de una realidad social objetiva, puesto que para los constructivistas la sociedad internacional es dinámica y una consecuencia de las interacciones sociales que tienen la capacidad precisamente de modificar el contexto. Dos elementos clave del constructivismo, que fueron señalados por A. Wendt, quedan claros: primero, el sistema internacional se basa en un conjunto intersubjetivo de ideas, las cuales dan origen y regulan las interacciones[219] entre los diversos agentes o actores internacionales que lo componen; y, segundo, la realidad es construida socialmente a través de los intereses y las identidades que, según los constructivistas, son fruto de esas ideas compartidas. Los constructivistas definen a las ideas como las amenazas, temores y otras percepciones de la realidad que determinan la conducta de los Estados y, en definitiva, del resto de los actores que intervienen en el sistema internacional[220]. Al cabo,

---

218 TAH AYALA, E. D. "Las Relaciones Internacionales desde la perspectiva social. La visión del constructivismo para explicar la identidad nacional", *Revista mexicana de ciencias políticas y sociales, 63,* Ciudad de México, 2018, p. 401.

219 Peter L. BERGER y Thomas LUCKMANN sostienen en su libro titulado: "La construcción social de la realidad", de 1966, que "todo el conocimiento, incluyendo el sentido común, el conocimiento más básico tenido por firme de la realidad diaria, se deriva y es mantenido por las interacciones sociales". Editorial: Amorrortu, Buenos Aires.

220 WENDT, A. *Social Theory of International Politics,* Cambridge, University Press, Cambridge, 1999, p. 1. Ver también MUÑOZ, A. "Cons-

el constructivismo entendido como contrapunto teórico a los postulados positivas analiza los elementos existentes (ideas, valores y normas) en un determinado contexto histórico-político.

A. Wendt ofrece un excelente ejemplo que ilustra perfectamente a qué se refiere cuando habla de la construcción social de la realidad. Así, este autor considera y lo dice textualmente que "500 armas nucleares británicas son menos amenazantes para Estados Unidos que cinco armas nucleares norcoreanas, pues los británicos son amigos de los Estados Unidos y los norcoreanos no, y amistad o enemistad es una función de las comprensiones compartidas"[221]. De este ejemplo se puede deducir: primero, que lo que genera temor no es la existencia de armas nucleares ni el número, sino la estructura ideacional, es decir, el quien/actor que dispone de armas nucleares. Tanto es así que los constructivistas estiman que los elementos ideacionales pueden conllevar consecuencias de gran relevancia y que las identificaciones son generadas por el significado que se otorga a la estructura material (ideas); segundo, queda de relieve el papel que llegan a tener en la percepción constructivista los componentes no materiales. Es fundamental entender que la relación político-social entre los Estados Unidos y Gran

---

tructivismo: la clave para el análisis de las relaciones bilaterales entre Colombia y Venezuela", trabajo presentado en la Pontifica Universidad Javeriana, Colombia, 2012. ESPONA, M. J.; SENINI, R. y CURTI, S. "Constructivismo y estrategia en las relaciones internacionales. Parte I. Políticas nucleares de confrontación. El caso de India y Pakistán", *IEEE, Documento Opinión* 43/2016.

221 WENDT, A. "Constructing International Politics", *International Security 20,* 1, 1995, p. 73. *Cfr.* IBAÑEZ, J. "Socialconstructivismo: Ideas, valores y normas en la política mundial", en ARENAL, C. del y SANAHUJA, J. A. *Teorías de las Relaciones Internacionales cit.,* 2015, p. 197.

Bretaña, y los Estados Unidos y Corea del Norte es percibida de manera similar por estos Estados, y que esta comprensión compartida (o intersubjetividad) constituye la base de sus interacciones y temores; y, por último, el ejemplo también muestra que las armas nucleares por sí mismas no tienen un claro significado a menos que se entienda y valore el contexto político-social, con lo que para los constructivistas priman las ideas, percepciones o creencias de los actores internacionales, y no tanto la realidad objetiva o material. Esto implica que la realidad siempre está en construcción, lo que abre la perspectiva de cambio. Más todavía, los significados no son fijos puesto que pueden cambiar con el tiempo al igual que las ideas, creencias y percepciones de los actores internacionales[222].

Desde la óptica anterior y relacionado con ello, los autores constructivistas examinan y analizan la influencia de las ideas y los valores frente a las capacidades materiales en la política mundial, es decir, llegan a la conclusión de que en las relaciones internacionales los factores ideacionales, como los intereses y la identidad, influyen y determinan su evolución, además de los recursos de carácter material. Con lo cual, el social-constructivismo es una teoría que pretende comprender cómo las ideas (amenazas, identidades, temores, etc.), conforman conductas y prioridades en los actores, las cuales orientarán sus acciones en el escenario internacional, así como sus relaciones (de conflicto o cooperación). Las orientaciones constructivistas no marginan la existencia de los factores materiales en la realidad internacional y su incidencia en las relaciones internacionales, sino que otorgan una posición más lúcida a

---

[222] THEYS, S. "Introducing Constructivism in International Relations Theory", *E-International Relations,* 2018. Disponible en: https://www.e-ir.info/2018/02/23/introducing-constructivism-in-international-relations-theory/.

la noción de idea que acoge esta teoría. No obstante, como señalan algunos autores, las diversas corrientes constructivistas adolecen de una percepción práctica en la escena internacional o, en otras palabras, "el constructivismo constituye una teoría analítica, con elementos de una dimensión crítica, pero carece de una faceta prescriptiva de política exterior, contrariamente a lo que sucede con el realismo y el liberalismo en sus distintas variantes"[223].

ii) Relevancia de las normas e instituciones. Uno de los componentes que resultan básicos en las tesis constructivistas son las instituciones (formaciones intersubjetivas) y las normas. El constructivismo resalta la relevancia, función e influencia que tienen las normas e instituciones en la construcción de identidades e intereses y, además, considera que las normas sociales van modificando y matizando la política exterior y la acción de los diversos actores y agentes que intervienen en la escena internacional, del mismo modo que para los realistas lo hace el concepto de seguridad. Para los constructivistas las normas, los valores y la estructura social de la comunidad internacional son elementos centrales que, por una parte, determinan la identidad de los actores que operan en ella y los socializan, evitando en cierta forma la anarquía y que rija la ley de la selva; y, por otra parte, moldean las decisiones interviniendo en el diseño de la política exterior, incluso más que la seguridad de los actores internacionales. Es más, según los constructivistas las instituciones internacionales tienen tanto funciones reguladoras como constitutivas[224].

---

223 VITELLI, M. *Veinte años de constructivismo cit.*, p. 131.

224 GRIFFITHS, M; ROACH, S.C. and SOLOMON, M.S. *Fifty key thinkers in International Relations cit.*, p. 124.

A tal efecto, desde la perspectiva del constructivismo, se constata, ante todo, que la gran mayoría del contenido del Derecho Internacional (al menos los grandes principios y su interpretación) que rige el comportamiento de los Estados en el momento actual se elaboró y aprobó después de la 2ªGM, y es la misión de este ordenamiento jurídico regular las relaciones entre los diversos actores de la sociedad internacional, interpretado en un sentido más amplio, al incidir y constituir los componentes de su acción exterior. Asimismo, por lo que respecta a las instituciones, A. Wendt expresa en sus escritos que las instituciones transforman los intereses de los Estados, de manera que la variable nuclear del estudio constructivista son las instituciones y los regímenes internacionales. Las instituciones internacionales son actores con capacidad para modificar percepciones, identidades y, por consiguiente, los intereses de los Estados. Así, mientras en las teorías racionalistas las instituciones y las normas regulan el comportamiento de los actores en la sociedad internacional, en el socialconstructivismo tienen una función constitutiva. Como lo apunta Josep Ibáñez, "las normas y las instituciones son un pilar del socialcontructivismo (...) porque influyen sobre las opciones y los resultados de la política internacional y porque son constitutivas de los intereses y las identidades de los actores"[225]. De hecho, en el ámbito de las relaciones internacionales, además del pragmatismo político y los intereses, hay otros factores que determinan el comportamiento de los actores internacionales, como las relaciones/interacciones que se establecen entre ellos, y las reglas y normas que se aprueban. Por todo, el socialconstructivismo posibilita una nueva mirada de la realidad internacional.

---

[225] IBAÑEZ, J. *op. cit.*, p. 199.

Precisamente el interés del constructivismo por las estructuras sociales y normativas explica que uno de los temas prioritarios en su agenda de investigación sea el estudio de las instituciones y de los regímenes internacionales, así como el análisis del fenómeno del regionalismo, materias que tienen un papel, a su vez, indiscutible en la conformación de identidades[226]. En esta dirección, por ejemplo, los procesos de integración que tienen lugar en América o en Europa (y no solo la Unión Europea, sino también la Unión Económica Euroasiática) son generadores de identidades más o menos desarrolladas, como sería el caso concreto de la americaneidad. Con ello, se produce el surgimiento de intereses comunes y compartidos. Esta aproximación la ha realizado, por ejemplo, en la doctrina española, Cástor M. Díaz Barrado en relación con la identidad relativa a la "iberoamericaneidad". Para este autor, "la definición de la identidad iberoamericana es útil para formular propuestas que puedan servir para que la CIN alcance muchos de los objetivos que se han ido plasmando en cada una de las Cumbres Iberoamericanas y, primordialmente, para promover iniciativas que estén destinadas a afirmar la proyección internacional de esta comunidad"[227]. En concreto, el papel del regionalismo en

---

226 Cfr. BARBÉ, E., Op. cit., 2007, p. 93 y 96.

227 DIAZ BARRADO, C. M. "Algunas reflexiones sobre la identidad en el seno de la Comunidad Iberoamericana de Naciones", *Investigación & Desarrollo 21*, 2, 2013. Con ello, este autor sigue la estela marcada por Celestino del Arenal que también adoptó una posición constructivista en el estudio de la regionalización en este espacio. En el interesante análisis que realiza en su trabajo: *El acervo iberoamericano: Valores, principios y objetivos de la comunidad iberoamericana,* (Secretaría General Iberoamericana, Madrid, 2006) desgrana la posición de los países iberoamericanos en cada una de las cumbres en las que se pone el acento en los aspectos identitarios, concebidos en el marco de un proceso de regionalización.

la mirada constructivista hace que el estudio de esta realidad se pueda realizar, con naturalidad, desde esta perspectiva[228].

En definitiva, el socialconstructivismo ha ampliado la agenda de investigación y ha abordado el estudio desde aproximaciones sociológicas, históricas y normativas. Los constructivistas se han detenido en el estudio del papel de las organizaciones o estructuras internacionales en la conformación de las identidades, comportamientos e intereses de los Estados. En efecto, uno de los aportes del mencionado enfoque teórico "ha sido el estudio de caso sobre las organizaciones internacionales en los procesos de reconfiguración de intereses estatales o en la construcción de normas"[229]. Ahora bien, a diferencia de las corrientes positivistas, que preguntan el porqué de las cosas y las causas que originan un determinado fenómeno, los constructivistas introducen nuevas cuestiones en la agenda del investigador e inciden más en el cómo de los fenómenos. En el caso del estudio de la identidad, como uno de los presupuestos ontológicos del constructivismo, se utiliza la hermenéutica y la semiótica. Todo esto permite concluir que la metodología de investigación del constructivismo es verdaderamente multifacética al utilizar elementos de diferentes ciencias para realizar un diagnóstico de la realidad internacional, también algunos que resultan propios del racionalismo.

---

228 Así, en la introducción de su trabajo titulado "Regionalismo e integración en América Latina: de la fractura Atlántico-Pacífico a los retos de una globalización en crisis", J. A. Sanahuja deja claro que el marco analítico que realiza "también incluye una mirada reflectivista tomada del social-constructivismo, para analizar las particulares narrativas políticas a través de las cuales los actores regionales definen los elementos anteriores y actúan sobre ellos", *Pensamiento Propio* 44, julio-diciembre 2016, p. 32.

229 TAH AYALA, E. D. *Las Relaciones Internacionales desde la perspectiva social cit.* Disponible en: https://www.revistas.unam.mx/index.php/rmcpys/article/view/62593.

iii) Relevancia del individuo. Para los constructivistas, su principal unidad de análisis es el individuo. De hecho, uno de los rasgos que definen a esta corriente teórica es que resta protagonismo a los Estados como entes centrales de la política internacional en favor del individuo. En concreto, la nueva narrativa considera al individuo como un actor relevante de las relaciones internacionales y, por ende, con capacidad para influir y modificar la realidad a nivel local, nacional e internacional, y no le falta razón en cuanto que los Estados son construcciones humanas y sus decisiones en las relaciones internacionales son tomadas por líderes (individuos) que dirigen los Estados. Así lo deja entrever A. Wendt al decir que "sustancialmente, los Estados son colectividades de individuos a través de cuyas prácticas se constituyen unos a otros como 'personas' con intereses, miedos (…)"[230]. La percepción más profunda que expresa esta tesis es que el mundo no funciona independientemente de los individuos que, después de todo, son quienes participan directamente en los contextos históricos y sociales específicos, y quienes tienen capacidad de transformar el entorno multidimensional. Para el constructivismo el individuo adquiere y dispone de un protagonismo clave en el proceso de conformación de la realidad social, siendo a través de la función constitutiva del lenguaje como construimos el mundo que vemos con nuestra mirada. La posición del individuo en el pensamiento constructivista destaca tanto que lleva a sugerir, incluso, una postura de antropomorfismo en relación con el Estado.

iv) Los conceptos de anarquía, hegemonía o jerarquía en el socialconstructivismo. Estos conceptos son fundamen-

---

230 WENT, A. *La anarquía es lo que los Estados cit.*, p. 38, nota 21.

tales en el pensamiento constructivista, y llegan a constituirse como elementos clave para la comprensión de esta teoría, eso sí, con el significado y alcance que les otorgan los autores de esta corriente. Ahora bien, se trata de nociones que expresan realidades sustanciales que están muy presentes en la escena internacional y que han sido manejadas por otras corrientes teóricas de las RR.II, aunque desde distintas perspectivas y con significados diferentes. Por lo que se refiere a la anarquía, una novedad de la narrativa del constructivismo es que va más allá de la "problemática de la anarquía en Relaciones Internacionales". En su escrito *Anarchy is what states makes of it: The Social Construction of Power Politics* se comprueba que para A. Wendt la anarquía, como todos los conceptos de las Relaciones Internacionales, es una elaboración intersubjetiva de los Estados y que, por lo tanto, el sistema internacional no es anárquico por sí mismo o por su naturaleza. La noción de anarquía adquiere aquí un significado diferente y, sobre todo, una función distinta a la que se le venía dando en otras teorías de las RR.II, como es el caso significativo del realismo. En lo que respecta a la hegemonía y jerarquía, cabe señalar que el enfoque teórico constructivista analiza ambos conceptos a través de las estructuras sociales, las cuales, según el pensamiento de A. Went, son fruto de factores como el conocimiento compartido y los recursos materiales de los que se disponen. Es más, los intereses e identidades de los actores son conformados a través de esas estructuras. En esta línea, N. Onuf aborda ambos conceptos como estructuras de dominación en la sociedad internacional, aunque en el fondo estas estructuras dominan como consecuencia de la repetición en el tiempo de un determinado lenguaje. En palabras bastantes directas del autor, "si una persona pronuncia la locución: el país x tiene superioridad moral en los asuntos mundiales, otra persona la acepta (ilocución), y muchas otras personas actúan en consecuencia (perlocución), la realidad habrá sido constituida por este acto de habla"[231]. Este sería un buen ejemplo que demostraría cómo las ideas manifestadas a través del lenguaje y la comunicación también construyen la realidad social.

Por lo tanto, esta nueva corriente ofrece instrumentos distintos al introducir en el análisis elementos como la identidad, las ideas o procesos que, hasta entonces, no se habían tenido en cuenta de manera esencial para el estudio de la sociedad internacional. De hecho, entre las principales posiciones teóricas que sostiene el constructivismo cabría destacar las siguientes: Ante todo, plantea el estudio de las relaciones internacionales como construcción social y a las interacciones –ya sean entre individuos o Estados- como el eje central de constitución de las sociedades. En este sentido, dos elementos claves del constructivismo serían: primero, que las asociaciones humanas están claramente determinadas por las ideas compartidas y, no tanto, por las capacidades materiales y, segundo, que la identidad y el interés de los actores son fruto de esas ideas compartidas. Así, el objetivo de esta nueva teoría es entender cómo el rol de las ideas modela el sistema internacional, es decir, los constructivistas van más allá de la realidad material al incluir el efecto de las ideas y creencias en la política mundial. En esta línea, se puede añadir que, a través de esta teoría, bien se podría afirmar que el desarrollo sostenible es una idea elaborada y compartida por la comunidad internacional, y que se ha ido consolidando a través de varias iniciativas de carácter multilateral dentro del marco de las Naciones Unidas.

---

231 ONUF, N. *World of our making: Rules and Rule in Social Theory and International Relations*, University of South Carolina Press, Columbia, 1989.

3.4. La contribución de la teoría crítica

La teoría crítica de la disciplina de las RR.II se entiende como una especie de corriente *neo* o post marxista, que adquiere precisamente su fundamentación teórica del pensamiento de los filósofos Antonio Gramsci y Jürgen Habermas[232], entre otros. Los teóricos críticos se inspiraron de manera especial en la obra pionera de la *Escuela de Francfort*, creada en 1924 y, muy en particular, de J. Habermas. Así, aunque originalmente sus miembros estuvieron imbuidos por el pensamiento de la teoría marxista, con el tiempo las ideas de estos autores fueron evolucionando hacia una teoría crítica o neomarxista. El mismo J. Habermas fue cambiando su pensamiento como lo demuestran sus últimos trabajos caracterizados por un pesimismo, nada habitual en las ideas marxistas, sobre las perspectivas de un cambio social progresista. En el ámbito más específico de la teoría de las RR.II, esta corriente de pensamiento inició su andadura en el decenio de 1980 con un grupo de autores entre los que sobresalen: Robert Cox, Mark Hoffman, Mark Neufeld, Charles Beitz y Andrew Linklater[233], cuyas obras están impreg-

---

232 A. Gramsci, filósofo y teórico marxista, fue uno de los fundadores del Partido Comunista italiano en 1921. Por su parte J. Habermas, heredero y defensor de la tradición marxista, se le reconoce como uno de los mayores exponentes de la "segunda generación" de la Escuela de Frankfurt entre 1964 y 1971, así como de la teoría crítica. Para un estudio exhaustivo y completo de la Teoría Crítica léase; FRANKENBERG, G. "Teoría Crítica", *Revista sobre enseñanza del Derecho* 9, 17, 2011, pp. 66-84; y SANAHUJA, J. A. "Los desafíos de la Teoría Crítica de las Relaciones Internacionales", en ARENAL, C. del y SANAHUJA, J. A. (Coords.) *op. cit.,* 2015.

233 En un primer momento se constituyó la denominada *Escuela neogramsciana de la Economía Política Internacional (EPI),* llamada así porque "recupera y redefine las aportaciones de Gramsci" desde

nadas del pensamiento de Max Horkheimer, Herbert Marcuse y, como hemos señalado, de Habermas y Gramsci. Los teóricos de la nueva corriente de índole posmarxista, caracterizados por seguir esquemas diferentes en sus análisis críticos, no se van a apoyar en la epistemología positivista de las teorías marxistas clásicas. En el caso de Robert Cox, su estudio se centra en los "esquemas de clase y el privilegio concedido a la producción industrial como fuerza estructurante del sistema económico mundial", mientras que Susan Strange se detiene en el análisis del "poder estructural en las relaciones internacionales y de la influencia de los nuevos actores económicos no estatales, empresariales o profesionales, del escenario internacional"[234].

---

el marco de las ciencias sociales (sociología, psicoanálisis) y a través del pensamiento de Robert W. Cox y Stephen Gill (profesores de la Universidad de York, Toronto). De hecho, el origen de la corriente neogramsciana de la EPI se vincula con los trabajos de R. COX. Posteriormente, la corriente neogramsciana fue asumida por la *Escuela de Amsterdam* "centrada en la crítica de la globalización neoliberal, con autores relevantes como Kees van der Pijl, Henk Overbeek o Bastina van Appeldorn", en SANAHUJA, J. A. *Reflexividad, Emancipación y Universalismo: Cartografías cit.*, p. 116. De gran relevancia son las siguientes obras: COX, R. "Social forces, States and World Orders: Beyond International Relations Theory", *Millenium: Journal of International Studies*, vol. 10, 1981; HOFFMAN, M. "States, cosmopolitanism and normative international theory", *Paradigms*, 2, 1988 y LINKLATER, A. *Beyond Realism and Marxism: Critical Theory and International Relations*, Macmillan, St. Martin's Press, New York, 1990.

234 AGUIRRE, I. "Exclusión y Teoría de las Relaciones Internacionales", en CASTRO RUANO, J. L. y ORUETA ESTIBARIZ, G. *op. cit.*, p. 50.

A) Los Objetivos primordiales de la teoría crítica: Emancipación y transformación del orden mundial

Uno de los cometidos principales de la teoría crítica es transformar la sociedad internacional y construir un nuevo orden social en el que el ciudadano quede "libre" de cualquier dependencia o subordinación. Para el logro de este propósito, la "nueva" corriente pretende tanto "desenmascarar" las ideologías que conllevan, según su interpretación, sometimiento, impiden tomar conciencia y frenan el cambio, como desvelar que el sistema de Estados y la globalización neoliberal son quienes imponen estructuras de exclusión y dominación. El rol indiscutible de la teoría crítica es lo que sus autores denominan la emancipación o la liberación de los seres humanos de cualquier clase de subordinación o dependencia, y así transformar la sociedad internacional y construir un nuevo orden social. Por ello, la finalidad primordial de la teoría crítica es cambiar el orden mundial existente y para esto se propone la creación de bloques contrahegemónicos, que también emanarían de un contexto histórico-social, y que según la teoría deben atender las situaciones injustas o las problemáticas sociales generadas por el bloque hegemónico. Teniendo en cuenta lo dicho, la teoría crítica interpreta y explica la realidad internacional con el objetivo prioritario de cambiar o modificar el orden internacional vigente.

B) Características y postulados teóricos de la teoría crítica de las Relaciones Internacionales

Entre las características principales de la teoría crítica, incluyendo los postulados teóricos que la sostienen, se podrían señalar, al menos, las siguientes:

i) Esta nueva corriente se caracteriza principalmente porque, desde una epistemología reflectivista, se enfrenta a las corrientes dominantes del neorrealismo y neoliberalismo y a los postulados esenciales de estas últimas, en particular: el estatocentrismo, la globalización neoliberal y la premisa de que la realidad internacional es de carácter inmutable. Sería acertado señalar que la teoría crítica fue la primera corriente que acometió una crítica directa y sistemática de los postulados teóricos del paradigma dominante en Relaciones Internacionales. De hecho, esta narrativa, considerada como una de las más radicales dentro del eje reflectivista, proyecta un evidente antipositivismo con el objetivo de descubrir las contradicciones y deficiencias de las teorías clásicas e insiste, más que cualquier otra, en denunciar el orden vigente, y en analizar y estudiar las opciones de cambio social, así como los vínculos existentes entre el conocimiento teórico y el poder[235]. Esta corriente considera que el estudio de las cuestiones incluidas en el ámbito social requiere una epistemología y un método de investigación diferente al utilizado en el campo de las ciencias. Según I. Aguirre, la "Teoría Crítica de las relaciones internacionales se inscribe claramente en la posición de la crítica ontológica, epistemológica y axiológica que caracteriza al pospositivismo"[236], lo que favoreció que fuera considerada, desde el primer momento, como una de las voces alternativas engarzadas con el posmodernismo, con mayor recorrido y fundamentación teórica de la realidad internacional.

ii) A diferencia de las corrientes del polo racionalista, la teoría crítica pretende transformar la sociedad internacional y construir un nuevo orden social, y para ello, tal y como sostiene R. Cox, la corriente observa, analiza y

---

235 BOOTH, K. "Cambiar las realidades globales: una teoría crítica para tiempos críticos", (traducción de Fabián Chueca), *Papeles de Relaciones Ecosociales y Cambio Global* 109, 2010.

236 AGUIRRE, I, *op. cit.*, p. 49.

denosta el sistema internacional como paso previo para su posterior transformación o cambio. En efecto, para el cambio del orden social el profesor canadiense considera esencial poner al descubierto las ideologías presentes en el discurso político y que impiden precisamente ese cambio. En su construcción teórica advierte que el lenguaje, al igual que para el constructivismo, es una de las herramientas más eficaces para el logro de estos objetivos, pues éste crea realidad, la expresa y da forma a las percepciones del mundo social que se está analizando. Para los teóricos de la corriente crítica la verdad es producto del consenso intersubjetivo a través del lenguaje[237] y las normas (derecho internacional) deben ser sustituidas por principios y valores.

La teoría crítica desafía, por una parte, al estatocentrismo, el Estado no es asumido como un actor "natural", sino que es visto como una construcción social contingente, producto de un contexto histórico y social, y sometido a cambio constante; y, por otra, rechaza la "tesis de la inmutabilidad del orden social y los hechos de la realidad", propia de las narrativas racionalistas, las cuales analizan el porqué de la acción humana, de sus instituciones y del orden internacional. Así, R. Cox desarrolla una visión crítica del orden mundial existente y se centra en el estudio de los mecanismos económicos "de dominación" y de las estructuras sociales "hegemónicas" de las cuales –según él- se sirven las potencias para definir y mantener un orden

---

237 *Cfr.* FRANKENBERG, G. "Teoría crítica", *Academia. Revista sobre enseñanza del Derecho 9*, 17, 2011, p. 77. GILL, S. *Power and Resistance in the New World Order*, Palgrave, Londres, 2008. WYN JONES, R. (ed.), *Critical Theory and World Politics,* Boulder: Lynne Rienner, 2001; CORNAGO, N. "Materialismo e idealismo en la teoría crítica de las Relaciones Internacionales", *Revista Española de Derecho Internacional LVII*, 2, 2005, pp. 665-693.

internacional favorable a sus intereses. De hecho, los pensadores críticos se preocupan por las fuentes de la desigualdad estructural inherentes al sistema internacional, así como por los mecanismos que favorecerían su superación. Además, Cox redefinió, desde la sociología histórica, conceptos clave del realismo como son la hegemonía, poder, estructura histórica y orden mundial. En su análisis se llega a preguntar por el origen del orden establecido (vínculos entre clases dominantes); por los mecanismos y fuerzas que le mantienen, especialmente la naturaleza de la hegemonía en el sistema internacional; y por las posibilidades de cambio. Es más, el experto canadiense en política internacional realizó un estudio previo con la finalidad de generar acciones estratégicas que puedan romper con ese orden. Para contestar a las preguntas que le surgieron y lograr el cambio estructural que propugna, R. Cox desarrolló un análisis del concepto de "estructura mundial", así como de sus componentes o actores, y advirtió que, aunque la estructura domina sobre los actores, estos deben ser responsables a través de sus acciones de la transformación. Es decir, la corriente crítica busca, en último término, analizar las estructuras sociales subyacentes que están en el origen de los abusos que se cometen y que dominan a los grupos más vulnerables, como paso previo a la posterior disolución de estas estructuras. En palabras del citado autor: "Estas estructuras no determinan las acciones de las personas en ningún sentido mecánico, sino que constituyen el contexto de hábitos, presiones, expectativas y limitaciones dentro de las cuales tiene lugar la acción"[238]. Ahora bien, en el pensamiento de R. Cox, la estructura internacional, resultado de un proceso histórico-social, es la combinación de elementos

---

238 COX, R. W. "Social forces, states and world orders: beyond international relations theory", en LITTLE, R. and SMITH, M. *Perspectives on World Politics,* Routledge, London, 2006, p. 362.

como las capacidades materiales y las instituciones. Por esto, en su artículo *Social Forces, States and World Orders* indica, en particular, que las capacidades materiales son "potenciales productivos y destructivos. En su dinámica, existen como capacidades tecnológicas y organizativas, y en sus formas acumuladas como recursos naturales que la tecnología puede transformar, existencias de equipos... y la riqueza que puede controlarlos", mientras que las instituciones son "los medios para estabilizar y perpetuar un orden mundial"[239].

iii) Otro elemento son las ideas, consideradas clave para la consecución del cambio que promueve la teoría crítica. Así, por ejemplo, una estructura hegemónica, según R. Cox, es el resultado del poder material, la percepción que sobre ese poder (imagen) tienen el resto de los actores internacionales y las instituciones y normas que lo sustentan. La obra de este autor se vuelca en descubrir las ideas hegemónicas y sus consecuencias en la sociedad internacional (dominación, desigualdad centro-periferia, norte-sur), con el propósito de avanzar hacia el cambio del sistema internacional. Ahora bien, según su pensamiento, el cambio solamente tendrá lugar cuando surjan problemas incapaces de ser resueltos por la estructura dominante y sea necesario crear una nueva estructura y orden mundial para solucionarlos. La teoría crítica como la suscita R. Cox persigue el cambio a través de nuevas estructuras mundiales para resolver los problemas que emergen en la realidad internacional actual. Esta reflexión lleva a concluir que, para el pensador canadiense, la teoría más que explicar la

---

239 *Ibid.*, p. 218. Véase el análisis realizado por ALDO IVÁN RAMÍREZ O. "La Teoría Crítica de las Relaciones Internacionales". Disponible en: https://aguayeconomiaglobal.wordpress.com/la-teoria-critica-de-las-relaciones-internacionales-2/.

realidad internacional existente debe ser una fuerza constituyente del orden internacional, de ahí que uno de los objetivos de su pensamiento sea impugnar los postulados teóricos de las aproximaciones racionalistas, lo que aporta componentes distintivos a su posición. Él mismo apuntó que la teoría crítica se define "como una teoría que se sitúa fuera de y desafía el orden existente"[240].

Recordemos que fue precisamente R. Cox quien estableció una distinción entre *solving theories-teorías para la solución de problemas*, que se caracterizan por ser teorías explicativas de la realidad internacional *inmutable* y *permanente*, las cuales aceptan el mundo tal y como es, incluidas las relaciones de poder que acontecen en la realidad internacional; y las *critical theories*, las cuales cuestionan las relaciones de poder y sociales establecidas y apuestan por el cambio de la estructura internacional[241]. En palabras de E. Barbé, "la teoría deja de explicar un mundo existente 'ahí fuera' al margen del propio teórico -la teoría explicativa de los racionalistas- para convertirse en teoría constitutiva", por lo que "la sociedad internacional no se descubre, sino que se construye y, en ello, tiene un papel fundamental el analista"[242]. También José Antonio Sanahuja señala que, partiendo de una epistemología reflectivista, la teoría crítica se erige como eminentemente constitutiva; "se asume que todo conocimiento sería contingente, histórico y se encuentra plenamente integrado en la vida social y económica, en la medida que la realidad supuestamente objetiva sólo cobra sentido a

---

240 COX, R. *op. cit.*

241 *Ibid.*, p. 128. LINKLATER, A. "The achievements of critical theory", en SMITH, S. BOOK, K. y ZALEWSKI, M. (eds.) *International Theory: Positivism and Beyond*, University Press Cambridge, Cambridge, 1996, p. 283.

242 BARBÉ, E. *op. cit.*, 2007, p. 85.

través de las relaciones sociales y en particular a través de los agentes, y sus intereses, valores, prácticas presentes en el orden social y en particular en el orden internacional"[243].

iv) La narrativa crítica, al igual que el constructivismo, defiende la habilidad de los individuos y su acción común para constituir un nuevo orden social. Así, Andrew Linklater, inspirado en el pensamiento de Jürgen Habermas, señala que la "teoría crítica mantiene su fe en el proyecto de la ilustración y defiende el universalismo en su ideal de un diálogo abierto no solo entre los conciudadanos, sino más radicalmente, entre todos los miembros de la raza humana"[244]. En el artículo titulado: *The question of the next stage in International Relations Theory: A critical-theoretical point of view*, publicado en 1992 por la revista inglesa Millennium, Linklater sostiene que "proporcionar una respuesta adecuada es un requisito central para la teoría crítica de las relaciones internacionales (...) Los intentos para promocionar principios de justicia social, y los derechos de individuos y de grupos como los indígenas, minorías étnicas y culturales no occidentales, ejemplifican lo que puede ser un interés creciente hacia las víctimas de la exclusión en el sistema internacional a lo largo del pasado siglo (...). Las discusiones sobre la evolución de las convenciones internacionales que se ocupan de los derechos humanos y las necesidades básicas, la herencia común, la seguridad común, el derecho de los pueblos indígenas y así sucesivamente, son vías especialmente importantes para forjar conexiones entre la

---

243 SANAHUJA, J. A. *op. cit.*, en ARENAL, C. del y SANAHUJA, J. A. *op. cit.*, p. 159.

244 LINKLATER, A. *op. cit.*. p. 296.

teoría crítica y el análisis de la política exterior"[245]. No debe sorprender que las ideas de los teóricos de la narrativa crítica coincidan en el tiempo con el periodo en el que cristaliza una visión más humanista en la comunidad internacional, que sitúa al ser humano en uno de los centros de gravedad de las relaciones internacionales y que tendrá plasmaciones normativas bastantes significativas, sobre todo, con la aprobación de instrumentos de reconocimiento y protección de los derechos humanos, fundamentalmente de carácter sectorial[246]. En cualquier caso, todas las posiciones y propuestas que expone A. Linklater persiguen el fin último de la teoría crítica, que no es otro que cambiar el orden internacional vigente que se caracteriza, según ella, por favorecer la existencia de estructuras políticas de dominación.

v) Por último, cabe anotar que "el proyecto de *reestructuración* de la teoría de las relaciones internacionales" es un

---

245 LINKLATER, A. "The question of the next stage in International Relations Theory: A critical-theoretical point of view", *Millennium,* 1992, pp. 96-97.

246 Precisamente, muchos de los instrumentos adoptados por Naciones Unidas en este ámbito tienen lugar a partir del decenio de los ochenta del pasado siglo, y contribuyen a la sectorialización del ordenamiento jurídico internacional. Interesante el análisis de C. R. FERNANDEZ LIESA, quien señala que "en el Derecho internacional de los derechos humanos la red de convenciones sobre derechos humanos, como indica Conforti, se ve marcada en su interpretación por una convergencia de todas las normas hacia el objetivo común de asegurar una protección de los seres humanos tan completa como posible", "Sobre la unidad del Derecho Internacional", en El derecho internacional en los albores del siglo XXI: homenaje al profesor Juan Manuel Castro-Rial Canosa, Madrid, 2002, pp. 281-282, nota 57.

aspecto programático relevante de la teoría crítica de las Relaciones Internacionales. En efecto, esta corriente de pensamiento no renuncia a constituirse en teoría, con lo cual a diferencia de las voces "posmodernistas" que muestran un total desinterés por elaborar una nueva teoría, la corriente crítica apuesta desde el primer momento por este objetivo y algunos de los autores más destacados no dudan en señalar que con la mencionada teoría estamos en una "nueva etapa (the next stage) en la teoría de las relaciones internacionales"[247]. En conclusión, la corriente crítica, tal y como lo señala Richard J. Bernstein, persigue claramente "reestructurar" la teoría de las relaciones internacionales, objetivo que no buscan los posmodernistas para quienes, como veremos, su aspiración es "deconstruirla" sin ir mucho más allá[248].

Al igual que la mayoría de las corrientes que se han formulado en la disciplina de las RR.II., la teoría crítica también se caracteriza por ramificarse en diferentes variantes. Una de las más interesantes es la que surgió en Latinoamérica de la mano del argentino Marcello Gulló. En su obra: *Relaciones Internacionales. Una teoría crítica desde la periferia sudamericana,* este autor asevera que una de las características inmutables de las relaciones internacionales desde el comienzo de la historia, tanto en el ámbito regional como internacional, es la presencia de "una unidad política -o de un grupo de unidades políticas- que intentan imponer su voluntad a las otras unidades políticas que se ven obligadas, de esa forma, a optar entre la sumisión (subordinación) o la resistencia (insubordinación)". Esta posición

---

247 HOFFMAN, M. "Critical Theory and the Interparadigm Debate", *Millennium 16,* 1987, pp. 231-249.

248 AGUIRRE, I. *op. cit.*, 1996, p. 88. Véase: BERNSTEIN, R. J. *The Restructuring of Social and Political Theory*, Methuen, London, 1979.

y análisis de la realidad internacional es la que también provoca que M. Gullo llegue a defender que "en la dimensión del ser, el estudio de las relaciones internacionales consiste -en sustancia y principal aunque no exclusivamente- en el estudio de las relaciones de subordinación e insubordinación entre las distintas *Unidades Políticas con Asiento Territorial* (en adelante UPCAT) que conforman el escenario internacional, y el estudio de las relaciones de subordinación e insubordinación entre estas y las *Unidades Políticas Sin Asiento Territorial* (en adelante UPSAT)"[249].

Desde este prisma, M. Gullo clasifica los actores de la política internacional en UPCAT y UPSAT, situando en este último grupo a la oligarquía financiera global, a la que critica por ser más leal a sus negocios que a sus propios Estados. Este autor define las relaciones internacionales como la lucha entre actores con poder que tratan de establecer relaciones de dominio sobre otros actores que luchan por evitarlo y buscan su *insubordinación fundante*[250]. Ahora bien, para establecer relaciones de

---

249 GULLO, M. "Los problemas básicos de las Relaciones Internacionales como disciplina de estudio", *Breviario en Relaciones Internacionales 42*, Facultad de Ciencias Sociales, 2018, p. 27; y GULLO, M. *Relaciones Internacionales. Una teoría crítica desde la periferia sudamericana.* Biblos, Buenos Aires, 2018.

250 Este último concepto es, precisamente, una de las principales aportaciones de M. Gullo y que define cómo el proceso por el que los Estados se rebelan ante el pensamiento y orden internacional dominante a través de acciones que les permiten situarse en una posición o jerarquía ("umbral de poder") suficiente para responder como actores independientes y con relevancia e influencia en el escenario internacional. Por su parte, "Umbral de poder" es un concepto que se refiere al *quantum* de poder mínimo necesario de una unidad política, por ejemplo, el Estado, para no perder su autonomía en el contexto internacional. GULLO, M. *La insubordinación fundante. Breve historia de la construcción del poder de las naciones*, El perro y la rana, Caracas, 2015.

dominio se necesita tener poder, y el autor argentino define el concepto de poder como "la suma de elementos tangibles e intangibles de un pueblo", si bien prioriza los segundos, entre los que menciona la *fe fundante* y el carácter nacional, sobre los primeros. Por ello, considera explícitamente que "en la dimensión del deber ser, el estudio de las relaciones internacionales consiste en el estudio del pensamiento y las acciones posibles para pasar de la confrontación a la solidaridad, es decir, en el estudio del pensamiento y las acciones posibles para la construcción de una comunidad universal organizada de pueblos"[251].

En lo que respecta al estatus de la teoría crítica en el ámbito de la disciplina de las RR.II., se puede afirmar que a pesar de ser una de las principales narrativas de pensamiento contemporáneas no ha logrado, al igual que el resto de las corrientes reflectivistas, un lugar relevante. Sigue situándose en buena medida en la periferia de las Relaciones Internacionales y en confrontación con las corrientes clásicas, sobre todo en el momento actual por cuanto resurgen los efluvios de los aspectos más visibles de la Guerra Fría, nos referimos a la confrontación entre EE.UU. y Rusia por la invasión de Ucrania (marzo 2022) y la guerra de Gaza (octubre 2023), o la tensión EEUU/China. Sería aconsejable que, en un futuro no demasiado lejano, la situación se revierta, puesto que la teoría crítica plantea un cambio del orden internacional que debilite las posiciones realistas de *hardpower* y se muestra claramente a favor de fórmulas más integradoras y universales, y de políticas inclusivas a nivel mundial que favorezcan el avance hacia una *comunidad internacional*. La teoría crítica se podría describir como una narrativa que persigue la construcción de nuevas formas de comunidad política y ciudadanía de raíz cosmopolita, a través de la rela-

---

251 GULLO, M. *Los problemas básicos de las Relaciones Internacionales como disciplina de Estudio cit.*, p. 27.

ción comunicativa, siendo así que promover la acción colectiva para hacer posibles nuevos órdenes mundiales sería una de las principales aportaciones de la mencionada corriente. Sin embargo, queda por ver si la aplicación práctica de los postulados de la mencionada corriente favorecería la construcción de una comunidad internacional integrada o si, por el contrario, las consecuencias de la aplicación serían más la mera destrucción del orden establecido, también en sus componentes y dimensiones positivos; y la edificación de estructuras de poder del antiguo comunismo.

3.5. Las dimensiones del post-estructuralismo/posmodernismo

En el decenio de 1980 también adquirieron una notable expansión las posiciones post-estructuralistas, a través de las obras publicadas por un grupo de filósofos posmodernos y críticos franceses, todos ellos nacidos durante la primera mitad del siglo XX y desconocidos en el ámbito de las Relaciones Internacionales, entre los que destacan: Jacques Derrida, Roland Barthes, Jean Baudrillard o Michel Foucault[252]. Según María F. Noboa, estas "teorías derivaron del amplio debate metateórico del posestructuralismo en las ciencias sociales, desarrollado entre las décadas de los sesenta y setenta, y que abre una discusión específica entre lo que se consideraba lo posmoderno y lo postestructural, controversia que aún no ha sido resuelta y que

---

252 HANSEN, L. "Post-structuralism", en BAYLIS, M.; SMITH, S. y OWENS, P. *The Globalization of World Politics. An introduction to International Relations*, Oxford University Press, Oxford, 2011. También, ASHLEY, R. "The Achievements of Post-Structuralism". SMITH, S.; BOOTH, K. y ZALEWSKI, M. (eds.): *International Theory: Positivism and Beyond*, Cambridge: Polity Press, 1996.

se situaba principalmente en lo que varios filósofos consideraban como la *filosofía francesa de la diferencia*"[253].

La obra de los autores mencionados va a ser el germen filosófico necesario para que estudiosos posmodernistas y postestructuralistas, como Richard K. Ashley, James Der Derian y Michael Shapiro, entre otros, elaboren la primera fundamentación teórica postestructuralista de la disciplina. Ante todo, al igual que el resto de teorías del polo postpositivista, las aportaciones postestructuralistas persiguen cuestionar y criticar los fundamentos del discurso dominante en la teoría de las RR.II. Por lo tanto, son corrientes que se presentan como voces disidentes que no dudan en "someter a reconsideración crítica la génesis y evolución de la disciplina"[254]. Para Noé Cornago y Mariano Ferrero, "estas voces disidentes denunciarán la complicidad existente entre los mecanismos de dominación que operan en la práctica de la política mundial y el orden del discurso en la teoría internacional. Esa complicidad habría tenido por efecto, tal y como Foucault había señalado, la configuración más o menos problemática de un régimen de verdad. Es decir, una relación entre saber y poder que aspira a establecer, mediante una operación específica

---

253 NOBOA GONZÁLEZ, M. F. "El posestructuralismo en las Relaciones Internacionales: un interjuego complejo entre modelos mentales conceptuales y discursivos para comprender el mundo global", *Comentario Internacional, Revista del Centro Andino de Estudios Internacionales 17*, 2017, p. 83. Véase, asimismo, DUNNEM T.; HANSEN, L. y WIGHT, C. "The End of International Relations Theory?", *European Journal of International Relations 19*, 2013, pp. 405-425; y DER DERIAN, J. *Post-Theory: The Eternal Return of Ethics in International Relations,* Critical Practices in International Theory: Selected Essays, Routledge, Nueva York, 2009.

254 ASHLEY, R y WALKER, R. B. J. "Speaking the Language of Exile: Disidence in International Studies", *International Studies Quarterly 34*, 3, 1990.

de gobierno, las formas y los contenidos del discurso autorizado sobre la política mundial"[255]. Por lo que el postestructuralismo persigue, con afán, cambiar los discursos y análisis que han prevalecido en la teoría de las RR.II. como factor necesario para modificar el orden internacional. Sin embargo, al igual que el resto de enfoques reflectivistas, el postestruturalismo tampoco ha logrado escapar de una "posición marginal" dentro de la disciplina, y así lo reconocen internacionalistas españoles cuando se señala que "desde los márgenes continúa siendo el mayor desafío y revulsivo a las corrientes dominantes de las relaciones internacionales, tanto desde el punto de vista de su epistemología reflectivista como por la incorporación de la hermenéutica y de otras metodologías centradas en el análisis del lenguaje"[256].

A) Principales características y aportaciones que emergen del postestructuralismo

El examen de las posiciones del postestructuralismo lleva a la conclusión de que las características primordiales de esta corriente teórica en el campo de las RR.II serían al menos las siguientes:

i) Primera, una de las señas de identidad de esta corriente de pensamiento será la especial atención que presta al lenguaje, frente a la relativa cuando no completa indiferencia hacia el mismo que muestran otras teorías. Frente

---

255 CORNAGO, N. y FERRERO, M. "El viaje y las alforjas: alcance y límites de la crítica postestructuralista de la política mundial", en CASTRO RUANO, J.L. y ORUETA ESTIBARIZ, G. *Escritos de internacionalistas en homenaje al profesor Iñaki Aguirre Zabala*, Bilbao, Servicio Editorial de la Universidad del País Vasco, p. 247.

256 CORNAGO, N. "Introducción al Postestructuralismo para Internacionalista", en ARENAL, C. del y SANAHUJA, J. A. *op. cit.*, pp. 221-240.

a las teorías racionalistas, el pos-estructuralismo propone "un lenguaje estético e incluso poético", a diferencia del "discurso frío y la precisión conceptual característicos del positivismo"[257]. Esta corriente viene a subrayar que el lenguaje no solo da cuenta y explica la realidad, sino que la construye, con lo que el lenguaje adquiere un carácter constitutivo y no meramente declarativo. Esto nos permite afirmar que el lenguaje es un instrumento que deconstruye y construye la realidad y el orden internacional.

Más todavía, el lenguaje utilizado para expresar la realidad no es neutro, sino que se le otorga un determinado significado, ya que por unas razones u otras algunas opciones políticas se consideran óptimas para ser naturalizadas y otras desechables. Por ello, algunos de los autores que integran esta corriente teórica realizaron novedosos estudios sobre la potencialidad del lenguaje. Entre ellos se encuentra Jacques Derrida, quien desarrolló un análisis semiótico conocido como *deconstrucción* de los textos que implica "revelar las contradicciones, ambigüedades y ausencias de significado que se encuentran en el lenguaje y en las estructuras que sustentan el pensamiento"[258]. En el fondo, relacionado con lo anterior, todos los teóricos vinculados a esta corriente cuestionan los significados que las narrativas racionalistas proyectan de los conceptos de interés, identidad, Estado, seguridad y poder, entre otros. De hecho, una de las preocupaciones principales del postestructuralismo es comprender cómo la realidad física/tangible

---

257 CORNAGO, N. *op. cit.*, p. 221.

258 De especial interés es el relato de KRIEGER, P. "La deconstrucción de Jacques Derrida (1930- 2004)", *Anales del Instituto de Investigaciones Estéticas 84*, 2004, pp. 179-188. También: SHAPIRO, M. J. "Textualizing global politics", en DER DERIAN, J. y SHAPIRO, M. J. (eds.) *International/Intertextual Relations: Post-Modern Readings of World Politics*, Lexington Books, Lexington, 1989.

se configura en realidad social y política a través del discurso o lenguaje. Sin embargo, esto no significa que las cosas no sucedan en la realidad por el mero hecho de declararlo en un discurso. Por ejemplo, en relación con las masacres de Darfur, ocurridas en 2003, o la invasión rusa de Ucrania (2022), la respuesta que se obtendrá de la comunidad internacional e incluso de la opinión pública internacional varía en función de su consideración como genocidio, la primera, o como un crimen de agresión y una violación flagrante del derecho internacional (violación del artículo 2.4 de la Carta de Naciones Unidas), la segunda. En este caso se aludiría a la necesidad de que la sociedad internacional intervenga para ponerle una solución. En cambio la situación es diferente si se presenta el primer caso como un conflicto entre tribus sin bases de peso que lo justifiquen o bien, en el caso segundo[259], como la respuesta del dirigente ruso a la situación de "represión" que vive la población rusa en las zonas ucranianas de Crimea y el Dombás ("operación militar especial", en palabras de Vladimir Putin)[260]. En los dos casos se está presentando la misma situación, pero no será igual la respuesta al escuchar cada una de las versiones puesto que el lenguaje varía por la utilización de términos diferentes y por las connotaciones que traen consigo determinadas palabras.

ii) Segunda, a diferencia de otras corrientes, esta teoría se caracteriza por la búsqueda de lo marginal, lo inestable, paradójico o aparentemente menos relevante para ana-

---

259 Cfr. BARBÉ, E., op. cit., 2020, p. 113,

260 Vasili Nebenzia, representante permanente de Rusia ante la ONU, justificaba la agresión militar rusa señalando, en febrero de 2022, que era la respuesta a la "grave situación que vivía la región del Dombás, en el este de Ucrania, desde 2014 y que la intervención era la aplicación de su derecho de autodefensa". Disponible en: https://www.telesurtv.net/news/rusia-asamblea-general-onu-ucrania-donbas-20220228-0018.html.

lizar y comprender la realidad internacional, elementos que no han tenido en cuenta otras líneas de pensamiento o teorías y que, sin duda, ayudan a explicar los acontecimientos mundiales, así como sus consecuencias en la estructura internacional. El interés por el lenguaje ha dado lugar a una estimulante agenda de investigación que permitiría decir que las perspectivas posestructuralistas son claves en la evolución de la disciplina, al incrementar el ámbito de análisis e investigación sobre los temas que ocuparían la atención de los internacionalistas. Hasta entonces el ámbito de estudio de la disciplina había estado dominado o protagonizado por el debate en torno a conceptos como el de seguridad, interés nacional, poder de los Estados, anarquía, restando importancia al rol social y al contexto histórico en el que tienen lugar las relaciones internacionales. De hecho, la teoría del postestructuralismo "busca visibilizar el ocultamiento, dar voz a los silenciamientos, incluir a los excluidos en el espacio de lo internacional, abriendo campos de investigación múltiples (…) que no solo permitan redimensionar los factores teórico-metodológicos indispensables en la evolución de las RI, sino el diálogo interactivo entre el conocimiento producido- -cambiante- y la propia realidad, que le permita a la disciplina navegar en una nueva era epistémica, marcada por la incertidumbre"[261].

Dicho de otra forma, esta teoría se interesa por cuestiones y fenómenos desatendidos y olvidados por otras corrientes teóricas, en un momento en que empieza a despuntar la era de la

261 NOBOA GONZÁLEZ, M. F. *op. cit.*, p. 89-90. SMITH, S. "Positivism and beyond", en SMITH, S.; BOOTH, K. y ZALEWSKI, M. *International Theory: Positivism and Beyond,* Cambridge University Press, Cambridge, 1996.

digitalización como consecuencia de la revolución tecnológica y la inmediatez de la información. Todas las aportaciones mencionadas convierten al postestructuralismo en una corriente novedosa y particular, porque frente a las pretensiones de objetividad del empirismo, esta teoría se centra en el problema de la subjetividad y en la crítica constante como mecanismo liberador. Esta característica es reiterativa en prácticamente todas las corrientes reflectivistas, esto es, intentar demoler los postulados de las teorías dominantes y su representación de la realidad como algo *inmutable y permanente*, y que el postestructuralismo interpreta como subyugante.

En consecuencia, se trata de una teoría diferente, incluso dentro del bloque de la narrativa reflectivista, en el sentido de que, a pesar de compartir fundamentos epistemológicos con la teoría crítica, ambas corrientes difieren sobremanera sobre los objetivos y propósitos emancipadores de la teoría en la sociedad internacional. Con mayor profundidad, el post-estructuralismo, como lo señala N. Cornago, "rechaza las grandes narrativas del cambio social enraizadas en la modernidad ilustrada, tanto las que vienen del pasado como su reformulación presente a partir de la constatación histórica de que los grandes proyectos emancipatorios acabaron imponiéndose como prácticas opresivas"[262]. En otros términos, a diferencia de la teoría crítica de R. Cox, el postestructuralismo no cree que el orden social mejore a través de la creación de bloques contrahegemónicos. La historia proporciona muchos supuestos que evidencian que no es así. Sería difícil negar que la revolución bolchevique acabó con el *imperio hegemónico zarista* y que levantó un bloque, de intencionalidad contrahegemónica, más subyugante y opresor si cabe para la sociedad civil que el anterior y que, por lo tanto, no cumplió su

---

262 CORNAGO, N. "*Introducción al post-estructuralismo para internacionalistas*", *en* ARENAL, C, y SANAHUJA, J.A. *op. cit.*, pp. 219-241.

propósito de atender las situaciones injustas o las problemáticas sociales generadas por el bloque histórico hegemónico.

B) Teoría del posmodernismo y sus características y postulados teóricos

Muy próximo al post-estructuralismo se encuentra el posmodernismo, una narrativa que también tiene su origen y fundamentación teórica en la obra de filósofos franceses pero que su extensión y desarrollo hacia el ámbito de las Relaciones Internacionales se produjo a partir de mediados del decenio de 1980[263]. Es más, los textos posmodernistas de las Relaciones Internacionales fueron elaborados por diferentes autores que se inspiraron en la obra de pensadores o filósofos que hasta entonces eran desconocidos en el entorno de la disciplina. Entre los filósofos destacan los alemanes Friedrich Nietzche y Martin Heidegger; o los franceses Michel Foucault, Jacques Derrida, Roland Barthes, o el sociológo André Braudillard, entre otros. El posmodernismo se conformó, por lo tanto, a través de un grupo de analistas sociales interesados en estudiar cómo los elementos culturales pueden mediar e influir en los fenómenos de carácter social, político, económico y científico.

Entre los principales autores posmodernistas en Relaciones Internacionales destacan los norteamericanos Richard K. Ashley y Rob B. J. Walker, siendo así que el primero se caracterizó por su ataque frontal contra el neorrealismo. De hecho, como lo señaló Chris Brown, "el primer trabajo totalmente posmo-

---

263 En cuanto movimiento filosófico, el posmodernismo tiene importantes antecedentes en la historia del pensamiento que no es posible considerar con detalle aquí. Sin embargo, su reconocimiento como corriente teórica contemporánea, reconocible para la sociología del conocimiento, fue más reciente.

derno de Ashley es su deconstrucción de Waltz"[264]. Asimismo, junto a los dos autores mencionados, destacan dentro del posmodernismo James Der Derian, profesor de la Universidad de Sidney, y Michael Shapiro, profesor de Ciencia Política en la Universidad de Hawai. En concreto, Der Derian se presenta como uno de los autores más representativos del posmodernismo en la disciplina de las Relaciones Internacionales puesto que, como se ha indicado: "su genealogía foucaldiana de la diplomacia fue el primer estudio posmodernista de plena extensión en Relaciones Internacionales y sigue siendo el mejor, ricamente sugestivo en su espectro (...)"[265]. En cualquier caso, llama la atención el peso que en el posmodernismo tienen pensadores franceses que, como decíamos anteriormente, se inscriben en el postestructuralismo, por lo que la pregunta que se debe formular es sobre las diferencias que existen entre el postestructuralismo y el posmodernismo.

Ciertamente no hay muchas disimilitudes en el sentido de que los dos enfoques se fundamentan en los mismos autores, residiendo la diferencia principal en el grado de crítica de cada corriente, como lo indica Steve Smith al señalar que "los teóricos posmodernos atacan las mismísimas nociones de la realidad, verdad, estructura o identidad que son centrales para la

---

264 ASHLEY, R. K. "The Poverty of Neorrealism", *International Organization*, 38, 2, 1984. Véase también: ASHLEY, R. K. y WALKER, R. B. J. "Speaking the Languaje of Exile: Dissidence in International Studies", *International Studies Quaterly 34*, 3, 1990.

265 BROWN, C. *Critical theory and postmodernism in international relations*" en GROOM, A.J.R. y LIGHT, M. (eds), Contemporary International Relations: A Guide to Theory, Pinter Publishers, London, 1994, p. 61. Véase, DER DERIAN, J. *On Diplomacy: A Genealogy of Western Estrangement*. Blackwell, Oxford, 1987.

teoría internacional como para las otras ciencias humanas"[266]. La crítica de los posmodernistas se incrementa unos cuantos grados con respecto a los postestructuralistas sobre las cuestiones más transcendentales de la teoría de las Relaciones Internacionales. También es característica la desconfianza y negatividad mostrada por los posmodernos sobre la ciencia y sus postulados teóricos y sobre el conocimiento compartido. Se trata de un fenómeno que escapa, por naturaleza, a las definiciones y, en consecuencia, a la posibilidad de formular verdades absolutas porque entienden, tal y como apuntan los profesores Charles Kegley y Eugene Wittkopf, que "toda concepción humana sobre la realidad global está relacionada con su propia comprensión y, por tanto, no existe ningún principio objetivo cuya validez sea independiente de una visión personal"[267].

Esta forma de pensar y analizar explica que desde la disciplina de las RR.II. se critique a los posmodernos de quien se dice que están dominados por la abstracción y que, precisamente por ello, son incapaces de ver la realidad de los problemas que acontecen en el escenario internacional. Las ideas posmodernistas se oponen a cualquier intento de ordenar y determinar verdades de carácter universal, pues entra en contradicción con la pluralidad, el cambio y la diversidad que defienden respecto al conocimiento. A pesar de todo, la definición del posmodernismo en las Relaciones Internacionales, como en otras ciencias sociales, es una tarea complicada por las razones que hemos dado, de ahí que su futuro se presente incierto. El mismo Chris Brown se muestra especialmente escéptico con esta narrativa al apuntar que "existe poca litera-

---

266 SMITH, S. *The Self-Images of a Discipline: A Genealogy of International Relations Theory cit.*, p. 25.

267 KEGLEY, CH. y WITTKOFF, E. R. *World Politics. Trend and Transformation*, Bedford, Boston, 2001, p. 45.

tura sobre el posmodernismo en Relaciones Internacionales" y que "el grado en el que existe una escuela en el sentido intelectual del término es mucho más limitado"[268]. Comoquiera que sea, las principales características del posmodernismo, y los postulados que encierran, serían los siguientes:

i) El objetivo prioritario de esta corriente de pensamiento no es otro que "deconstruir y dudar de toda narración que pretenda tener acceso directo a la verdad"[269]. La esencia del posmodernismo radica entonces en desmontar los postulados sobre los que se asienta la realidad internacional y, en concreto, sobre documentos teóricos realistas o neorrealistas, principalmente los de Hans Morgenthau o Kenneth Waltz[270]. Se podría llegar aún más lejos y decir que los posmodernos pretenden "superar la búsqueda racional de la verdad", porque como lo señala uno de sus autores, Roger D. Spegele, más que ofrecer los postulados teóricos de una ciencia, lo que hay que mostrar es cómo esa "disciplina es la base para ór-

---

268 BROWN, C. *op. cit.*, p. 60.

269 SMITH, S. *Reflectivist and Constructivist Approaches to International Theory cit.*, p. 239. DER DERIAN, J. (ed.) *International Theory. Critical Investigations*, Macmillan, Londres, 1995.

270 BARBÉ, E. *op. cit.*, 2007, p. 88. Por esto se dice, en relación con lo que aconteció a principios del decenio de 1990 que "en ese escenario de ruptura y transición (...), se presentó un claro estado de indeterminación, indefinición, inestabilidad, incoherencia, y, en últimas, de anarquía, que imprimió a la teoría posmoderna (o 'metateoría') esos mismos atributos: una suerte de 'torre de Babel' en la que cada autor crea su propio lenguaje 'científico'", CARVAJAL, L. "Posmodernismo y constructivismo: su utilidad para analizar la política exterior colombiana", *Revista Oasis 14*, 2009, p. 202.

denes de dominio, control y exclusión, que deberían ser cuestionados, subvertidos y superados"[271].

ii) Los temas o materias predilectos de los autores posmodernos revelan con precisión dónde incide la crítica posmoderna en el campo de la teoría de las RR.II. Así, los ámbitos de estudio más relevantes para los posmodernistas son los referidos a la seguridad, la soberanía, la anarquía, la estrategia, la diplomacia y la identidad. En especial, sobre "el binomio anarquía/soberanía, los posmodernistas sostienen que se trata de una construcción social, históricamente contingente, y una herramienta al servicio del poder del Estado moderno, más concretamente al servicio de los países más poderosos, interesados en el mantenimiento del *status quo*"[272]. Así, algunos de los trabajos posmodernistas más relevantes son la antidiplomacia, y los estudios de seguridad internacional de Der Derian o el análisis de Shapiro sobre el discurso estratégico[273]. No obstante, llama la atención que los temas elegidos por los posmodernos son los clásicos de otras teorías como el realismo o el transnacionalismo, de ahí que internacionalistas como R. Keohane no hayan duda-

---

271 BARBÉ, E. *op. cit.*, 2007, p. 90. Ver: SPEGELE, R. D. "Richard Ashley's Discourse for International Relations", *Millenium 21*, 2, 1992, pp. 147-184.

272 KUNZ, D. "Ontología y relaciones internacionales. Repensando el espacio político internacional desde el post-estructuralismo", *ORT 153-6*, 2012. Disponible en: https://revistas.ort.edu.uy/letras-internacionales/article/view/651.

273 SHAPIRO, M. J. "Strategic Discourse/Discursive Strategy: The Representation of Security Policy in the Video Age", en DER DERIAN, J. y SHAPIRO, M. J. (eds.) *International/Intertextual Relations: Postmodern Readings of World Politics*, Lexington Books, Lexington MA., 1989, pp. 327-340.

do en hacer un llamamiento a los posmodernistas para que desarrollen un "programa de investigación" propio, lo que se puede interpretar como una invitación a que abandonen la disciplina o bien dejen de inmiscuirse en ámbitos esenciales de las Relaciones Internacionales.

3.6. El Feminismo: Una perspectiva de análisis

En uno de los momentos de mayor renovación teórica de las Relaciones Internacionales -a finales de la década de 1980- van a hacer acto de presencia las teorías feministas, consideradas por algunos autores como las corrientes de pensamiento más provocadoras y singulares del debate intelectual de la disciplina. Las nuevas voces críticas se situarán, al igual que el post-estructuralismo o posmodernismo, en los márgenes de la disciplina, aunque ello no será óbice para "aportar tanto desde sus variantes radical o postmodernista como desde la perspectiva liberal de la igualdad de oportunidades entre el hombre y la mujer, una reflexión teórica centrada y enriquecedora sobre la exclusión de la mujer del escenario internacional..."[274].

Un estudio sobre la evolución experimentada por las Relaciones Internacionales permite apreciar que, desde su nacimiento como disciplina, la mujer ha sido una *rara avis* y que ha sido excluida o cuando menos invisibilizada de cualquier teoría y análisis internacional como si éste fuera un ámbito reservado para los hombres. Prácticamente ningún autor, ninguna reflexión, ninguna interpretación de carácter internacional tiene nombre de mujer, salvo alguna excepción como la británica

---

[274] AGUIRRE, I. "Exclusión y Teoría de las Relaciones Internacionales", en CASTRO RUANO, J. L. y ORUETA ESTIBARIZ, G. *Escritos de internacionalistas en homenaje al profesor Iñaki Aguirre Zabala*, Bilbao, Servicio Editorial de la Universidad del País Vasco, p. 50.

Susan Strange[275]. Como lo señala J. Ann Tickner, "las Relaciones Internacionales han sido el campo más renuente a adoptar un enfoque de género dentro de la Ciencia Política"[276]. Ahora bien, conviene reconocer que las ideas feministas son previas a la disciplina y que en los últimos siglos se han ido sucediendo una serie de acontecimientos que han marcado un principio (pero de momento no un final) del feminismo en la sociedad internacional, y que tanto mujeres como hombres han sido protagonistas de los avances en favor de la igualdad.

Se podría anotar que uno de los primeros textos a destacar fue la polémica publicación por la filósofa francesa Olympe de Gouges, en 1791, de *la Declaración de los derechos de la Mujer y la Ciudadana*, considerada un guiño a la *Declaración de los derechos del Hombre y del Ciudadano de 1789*, en la que se defendía la igualdad de los derechos de ambos sexos. Posteriormente, el influyente filósofo y político inglés John Stuart Mill exigía en sus escritos la equiparación de derechos entre el hombre y la mujer en el seno de la familia y de la sociedad, y realizaba ante el parlamento británico, en 1867, el primer discurso oficial que se recuerda en defensa del voto femenino, y en el que señaló: "Estoy convencido de que las relaciones sociales entre sexos que subordinan un sexo al otro en nombre de la ley son malas en sí mismas y constituyen uno de los principales obstáculos

---

275 En efecto, Susan Strange (1923-1998), profesora de Relaciones Internacionales en The London School of Economics, fue una de las pensadoras más prestigiosas e influyentes en los estudios internacionales británicos. Fue una estudiosa destacada en las asociaciones profesionales de Gran Bretaña y de los EEUU, además de ser la primera mujer en ocupar la presidencia de la International Studies Association (ISA) en 1995.

276 TICKNER, J. A. *Gender in International Relations*, Columbia University Press, 1992, p. 153.

que se oponen al progreso de la humanidad; estoy convencido de que deben dejar paso a una igualdad perfecta"[277].

Prácticamente contemporáneo de Mill fue uno de los personajes más influyentes del feminismo. Nos referimos al periodista Léon Richer, creador del semanario *Le Droit des femmes* (1869-1891), conocido por defender varias causas sobre los derechos de las mujeres; y organizador del *Congreso Internacional del Derecho de las Mujeres*, celebrado en París en 1878. Este pensador francés ha pasado a la historia por ser uno de los primeros fundadores del movimiento feminista, tanto por la defensa que realizó sobre los derechos civiles de las mujeres como por ser el primero que les dota de una base legal en el marco internacional[278]. Coincidiendo en el tiempo con la publicación de este semanario se creó en Ginebra, en 1868, la primera sociedad femenina europea en pro de la paz, germen de los movimientos que proliferarían después en países como Francia, Italia o Portugal. Pero será durante la 1ªGM cuando se forja un relevante movimiento pacifista de mujeres en el que las palabras militarismo y pacifismo se convirtieron en una dicotomía. Así, mientras algunas de ellas prestaron ayuda sanitaria durante la guerra, otras defendieron con vehemencia la causa pacifista y se implicaron de forma activa con el fin de la guerra, tema por excelencia en el análisis de las Relaciones Internacionales. Y es aquí donde tiene cabida el primer hecho significativo en el panorama internacional organizado exclusivamente por asociaciones feministas y con cierta repercusión en las relaciones internacionales e incluso

277 STUART MILL, J. *La esclavitud femenina*, Pengüin clásicos, 2022.

278 Otro hecho de cierta relevancia fue la proclamación, en 1910, del 8 de marzo como el *Día Internacional de la Mujer*, tras dos años de protestas en Estados Unidos por las condiciones laborales y las largas jornadas, y por el acoso sexual en el trabajo.

más allá, en la nueva disciplina. Se trata del *I Congreso Internacional de Mujeres por la Paz*, celebrado en plena guerra mundial en La Haya (abril de 1915). En el evento participaron más de 1.300 mujeres que a su vez formaban parte de más de cien organizaciones de una docena de países, entre ellos Gran Bretaña, Bélgica, Alemania, Estados Unidos. Jane Addams, una de las figuras públicas femeninas más conocidas en Estados Unidos por su activismo en favor de la paz mundial, lideró una de las delegaciones y fue la encargada de reunirse con el presidente Woodrow Wilson para trasladarle su protesta contra la guerra y las propuestas acordadas en el Congreso. Entre las resoluciones que se aprobaron durante el evento destaca el llamamiento a los gobiernos implicados en la guerra para que pusieran fin al derramamiento de sangre (fin de las hostilidades), e iniciaran conversaciones de paz que concluyeran en un acuerdo permanente entre los contendientes (resolución pacífica de conflictos)[279].

La reunión de La Haya tuvo su relevancia en el ámbito de las relaciones internacionales, puesto que algunas de las 20 resoluciones aprobadas en el congreso guardaron una cierta similitud, en cuanto a las ideas, con la propuesta realizada por Woodrow Wilson, en 1918, y conocida como los *Catorce puntos.* Recordemos que en el documento del presidente estadounidense se advierten algunas de las iniciativas de paz acordadas durante la reunión de mujeres y que la teoría asociada al

---

279 Discurso de Jane Addams, *Report WILPF* 1915, p. 18. En el escrito se dice: "Nosotras, mujeres reunidas en congreso internacional, protestamos contra la locura y el horror de la guerra, que lleva consigo un sacrificio irresponsable de vidas humanas y la destrucción de todo lo construido por la humanidad a lo largo de los siglos" en *WILPF Resolutions: 1st Congress,* The Hague, Netherlands, 1915.

documento del presidente estadounidense fue el idealismo, la primera escuela relevante de la disciplina y cuyo objetivo principal fue presentar una propuesta teórica que protegiera a la humanidad del estallido de una nueva guerra mundial. La mencionada teoría, tal y como se ha explicado en páginas anteriores, busca, en síntesis, establecer un orden de posguerra basado en la paz y con el objetivo prioritario de desterrar los conflictos armados de la sociedad internacional, idea defendida precisamente por las mujeres del Congreso. Parece evidente, entonces, que las participantes de La Haya se convirtieron en agentes activos de la política internacional en el contexto bélico de la *Gran Guerra,* y en los comienzos de la disciplina de las RR.II, al expresar con fuerza y determinación su rechazo a la guerra y su apuesta por una salida negociada de los conflictos, incidiendo de manera clara en los postulados teóricos de la primera narrativa: el idealismo[280].

Aunque el feminismo como movimiento social se sitúa, como hemos visto, con anterioridad al siglo XX[281], su incorporación

---

280 Véase RODRÍGUEZ MANZANO, I. "En los márgenes de la disciplina: Feminismo y Relaciones Internacionales", en ARENAL, C. del y SANAHUJA, J. A. *op. cit.*, 2015. NASH, M. *Mujeres en el mundo. Historia, retos y movimientos,* Alianza, Madrid, 2004; y MAGALLÓN, C. *Mujeres en pie de paz,* Siglo XXI, Madrid, 2006.

281 El feminismo como movimiento social y político tiene sus orígenes a finales del siglo XVIII -aunque sin esa denominación todavía-, coincidiendo prácticamente con la Ilustración, y supuso la toma de conciencia de las mujeres, como colectivo humano, "de la dominación, opresión y explotación" sufrida a lo largo de la historia y en el seno del patriarcado. Desde el primer momento, este movimiento propuso la acción colectiva como mecanismo impulsor de las transformaciones sociales necesarias que condujeran a su liberación, en SAU, V. *Diccionario Ideológico feminista,* vol. I, Icaria, Madrid, 2000. Ahora bien, el movimiento feminista

a la disciplina de las Relaciones Internacionales se produce a través del activismo ejercido por un grupo de mujeres en favor de la paz tras el estallido de la 1ªGM. En los años siguientes y durante la Guerra Fría no sobresalen, salvo alguna excepción como la de Susan Strange, incursiones femeninas en la nueva disciplina. Será a finales del decenio de 1980 y principios del siguiente cuando las profesoras estadounidenses Cynthia Enloe y Ann Tickner publicaron varios trabajos en los que desarrollaron lo que vinieron a denominar como la teoría feminista de las Relaciones Internacionales. Entre sus obras despunta *Bananas, Beaches and Bases*[282], considerada clave para el estudio de la política feminista internacional por varias razones: Primera, por ser pionera en muchos aspectos como reconocer que tanto las mujeres como todo lo relacionado con el género han estado ausentes y se han considerado intrascendentes en el ámbito de la política internacional. Hasta entonces las mujeres habían estado apartadas del campo político y rara vez habían tenido poder en el dominio público, en particular, en el ámbito internacional. En sus reflexiones C. Enloe, figura clave a la hora de revelar la trascendencia del género en la teoría y práctica de las relaciones internacionales, asevera que la disciplina de las Relaciones Internacionales ha sido prácticamente creada y desarrollada por hombres dejando de lado, así, las experiencias de millones de personas. A esta autora se "le atribuye el haber iniciado una senda feminista intelectual y política que exponía

---

adquirió fuerza principalmente en el siglo XX, con el objetivo de mejorar la posición de la mujer en la sociedad. De esta manera, "Jane Flax nos recuerda que (...) el feminismo trata de recuperar las actividades de las mujeres", en TICKNER, J. A. "You just don't understand: Troubled Engagements between feminists and IR Theorist", *International Studies Quaterly*, 41, 1997, p. 615.

282 ENLOE, C. *Bananas, Beaches and Bases. Making Feminist Sense of International Politics*, University of California Press, Berkeley, 1990.

lo muy en deuda que estaba el sistema político internacional con el trabajo de las mujeres y con el funcionamiento de la masculinidad y la feminidad"[283]. Segunda, por centrarse en temas que hasta ese momento eran calificados como irrelevantes en la política internacional. Entre esos temas se situaría el "trabajo doméstico", sobre el que C. Enloe sostiene que es un negocio internacional con implicaciones políticas, al tiempo que denuncia la situación de subordinación y sometimiento que sufren las trabajadoras domésticas[284].

En esta etapa de formulación de la teoría feminista de las RR.II, que abarcaría desde la década de 1980 y 1990 hasta principios del siglo XXI, las principales aportaciones de las académicas estadounidenses fueron: desvelar los silencios en la agenda de investigación de la disciplina; la crítica de conceptos clave como soberanía, poder o anarquía con el fin de reconstruir la teoría de las RR.II y debilitar su marcado sesgo masculino; y, por último y no menos importante, poner en evidencia la ausencia de las mujeres en la evolución teórica de la disciplina, con el claro propósito de favorecer su presencia y representatividad en la política mundial, en los centros de decisión política, así como en los *think tanks* que

---

283 ZALEWSKI, M. "Enfoques feministas de la teoría de las relaciones internacionales en el periodo de la Post Guerra Fría". Disponible en: https://www.bbvaopenmind.com/articulos/enfoques-feministas-de-la-teoria-de-las-relaciones-internacionales-en-el-periodo-de-la-post-guerra-fria/. Véase: SHEPHERD, L. J. ed., *Gender Matters in Global Politics*, Routledge, Londres, 2014. En palabras de Enloe: "la política internacional de las inversiones, la colonización, la seguridad nacional, la diplomacia y el comercio es mucho más compleja de lo que la mayoría de los expertos les gustaría hacernos creer". ENLOE, C. *Bananas, Beaches and Bases cit..*, p. 197.

284 ENLOE, C. *op. cit.*, p. 42.

abordan y analizan el sistema y orden internacionales[285]. La narrativa feminista de las RR.II. denunció desde el primer momento la discriminación que la corriente realista proyectaba sobre la mujer y que consideraba inadmisible por cuanto la naturaleza humana es tanto masculina como femenina. De hecho, uno de los objetivos prioritarios de la obra de C. Enloe fue explicar cómo la mujer había sido excluida del análisis de la realidad internacional, al igual que del resto de ámbitos, debido al predominio, según sus palabras, de la sociedad patriarcal en la que vivimos y en la cual impera la masculinidad y el machismo.

Es imposible no reconocer a esta nueva aproximación teórica su carácter crítico y rupturista en relación con la teoría dominante de las RR.II. Ahora bien, al igual que todas las narrativas teóricas inscritas en la disciplina, también el feminismo está conformado por diferentes corrientes, es más, algunas de ellas no se reconocen como post-positivistas al aplicar metodologías racionalistas o behavioristas. Por ejemplo, una autora encuadrada dentro del feminismo liberal fue Betty Friedan, que escribió, entre otros, *The Feminine Mystique.* Esta obra tuvo una gran repercusión con citas como: "The feminists had destroyed the old image of woman, but they could not erase the hostility, the prejudice, the discrimination that still remained"[286]. En lo

---

285 No obstante, la mujer siempre ha estado presente en las relaciones internacionales. Este sería el caso de algunas mujeres cuya posición y liderazgo han resultado trascendentales en la historia de muchos países y también en el escenario internacional como, por ejemplo, Isabel *la Católica,* reina de Castilla y principal promotora y patrocinadora del viaje de Cristóbal Colón, que culminó con el descubrimiento de América y su incorporación a la realidad internacional del momento; o el caso de la Reina Isabel I de Inglaterra que demostró una gran capacidad y destreza para desarrollar las relaciones internacionales de la época.

286 FRIEDAN, B. *The Feminine Mystique,* Dell, Nueva York, 1963.

que se refiere al feminismo social-marxista, esta variante viene caracterizada por centrarse en la desigualdad socioeconómica, y atribuyó al capitalismo el peso de la desigualdad entre hombres y mujeres. Algunas de sus teóricas más relevantes como Heidi Hartmann no duda en señalar en sus análisis que la división de las tareas entre hombres y mujeres dentro de la sociedad es algo artificial.

A) Características de la teoría feminista

Al igual que el resto de las teorías de las RR.II., la teoría feminista es portadora de una serie de rasgos que la describen y definen, entre los que se pueden anotar los siguientes:

i) El principal propósito de la corriente feminista, y una de sus características más pronunciadas, ha sido atacar a las teorías positivistas (realismo y liberalismo) y deslegitimarlas por situar al hombre en una posición dominante en las relaciones internacionales, mientras la mujer queda relegada y excluida del análisis internacional. La corriente feminista desafía la visión del mundo proyectada durante siglos donde lo femenino es lo débil, lo subjetivo y lo menos valorado, mientras lo masculino es la fuerza, el poder y lo objetivo. Fue A. Tickner quien se atrevió a vetar el *status quo* del realismo como teoría dominante y afirmar que "la política internacional es un mundo de hombres" en la publicación "Hans Morgenthau's principles of political realism: A feminist reformulation"[287]. Además, en la misma publicación reformuló y cuestio-

[287] TICKNER, A. J. "Hans Morgenthay's Principles of Political Realism: A feminist reformulation", *Millennium: Journal of International Studies*, 7, 3, 1988, p. 429. Se puede ver una versión en español de las críticas de Tickner a Morgenthau, en BARBÉ, E. *op. cit.*, 2007, pp. 89-90.

nó los principios del realismo político que Hans J. Morgenthau había elaborado en 1948 por considerarlos una clara demostración del machismo dominante en la política internacional a lo largo de la historia, y de la discriminación sufrida por las mujeres en un mundo regulado por una visión masculina.

ii) La crítica al realismo se centra, en buena medida, en el carácter masculino que imprimen los postulados de la corriente dominante al concepto de seguridad nacional entendido, básicamente, en términos militares. Es más, A. Tickner anota en uno de sus escritos lo siguiente: "De entre las pocas mujeres presentes en el ámbito de las relaciones internacionales, se encuentran especialistas en seguridad internacional, lo más frecuente es que las mujeres escojan áreas o temas como economía política internacional, relaciones Norte-Sur o relacionadas con justicia distributiva"[288]. De ahí que la reformulación feminista reconoce a la seguridad un carácter multidimensional y defiende la necesidad de disminuir todas las formas de "violencia, incluyendo la física, la estructural y la ecológica"[289]. Esto evidencia, por un lado, que los presupuestos feministas "inciden en las bases sobre las que la disciplina ha construido su universo conceptual, como los conceptos de poder, seguridad, paz o soberanía y revelan cómo han servido para construir una realidad internacional asentada

---

[288] *Ibid.*, p. 429. RODRÍGUEZ MANZANO, I. "La teoría feminista de las relaciones internacionales", *Papeles y memorias de la Real Academia de Ciencias Morales y Políticas.* Tribuna Joven. *Temas de Relaciones Internacionales y Derecho Internacional 10*, 2001.

[289] TICKNER, J. A. *You just don't understand: Troubled engagements between Feminists cit.*, p. 624. TICKNER, J. A. y SJOBERG, L. (eds.) *Feminism and International Relations. Conversations about the past, the present and the future.* Routledge, Londres, 2011.

> sobre las ideas de conflicto, enfrentamiento y control"; y, por otro, abogan por el establecimiento de un concepto amplio de seguridad[290]. De hecho, una de las preocupaciones más sobresalientes del enfoque feminista es la seguridad medioambiental y a la hora de buscar responsabilidades por el progresivo deterioro que sufre el medio ambiente se culpa al desarrollo industrial y tecnológico promovido por el hombre. Esta visión contrasta con el feminismo y su preocupación por vivir en un equilibrio con la "madre naturaleza"[291].

Más todavía, a esta posición se suma que la perspectiva feminista sobre seguridad se centra particularmente en la propia seguridad de la mujer. En definitiva, sitúa en el centro al individuo o comunidad y no al Estado o al sistema internacional. Como lo señala Leire Moure, "las feministas comienzan su observación desde la vida de las personas, examinando cómo están situadas en estructuras socioeconómicas cimentadas históricamente en el género y cómo estas estructuras no igualitarias impactan en sus vidas. Y así pretenden conectar a los individuos con nuevas estructuras y propuestas transformadoras de lo internacional que conduzcan a formas de gobierno global más justas e igualitarias"[292]. Esta apuesta deja entrever que la teoría feminista persigue proporcionar una visión más humanista de las relaciones internacionales y desplazar a los entes o estructuras que tradicionalmente han predominado en el ámbito internacional.

---

290 Véase RUIZ-GIMENEZ ARRIETA, I. "El feminismo y los estudios internacionales", *Revista de Estudios Políticos 108,* 2000, pp. 332-3.

291 *Cfr.* LOZANO VÁZQUEZ, A, *op. cit.*, p. 148.

292 MOURE, L. "Teoría feminista y Relaciones Internacionales: Balance de cuarenta años de activismo académico en el centenario de la disciplina", *REDI,* 71, 2, 2019, p. 302.

iii) Además de la crítica a algunos de los postulados teóricos del realismo, también son blanco de los ataques de la corriente feminista de las RR.II "las concepciones neorrealistas de Kenneth Waltz sobre la anarquía del sistema internacional", así como el concepto de "sociedad de Estados" desarrollado por el representante de la escuela inglesa, Hedley Bull[293]. En varios trabajos se observa cómo el feminismo critica al Estado moderno por considerar que algunas de las situaciones que hoy generan mayor inseguridad en la sociedad internacional han sido, precisamente, creadas por el actor estatal, entre ellas la desigualdad estructural. La teoría feminista de las RR.II. desafía y pone en duda el papel del Estado como el garante por antonomasia de la seguridad y, en esta línea, se manifiesta contraria a que sea la capacidad militar la que pueda garantizar la seguridad contra las amenazas exteriores. Todavía más, en un ejercicio de crítica completa al realismo, A. Tickner llega a sostener que la fuerza militar es una de las amenazas a la seguridad de los individuos y en particular de las mujeres[294]. Por todo, entre los fines esenciales de la teoría feminista de las RR.II. está ofrecer una interpretación y análisis alternativo para analizar la realidad internacional, criticar los postulados de las teorías dominantes y ampliar la agenda de investigación sobre temas que, como consecuencia de los cambios acaecidos en el escenario internacional, adquieren un carácter multidimensional y, por ende, deben ser analizados desde diferentes ángulos de estudio.

---

293 LOZANO VÁZQUEZ, A. *op. cit.*, p. 149.

294 TICKNER, A. *You just don't Understand: Troubled Engagements between Feminists cit.*, p. 624.

iv) El feminismo también subraya la conceptualización del poder. Para las autoras de esta corriente de pensamiento, el poder es "la habilidad humana para actuar en concierto o la acción que se lleva a cabo en contacto con otros que también comparten las mismas preocupaciones"[295]. Esta definición entiende el poder como una acción compartida, con lo que se rechaza la concepción realista que lo define como forma de dominación asociada con la masculinidad o actividad varonil. En la teoría feminista se trata de ofrecer, en esencia, un nuevo enfoque de las estructuras del orden internacional en las que prima el poder, y se propugna una visión del poder que poco tiene que ver con la que tradicionalmente se ha venido adoptando en la realidad internacional. Según Alberto Lozano Vázquez, "en su propuesta se aprecia que la mujer es capaz de desarrollar más el sentido del poder como persuasión en vez del poder como coerción"[296]. Lo que supone la incorporación de una nueva visión, la de género, en las relaciones de poder, y por lo tanto una interpretación del poder distinta a la que tradicionalmente ha sido empleada en el ámbito internacional.

Todos estos postulados teóricos convierten a la teoría feminista en una de las corrientes más innovadoras de las Relaciones Internacionales, no solo por criticar al realismo, algo que como hemos visto han hecho todas las narrativas posteriores, sino por hacerlo desde un ángulo totalmente distinto al empleado por el resto. La crítica de A. Tickner al realismo se centra en que esta teoría sitúa a la figura del hombre en una posición de dominio

---

295 TICKER, J. A. *Hans Morgenthau's principles of Political Realism: A feminist reformulation cit.*, p. 434.

296 LOZANO VÁZQUEZ, A. "El Feminismo en la teoría de las Relaciones Internacionales: un breve repaso", *Revista de Relaciones Internacionales de la UNAM 14,* 2012, p. 148.

y superioridad frente a la mujer en la realidad internacional. De hecho, uno de los objetivos de esta teoría es incluir a la figura femenina en las actividades a las que se ha dedicado el hombre a lo largo de la historia en el ámbito de las relaciones internacionales o, dicho de otra forma, acabar con su exclusión. Con palabras textuales de Tickner: "la masculinidad y la feminidad se refieren a un conjunto de categorías socialmente construidas que varían en tiempo y lugar, más que a determinantes biológicas. En las dicotomías conceptuales occidentales como la objetividad *vs* subjetividad; razón *vs* emoción, mente *vs* cuerpo, cultura *vs* naturaleza, uno mismo *vs* el otro, autonomía *vs* relaciones, saber *vs* ser, y lo público *vs* lo privado, han sido típicamente usadas para describir las diferencias entre lo masculino y femenino -respectivamente- tanto por feministas como no feministas"[297].

Para el feminismo la mujer no solo tiene las mismas capacidades que el hombre en las relaciones internacionales, sino que además ésta puede aportar una visión nueva y diferente a la política internacional al apostar más por la persuasión y la palabra que por la coerción. Esta reflexión lleva a afirmar que la narrativa feminista cumple las dos funciones que, según R. Cox, deberían tener las teorías en nuestra disciplina: la crítica y la resolución de problemas. En relación con lo primero, la crítica va dirigida directamente al realismo, así como a su reformulación o corriente neo y al liberalismo; y, respecto a lo segundo, la corriente feminista se caracteriza, al igual que el resto de las narrativas inscritas en el enfoque reflectivista, por proporcionar un punto de vista diferente para comprender la sociedad internacional, resolver sus problemas y, en definitiva, promover el cambio. Una transformación vinculada, claro está, al propósito emancipador del feminismo que venía desarrollándose durante el siglo XX y que se ha distinguido por

---

297 TICKNER, A. J. *Hans Morgenthau's Principles of Political Realism: A Feminist Reformulation cit.*, p. 431.

el progresivo empoderamiento de las mujeres y la defensa de sus derechos y libertades, en determinadas regiones del mundo más que en otras, con la finalidad de poner punto final a la situación de desigualdad y discriminación sufrida a lo largo de la historia. La teoría feminista liberal introduce en la moderna teoría de las RR.II las metas emancipadoras del feminismo, y cada vez más de la comunidad internacional: la igualdad entre mujeres y hombres, en cuanto roles, normas, instituciones, participación y reconocimiento. Como consecuencia de todo lo anterior, el feminismo persigue "resolver" el grave problema de la desigualdad que sufren las mujeres en numerosos ámbitos de las relaciones internacionales.

B) La mujer en la enseñanza e investigación de las Relaciones Internacionales y en la política internacional

Más en particular, conviene subrayar que la ausencia histórica de la mujer en el ámbito internacional también se revela con intensidad en la enseñanza de las Relaciones Internacionales, así como en las obras e investigaciones sobre política internacional que se han venido realizando desde hace tiempo. Como lo apuntó J. Ann Tickner, en 1992, sobre el contenido, métodos y alcance de la disciplina de las RR.II., siempre cabría hacerse algunas preguntas de interés: "¿Por qué hay tan pocas mujeres en mi disciplina? Si enseño sobre este campo tal y como se le define convencionalmente, ¿por qué hay tan pocas lecturas escritas por mujeres que pueda asignar a mis alumnos? ¿Por qué está mi disciplina tan alejada de las experiencias vividas por las mujeres? ¿Por qué las mujeres han brillado solo por su ausencia en los mundos de la diplomacia, el ejército y la elaboración de la política exterior?"[298].

[298] TICKNER, A. J. *Género en las relaciones internacionales: Perspectivas feministas sobre el logro de la seguridad internacional.* Columbia University Press, Nueva York, 1992, p. 1.

Durante el siglo XX se comprobó cómo desde muchos sectores sociales se consideraba que la alta política internacional era un "trabajo de hombres", algo que en ocasiones se exponía sin tapujo alguno. Cabría recordar, una vez más, que las RR.II emergieron como disciplina en 1919, un momento histórico complicado en el cual la diplomacia y las relaciones internacionales eran hechas en exclusiva por los hombres puesto que las mujeres carecían de derechos políticos, lo que suponía *de facto* una exclusión del mundo de la política[299]. Precisamente por ello, uno de los principales objetivos de las posturas feministas fue que se reconociera a la mujer los mismos derechos que al hombre, para que tuvieran las mismas oportunidades políticas y públicas y para que la cuestión de género se diluyera gradualmente con el propósito final de un futuro "sin género"[300].

---

299 En concreto en España durante el periodo 1941-1961, las normas referentes al procedimiento de selección de nuevos diplomáticos prohibían formalmente que las mujeres se presentaran a las oposiciones. Esta situación "cambiaría a lo largo de los años 60 en el marco de la apertura exterior del país y de la relativa evolución de la sociedad. De hecho, fue en el ámbito legislativo donde se produjeron las primeras evoluciones: la ley de 22 de julio de 1961 sobre derechos políticos, profesionales y de trabajo de la mujer, así como el Decreto 648, de 5 de abril de 1962, permitieron, al menos legalmente, reabrir la carrera diplomática a las mujeres españolas", en *El ingreso de las mujeres en la diplomacia en España* (1878-1975), Colección Escuela Diplomática, Madrid, 2021, pp. 114-115.

300 STEANS, J. *Gender and International Relations. An Introduction,* Polity, Cambridge, 2013. SYLVESTER, C. *Feminist International Relations. An Unfinished Journey,* Cambridge University Press, Cambridge, 2002; ZALEWSKI, M. "Feminist Theory and International Relations", en M. Bowker y R. Brown, (eds.) *From Cold War to Collapse. Theory and World Politics in the 1980s,* Cambridge University Press, Cambridge, 1993. También, *Feminist International Relations. Exquisite Corpse,* Routledge, Londres, 2006. PETERSON, V.S. (ed.) *Gendered States. Feminist (Re) Visions of International Relations Theory,* Boulder: Lynne Rienner, 1992; y SJOBERG, L. y TICKNER, J. A. "Feminist Perspectives on International-

Ahora bien, desde principios del siglo XXI se han llevado a cabo muchos trabajos de investigación feministas y los estudios de género se han hecho presentes, como nunca, tanto en el debate intelectual y en la práctica de muchos gobiernos y organizaciones internacionales como en la vida diaria. Hoy, más que en ningún otro periodo de la historia, parece que las mujeres y el género han logrado hacerse un hueco en la teoría y en la práctica de la política internacional. En particular, la Organización de las Naciones Unidas se ha convertido en un actor esencial para el logro de este objetivo, lo que se podría ilustrar tan solo en cuatro ámbitos específicos:

1) Primero, en 1995 durante la Cuarta Conferencia Mundial sobre la mujer, se defendió: El mandato respecto a la igualdad de género y el empoderamiento de las mujeres, acordado universalmente por los Estados miembros y que engloba todos los ámbitos de la paz, el desarrollo y los derechos humanos. Los mandatos sobre la igualdad de género toman como base la Carta de las Naciones Unidas, la cual, de manera inequívoca, reafirmó la igualdad de derechos de mujeres y hombres. Esto hace reflexionar sobre la visión que se tenía no hace mucho tiempo (hasta hace prácticamente tres décadas), donde los derechos de la mujer estaban completamente oprimidos. El objetivo último es lograr una igualdad (sustantiva) entre los dos géneros. Un buen seguimiento de los avances que se han producido en este campo sería el examen de los diversos convenios e instrumentos de otro tipo que se han aprobado en la comunidad internacional y que están dirigidos al reconocimiento y protección de los derechos de la mujer, como serían entre otros: en el

al Relations", en CARLSNAES, W.; RISSE, T. y SIMMONS, B. A. (eds.) *Handbook of International Relations*, Sage, Londres, 2002.

plano universal la *Convención sobre la Eliminación de todas las formas de discriminación contra la Mujer de 1979*; y en el plano regional *el Convenio sobre Prevención y lucha contra la violencia contra las mujeres y la violencia doméstica (Convenio de Estambul, 2011)*, y *la Convención Interamericana para Prevenir, Sancionar y Erradicar la Violencia contra la Mujer (Convención de Belém do Pará, 1994)*.

2) Segundo, cuando se aprobó en el seno del Consejo de Seguridad la Resolución 1325 de 2000, sobre Mujeres, Paz y Seguridad, de gran relevancia por ser el primer instrumento político-jurídico del órgano principal de la organización onusiana que exigía a las partes implicadas en un conflicto que evitaran las violaciones de los derechos de las mujeres; que respaldaran su participación en las negociaciones de paz y en la reconstrucción tras las guerras; y que protegieran a las mujeres y las niñas de la violencia sexual y la basada en el género[301]. Han pasado más de dos decenios desde la aprobación de esta relevante resolución y durante estos años se ha constituido un movimiento internacional de mujeres que ha realizado un gran esfuerzo y tarea a nivel multilateral, regional y nacional para lograr avances significativos en su reconocimiento como sujetos activos por la paz; en la

---

301 Un párrafo de esta resolución preceptúa textualmente lo siguiente: "Reafirmando el importante papel que desempeñan las mujeres en la prevención y solución de los conflictos y en la consolidación de la paz, y subrayando la importancia de que participen en pie de igualdad e intervengan plenamente en todas las iniciativas encaminadas al mantenimiento y el fomento de la paz y la seguridad, y la necesidad de aumentar su participación en los procesos de adopción de decisiones en materia de prevención y solución de conflictos (...)". Disponible en: https://www.acnur.org/fileadmin/Documentos/BDL/2006/1759.pdf. Posteriormente se aprobaron otras resoluciones en la misma dirección, como la SCR 2016 y la SCR 2122, ambas de 2013.

prevención de las guerras; y en su inclusión en los procesos diplomáticos y de negociación de conflictos. La Resolución 1325 representa un hito en la vinculación entre mujer y seguridad, y favorece sobremanera la presencia de las mujeres, de sus derechos e intereses, en uno de los sectores más vitales de las relaciones internacionales. Lo esencial será, sin embargo, aclarar el seguimiento en el cumplimento y los efectos de esta resolución.

3) Tercero, resalta la creación de un organismo de alcance universal y que ha tenido un trascendente impacto en la opinión pública, como es "ONU Mujeres" que, como se indica en su página oficial, "es la organización de las Naciones Unidas dedicada a promover la igualdad de género y el empoderamiento de las mujeres", habiendo sido "establecida para acelerar el progreso que conllevará a mejorar las condiciones de vida de las mujeres y para responder a las necesidades que enfrentan en el mundo"[302]. Se debe hacer un seguimiento de las tareas que desarrolla este organismo, aunque su mera constitución en el entorno de Naciones Unidas pone de relieve el papel que tiene la mujer en la actual sociedad internacional organizada. La creación de este organismo fortalece el papel de la mujer en la política internacional y, especialmente, robustece su capacidad de adoptar decisiones en la es-

---

302 Por si fuera poco, se destaca el papel que las mujeres deben tener en el ámbito internacional, y así se dice que este organismo "apoya a los Estados Miembros de las Naciones Unidas en el establecimiento de normas internacionales para lograr la igualdad de género y trabaja con los gobiernos y la sociedad civil en la creación de leyes, políticas, programas y servicios necesarios para garantizar que se implementen los estándares con eficacia y que redunden en verdadero beneficio de las mujeres y las niñas en todo el mundo". Disponible en: https://www.unwomen.org/es/about-us/about-un-women.

cena internacional, y en materias que son de relevancia capital para el devenir de la humanidad. Las finalidades que pretende alcanzar este organismo quedan fijadas en el Plan Estratégico de ONU Mujeres 2022-2025, titulado “Construir un mundo con igualdad de género”[303].

4) Por último, aunque en otra perspectiva, el feminismo ha experimentado un mayor empuje a partir de 2015 cuando se aprobó por la Asamblea General de las Naciones Unidas la Agenda 2030 para el Desarrollo Sostenible, un acuerdo de los jefes/as de Estado de los países miembros, con el que se pretende “el desarrollo sostenible en un mundo diverso”. La Agenda se compone de 17 Objetivos (en adelante ODS), siendo el quinto el que está directamente relacionado con el feminismo, puesto que se basa en “lograr la igualdad entre los géneros y empoderar a todas las mujeres y las niñas”. Desde entonces han sido infinitas las iniciativas desarrolladas por organismos públicos y privados para visibilizar a las mujeres y responder a las preguntas que hicieron las pioneras del movimiento feminista, entre las que se podrían recordar: ¿dónde están ellas? ¿Por qué no aparecían o se les impedía dejarse ver en muchos ámbitos en los cuales solamente tenían cabida los hombres? En cualquier caso, los ODS y la plena implementación de la Agenda 2030 rezuman la incorporación de algunas de las tesis feministas o, por lo menos, anhelan situar a la mujer en el centro de las preocupaciones de la actual comunidad internacional. Bastaría recordar que en la Resolución 70/1 de la Asamblea General que da contenido a los ODS se especifica, en los primeros párrafos de este instrumento, que: “los 17 Objetivos de Desarrollo Sostenible y las 169 metas que

---

303 Disponible en: https://www.unwomen.org/sites/default/files/2022-10/UN-Women-Strategic-Plan-2022-2025-brochure-es.pdf.

anunciamos hoy demuestran la magnitud de esta ambiciosa nueva agenda universal. Con ellos se pretende retomar los Objetivos de Desarrollo del Milenio y conseguir lo que estos no lograron. También se pretende hacer realidad los derechos humanos *de todas las personas y alcanzar la igualdad entre los géneros y el empoderamiento de todas las mujeres y niñas.* Los Objetivos y las metas son de carácter integrado e indivisible y conjugan las tres dimensiones del desarrollo sostenible: económica, social y ambiental"[304].

5) Al cabo, el feminismo ha llevado a cabo una vigorosa labor destinada a tener un espacio propio dentro del mundo de las Relaciones Internacionales y particularmente en la esfera de la política internacional. Sus principales defensoras han demostrado estar convencidas que desde una posición feminista se puede modificar y enriquecer la manera de entender, explicar y resolver las problemáticas del mundo. Dicho de otra forma, las teóricas feministas critican y deconstruyen la visión del mundo donde el género y su posición en sociedad han sido construidos de manera artificial y han ido variando según el momento histórico y el contexto o lugar, es decir, no obedecen a cuestiones de carácter biológico. Como lo plantea Cynthia Enloe, se debe partir "de la posición y la experiencia de las mujeres en las relaciones internacionales, y del hecho fundamental de que no están presentes, o lo están de manera minoritaria, en los lugares en los que se llevan a la práctica y se teorizan las Relaciones Interna-

[304] Con ello, el papel de la mujer queda vinculado a cada una de las dimensiones que integran los ODS lo que explica que se le dedique un Objetivo particular a la cuestión de género y, asimismo, que este Objetivo tenga un significado transversal, A/RES/70/1, 21 de octubre de 2015.

cionales: las cancillerías, los ejércitos, las fuerzas de seguridad, etc."[305]. Por esto, en las últimas décadas, la teoría feminista ha dado un giro, lo que se aprecia en el capítulo 5 de la edición de 2014 de su famosa obra: "Bananas, Beaches and Bases..." y que se muestra a continuación[306]:

CHAPTER FIVE

Diplomatic and Undiplomatic Wives

Madeline Albright, Condoleezza Rice, Hillary Clinton. Three influential U.S. secretaries of state. Their appointments to one of the contemporary world's most powerful diplomatic posts would seem to put to rest the patriarchal notion that international diplomacy is naturally—and rightly—a men's game.

And in fact, these three women's rise to diplomatic influence has had gendered consequences. Some male heads of government began, especially during Hillary Clinton's term as secretary of state (2009–13), to appoint women as their ambassadors to Washington. In the middle of Clinton's term at the State Department, Mozambique's ambassador to the United States, Amelia Matos Sumbana, explained, "Hillary Clinton is so visible.... She makes it easier for presidents to pick a woman for Washington."[1]

By 2010, in fact, of the ambassadors posted to Washington, 25 were women. This was an all-time high. In context, however, it appears somewhat less transformative: these women were 25 out of a total of 182 ambassadors serving in Washington. Moreover, the 25 women were not evenly distributed geographically.

174

---

305 ENLOE, C. *Bananas, Beaches and Bases: Making feminist sense of International Politics"*, University of California Press, 2014.

306 *Ibid.*, p. 174.

En el fragmento del libro se cita a Madeleine Albright, primera mujer que ha ocupado el cargo de secretaria de Estado de EEUU (1997-2001); a Condoleezza Rice, primera secretaria de Estado afroamericana (2005-2009); y a Hillary Clinton, quien además de ostentar el cargo entre 2009 y 2013 fue la primera mujer candidata a la presidencia de los Estados Unidos. Faltaría por añadir a Kamala Harris, primera mujer de origen afroamericano y de ascendencia india en ocupar la vicepresidencia y candidata demócrata a la Casa Blanca en las elecciones de 2024. En lo que respecta a otros países del mundo, se puede mencionar a un grupo de mujeres que han alcanzado la presidencia de gobierno y han tenido carreras políticas destacadas. Entre ellas, cabría citar a Mary McAlesse en Irlanda, Ellen Johnson –Sirleaf en Liberia, Helen Clark en Nueva Zelanda, Michelle Bachelet en Chile, Angela Merkel en Alemania, Chadrika Kumaratunga en Sri Lanka, o Tarja Halonen en Finlandia[307].

Además de ello, hay que aludir a la presencia femenina en ámbitos como la ciencia y la academia, los deportes, y en la dirección de organismos internacionales de carácter universal o regional y empresas multinacionales. En relación con esto último, en 2025,

---

[307] Aun así, según datos de las Naciones Unidas, en marzo de 2021 tan solo 22 países de los 196 existentes estaban gobernados o presididos por una mujer. Lo mismo sucede con altos cargos como el de primera ministra, senadora, embajadora o incluso alcaldesa, a un nivel local. Encabezando la igualdad a nivel de representación parlamentaria, comienza la lista Nicaragua, con un 59% de mujeres, seguida por países como Austria y Suecia en Europa, o Ruanda, con un 55% de mujeres parlamentarias. En otros países como España, Andorra, Finlandia o Francia, el número de parlamentarios/as es prácticamente simétrico. No obstante, los países que cuentan con cierto equilibrio en este aspecto presentan un carácter de excepcionalidad respecto a la norma general. (*Informe ONU Mujeres*, 2022).

la mitad de los puestos más relevantes de la UE eran dirigidos por mujeres. Las protagonistas: Roberta Metsola, presidenta del Parlamento Europeo; Ursula Von der Leyen, presidenta de la Comisión Europea; Christine Lagarde, presidenta del Banco Central Europeo, y Teresa Anjinho, Defensora del Pueblo Europeo, entre otras. En diciembre de 2024 era nombrada Kaja Kallas, alta representante de la UE para Asuntos Exteriores y Política de Seguridad. Aunque todavía queda camino por recorrer, hoy más que nunca la mujer está presente en las relaciones internacionales y en la política internacional, ocupando cargos que dejarán su impronta y su forma de configurar un determinado orden internacional. La situación de la mujer, tanto dentro como fuera del espacio internacional y de las decisiones políticas en este espacio, ha mejorado de forma sustancial y empírica, por lo que los esfuerzos feministas y de la sociedad en su conjunto por lograr la igualdad de oportunidades en lo social, lo político, lo económico, lo académico, lo militar y lo laboral han producido frutos significativos.

Para terminar, cabe destacar que, desde la publicación de los trabajos de las principales exponentes del feminismo en las RR.II., esta corriente ha ido tomando cada vez más relevancia en el debate intelectual de la disciplina, tanto por sus críticas al polo racionalista como por sus postulados teóricos. Unos razonamientos y proposiciones comprometidos con la finalidad de generar conocimiento teórico y práctico capaz de impulsar cambios epistemológicos, conceptuales y políticos "en las formas en que se estudia la política internacional (...) y fundamentalmente, para alterar en profundidad las formas violentas en las que buena parte de la política global sigue manifestándose"[308]. Una vez introducido el feminismo como narrativa teórica, el

---

308 ZALEWSKI, M. *op. cit.* Disponible en: https://www.bbvaopenmind.com/wp-content/uploads/2018/03/BBVA-OpenMind-La-era-de-la-perplejidad-repensar-el-mundo-que-conociamos3.pdf.; y PAR-

reto que plantean sus autoras es, fundamentalmente, seguir avanzando hacia la igualdad de género también en el ámbito de la disciplina y de las relaciones internacionales[309]. Para lograrlo resultaría necesario, entre otras cosas, que la visión femenina fuera ganando más peso en el análisis e interpretación de la realidad internacional. Aunque el feminismo pudiera ser calificado como un componente de análisis en las relaciones internacionales, más que como una teoría, lo cierto es que se acercan buenos tiempos para la consolidación de una perspectiva feminista en la escena internacional, siendo así que mi experiencia como docente del Grado universitario de Relaciones Internacionales, en los últimos años, me permite comprobar cómo en el futuro más inmediato predominará la visión femenina en la disciplina y, por ende, en el análisis de la sociedad internacional, en los rasgos que definan a sus preocupaciones, y también en las decisiones que se adopten en la política internacional. Si se pone como ejemplo la Universidad Rey Juan Carlos (URJC), se observa cómo, desde que comenzó a impartirse el Grado, el número de alumnas es significativamente superior al de alumnos. En particular, llama la atención que en los cursos académicos 2019-2020 y 2024-2025 se constató que el 80 por ciento del alumnado fueron mujeres (de 90/110 alumnos en el primer curso). La incorporación de la mujer en el ámbito de las Relaciones Internacionales y de la política internacional es una realidad cumplida, al menos en el plano de la enseñanza universitaria y de la diplomacia, que impulsará, sin duda, el compromiso de la disciplina con la educación en la sostenibilidad. Lo importante

---

PART, J. y M. ZALEWSKI, M. *Rethinking the Man Question. Gender, Sex and Violence in International Politics*. Zed Press, Londres, 2008.

309 TICKNER, J. A. y TRUE, J. "A century of International Relations Feminism. From World War I Women's Peace Pragmatism to the Women, Peace and Security Agenda", *International Studies Quarterly*, vol. 62, 2018, p. 221.

es que a través de la *Agenda 2030* también se fomenta la igualdad de género desde la comunidad internacional. El ODS5 es el encargado de plantear políticas y adoptar instrumentos dirigidos a erradicar algunas de las lacras que más evidencian la situación de vulnerabilidad, indefensión y desigualdad de la mujer en la sociedad internacional actual.

3.7. "Cuarto" Debate: Racionalismo vs Reflectivismo

Tras el fin de la Guerra Fría, los ejes de debate existentes dentro de los estudios internacionales fueron desplazados por otros nuevos. Por entonces, las teorías del eje post-positivista ofrecían la masa crítica para que se fuera forjando el "cuarto debate"[310], que se caracterizaría por enfrentar al racionalismo -a través de sus dos últimas reformulaciones teóricas, el neorrealismo y el neoliberalismo- con el reflectivismo; y, sobre todo, interpelaban a la comunidad académica de Relaciones Internacionales para que ésta reconsiderase los fundamentos epistemológicos de la disciplina. Para los racionalistas es posible el conocimiento objetivo puesto que creen que la razón humana puede aprehender al objeto, en contraste con las posiciones de los reflectivistas quienes desconfían de los modelos positivis-

---

[310] En todo caso, hemos de indicar que no hay unanimidad entre los estudiosos de las Relaciones Internacionales sobre el número de debates en la disciplina. Lo que sí se podría decir, sin embargo, es que "el aumento de los estudios sobre Relaciones Internacionales como el de todas las ciencias sociales es producto del cambio en tres círculos concéntricos", siendo que "el central, y más claro de ellos, es la disciplina en sí, sus debates, sus cambios en cuanto a ideas dominantes o 'paradigmas', y la agenda de investigación que establece y en la que trabaja", HALLIDAY, F. *Las Relaciones Internacionales y sus debates*, Centro de Investigación para la Paz (CIP-FUHEM), Madrid, 2006, pp. 6-7.

tas, entendidos como esquemas de aproximación al objeto de estudio y, por ello, apelan a las ideas como fuerza generadora y transformadora de la realidad inmutable y permanente que defiende el racionalismo. En este debate entre los dos grandes polos teóricos de las RR.II. también existen, al igual que ocurrió en el seno del eje racionalista, diferencias ontológicas, epistemológicas y normativas entre la gran variedad de voces críticas. Ciertamente, hubo debates entre los racionalistas y los constructivistas, por un lado, y entre los constructivistas y los seguidores de la teoría crítica (neomarxistas) por otro[311].

Actualmente, como lo han señalado algunos autores, los debates han favorecido que las teorías clásicas hayan adquirido ciertos tintes reflexivos o pospositivistas, y que las voces reflectivistas sean menos críticas con las teorías racionalistas y, en particular, con el realismo. Es más, desde el social-constructivismo o desde la teoría crítica ha habido intentos por tender puentes hacia el realismo. Por lo demás, es una realidad objetiva que las distintas tradiciones y teorías de las RR.II. se han retroalimentado entre sí y no han dudado en incorporar ideas de los postulados teóricos las unas de las otras a través de los debates. Por ello, se podría sugerir que el próximo peldaño de la larga escalera de la teoría de las Relaciones Internacionales sería el que permita alcanzar una síntesis de los enfoques racionalista y reflectivista, emulando una especie de *síntesis neo-neo*[312], que implique el acercamiento a través de la complementariedad de los postulados teóricos de ambos ejes epistemológicos. Además, en ese acercamiento entre los dos ejes sería fundamental integrar las aportaciones que se han realizado desde América Latina y otras regiones del mundo a la teoría de las Relaciones

---

311 REUS-SMIT, Ch. "Constructivism", en Scott Burchill et al, *Theories of International Relations*, Palgrave Macmillan, Basingstoke, 2005, p. 188.

312 Véase BARBÉ, E. *op. cit.*, 2007, p. 76.

Internacionales para convertirla en una disciplina claramente universal. Estas nuevas incorporaciones deberían hacerse, sin embargo, prescindiendo de la carga ideológica y doctrinaria de las teorías decolonizadoras, sobre todo en lo que tienen de defensa de postulados marxistas en países de América Latina, y que han acarreado problemas a las sociedades de la región.

La incorporación de los aportes críticos no es el sentir unánime de la comunidad científica de la disciplina. Muchos académicos consideran que no se puede obviar la relevancia que tienen todavía las concepciones tradicionales y el americanocentrismo que rezuma la disciplina. En efecto, uno de los rasgos más sobresaliente de las Relaciones Internacionales es su americanocentrismo, es decir, el protagonismo y liderazgo que desde 1919 han ejercido los Estados Unidos, sus intereses, valores y percepciones e interpretaciones en el desarrollo y evolución teórica de la disciplina. En consecuencia, mientras EEUU siga ejerciendo un liderazgo en el devenir de la sociedad global, es probable que también lo tenga en la disciplina que se ocupa de ella. Sería ingenuo menospreciar que los postulados teóricos de la narrativa racionalista (estatocentrismo, seguridad, institucionalismo...) siguen siendo necesarios para una explicación coherente de la realidad internacional, a lo que contribuye la situación internacional dominada por múltiples retos y desafíos a la seguridad y a la paz, como conflictos armados, terrorismo y delincuencia, que inciden de manera decisiva en las políticas de rearme lideradas por EE.UU., Rusia y China, entre otros; y que han experimentado un gran impulso tras la invasión rusa de Ucrania o la guerra de Gaza.

Como conclusión, existe la convicción de que la escalera de las teorías de las Relaciones Internacionales seguirá sumando peldaños porque la ciencia y el conocimiento son un mundo sin fin, como la historia del ser humano y su avidez por perseguir la verdad y el progreso y, en definitiva, porque la cambiante realidad internacional actual entraña un imparable desafío teórico/práctico para los internacionalistas. De ahí que existan una serie de postulados cuyo propósito no es otro que resumir y sistematizar en breves enunciados aquellos rasgos que definen y perfilan el examen de las diversas teorías que se ocupan de las relaciones internacionales y que, de alguna forma, expresan los componentes más esenciales de lo que se podría denominar "la realidad teórica" en el ámbito internacional. Todo ello, intentando evitar que la búsqueda incesante de palabras clave o palabras síntesis se convierta en la norma de conducta y que, a través de ellas, se oculte la realidad internacional o se adoctrine en el conocimiento de las relaciones internacionales. Por ello, bastaría enunciar en esencia dos posiciones:

1) En la disciplina de RR.II. existe una gran diversidad de enfoques o teorías que persiguen explicar y analizar, en términos generales, las dinámicas y aspectos fundamentales que dibujan y trazan la sociedad internacional. Cada teoría muestra su carácter reductivo y esencialista, porque ninguna de ellas es capaz de explicar en su conjunto los fenómenos y comportamientos de los actores en la sociedad internacional, ni tampoco el sentido último de las instituciones internacionales. Así, por ejemplo, los realistas ponen el acento en fenómenos, eventos y aspectos para explicar la realidad internacional que un estructuralista o constructivista pasaría por alto por no percatarse, y viceversa. Sería difícil aceptar que existe una única teoría omnicomprensiva de la realidad internacional y, en el marco de la enseñanza de la disciplina habría que aceptar lo que se propone, es decir, que "se necesita fomentar una mentalidad abierta en los estudiantes, y que existen distintas maneras, una es reconocer abiertamente que el disenso existe en lugar de

señalar que solo ciertas teorías son válidas y por lo tanto otras pueden ser ignoradas o ridiculizadas"[313].

2) En la disciplina de las RR.II. cada una de las teorías sirve para analizar e interpretar determinados aspectos de la realidad internacional, pero ninguna de ellas ha demostrado la perspicacia y el poder de predicción suficientes para consagrarse como la primordial. A partir de aquí se alza la decepción porque una de las razones clave que explica el nacimiento de la disciplina de RR.II., tras la 1ªGM, fue precisamente la de crear una ciencia que hiciera prospectiva y demostrara una cierta capacidad intuitiva para predecir eventos y catástrofes de graves consecuencias para la humanidad. Esta "incapacidad" se apreció durante largo tiempo con los paradigmas racionalistas porque desde ninguno de ellos se predijo la disolución del *orden bipolar* o la desintegración de la Unión Soviética (1991), aunque muchos analistas dijeran con posterioridad que se trataba de una "crónica anunciada"[314], y aunque los fenómenos y hechos ocurridos durante los 20 años previos apuntasen de alguna manera en esa dirección. A pesar de todo, esta debilidad de la disciplina no entorpece que se reconozca que las teorías de las RR.II. son la puerta intelectual y científica necesaria para hacer análisis e interpretaciones objetivas y subjetivas de la realidad internacional.

---

313 MEDINA MARTÍNEZ, F. Reseña a la obra "Teorías de las relaciones internacionales en el siglo XXI: Interpretaciones críticas desde México", Jorge Alberto Schiavon Uriegas, y otros (eds.) Puebla, México, 2014, *Revista de El Colegio de San Luis*, nueva época VII, 13, 2017, p. 268.

314 Se debe reconocer que también "una serie de casualidades condujo a que el 9 de noviembre de 1989 se derribara la pared de hormigón que separaba Berlín", en MARTÍ FONT, J. M. *El País*, 3 de noviembre de 2019.

3.8. La importancia ¿coyuntural? del Desarrollo Sostenible (Agenda 2030)[315]

El Desarrollo Sostenible como concepto, y los objetivos y metas adoptados por Naciones Unidas en la *Agenda 2030* tienen una gran relevancia en la disciplina de las Relaciones Internacionales desde principios del nuevo siglo. De hecho, los contenidos estudiados y analizados por la disciplina guardan una estrecha vinculación con prácticamente todas las problemáticas que se abordan en los Objetivos para el Desarrollo Sostenible. Tanto es así que se hace necesario mostrar y analizar la progresiva incorporación del desarrollo sostenible en la teoría de las Relaciones Internacionales y plantear la necesidad de una corriente que contribuya, por una parte, al desarrollo teórico de la disciplina y, por otra, al avance hacia la sostenibilidad y el progreso del planeta a través del logro de los ODS. La mencionada corriente bien podría denominarse "Paradigma del Desarrollo Sostenible".

A principios del siglo XX, una de las mayores inquietudes de la humanidad y que despertó el interés de la joven disciplina de las Relaciones Internacionales era, como ya hemos dicho en las páginas iniciales de esta monografía, evitar que volviera a repetirse la terrible experiencia de la 1ªGM. El propósito de la paz se convertía, así, en el eje central de la primera corriente teórica de la nueva ciencia, el idealismo, una "teoría" que proponía la creación de organismos internacionales y al derecho internacional como

---

315 La información que se ofrece en este punto se encuentra también en MORÁN BLANCO, S. "Sustainable development in International Relations Theory: Its presence or absence: A proposal of new paradigm ", *cit.* Ver sobre esta temática el interesante artículo escrito por Carlos Fernández Liesa, "El desarrollo sostenible y la teoría del derecho internacional", Revista Iberoamericana de estudios de desarrollo, Vol. 11, núm. 2, 2022, pp. 54-77.

instrumentos esenciales para avanzar hacia la paz y desterrar el fenómeno de la guerra de las relaciones internacionales. Por entonces, no asomaba por los foros académicos *ius* internacionalistas ni por los ámbitos de la política internacional un interés explícito por conceptos como el desarrollo o la sostenibilidad del planeta. No en vano, estos nuevos conceptos se erigieron en preocupaciones científicas, políticas y sociales de la agenda internacional décadas después de la creación de la disciplina de las Relaciones Internacionales. En particular, como ya se ha mencionado, fue en el 2015 cuando se alcanzó la plasmación política, a través de la Resolución 70/1 de la Asamblea General de las Naciones Unidas, de los ODS y, con ello, de la Agenda 2030 como programa ejecutor para el desarrollo sostenible. En el preámbulo de esta resolución se dice textualmente: "Estamos decididos a propiciar sociedades pacíficas, justas e inclusivas que estén libres del temor y la violencia. No puede haber desarrollo sostenible sin paz, ni paz sin desarrollo sostenible". Con lo cual, la plena y definitiva vinculación entre la paz y el desarrollo sostenible se produce casi una centuria después de la aparición de las Relaciones Internacionales, a través de la organización más representativa de la sociedad internacional: Naciones Unidas. Como se ha dicho, la nueva disciplina se muestra desde su nacimiento comprometida con la paz y la seguridad internacionales, si bien no será hasta principios del siglo XXI cuando, desde las Naciones Unidas, se apuesta por establecer una íntima y evidente relación entre el desarrollo sostenible y la paz. Aunque, sin duda, existen precedentes en la segunda mitad del siglo XX y así cabe recordar que el secretario general de la organización Butros Butros-Ghali (1992-1996) apuntó esta relación al afirmar que "el desarrollo es un derecho humano fundamental; es también la base más segura para la paz"[316].

---

316 Boutros Boutros Ghali, Un programa de desarrollo. Disponible en: https://www.iri.edu.ar/revistas/revista_dvd/revistas/R8/R8DOC01.html.

Desde entonces, asistimos a la progresiva incorporación del concepto de desarrollo sostenible en la narrativa teórica de las Relaciones Internacionales. En cualquier caso, la pregunta nodal sigue en pie: ¿Cómo acomodar la noción de desarrollo sostenible en la teoría de las relaciones internacionales, y qué repercusiones se derivan de su eventual incorporación? Más todavía, ¿qué significado real tiene el desarrollo sostenible como paradigma en el campo de las relaciones internacionales?

A) Primeros destellos del desarrollo sostenible en la disciplina

Recordemos que en la década de 1960 y sobre todo del decenio posterior surgieron dos nuevos paradigmas para explicar las relaciones internacionales: el transnacionalismo y el estructuralismo. Ambos se caracterizaron por aparecer en un momento en el que el discurso del desarrollo cobraba cierto interés académico y se iba institucionalizando a nivel internacional como consecuencia de varios factores, entre los que destacaban: la crisis económica; el surgimiento de nuevos Estados en la escena internacional preocupados por el desarrollo económico; etc. Estos nuevos focos de interés en la agenda internacional favorecieron la emergencia de nuevas dimensiones de la seguridad. En efecto, el campo de la seguridad se ampliaba y a la dimensión militar se sumaban la económica, social, medioambiental o energética. Con lo cual, materias propias del desarrollo y del bienestar se convirtieron en temas principales de la agenda de investigación de los globalistas y, precisamente por ello, en los fundamentos teóricos del mencionado paradigma se pueden encontrar los primeros destellos del desarrollo sostenible en la narrativa teórica de la disciplina de las Relaciones Internacionales. Por su parte, el estructuralismo no hizo sino reforzar esta idea por cuanto su interpretación aceleró un debate que, con el paso del tiempo derivará en uno de los grandes mitos salvadores de la Humanidad: el desarrollo sostenible.

Por lo tanto, no sería exagerado señalar, por una parte, que el proceso de incorporación del desarrollo sostenible en las Relaciones Internacionales tiene como progenitor al enfoque desarrollista, el cual tiene su origen en el creciente descontento con la teoría y la práctica del desarrollo convencional, y la consiguiente aparición de movimientos sociales críticos con el capitalismo y, por otra, que los paradigmas estructuralista y transnacionalista, desde enfoques opuestos, fueron precursores del desarrollo sostenible en la disciplina de las Relaciones Internacionales. Sin embargo, es patente que no será hasta principios del siglo XXI cuando los objetivos del desarrollo y la protección medioambiental a nivel mundial converjan para transformarse definitivamente en el desafío del desarrollo sostenible, un nuevo concepto ¿o renovado? que da paso a un proceso más abarcador de transformación en la sociedad internacional y en el marco de un orden multipolar, anárquico y turbulento.

En el decenio de 1970 la protección y defensa del medio ambiente y su vinculación con el desarrollo eran ya objetivos explicitados por la comunidad internacional. Recordemos que en 1972 se celebró la Conferencia de las Naciones Unidas sobre el Medio Humano, en Estocolmo, (convertida en la primera conferencia mundial sobre el medio ambiente) en cuya declaración final se señaló que "la protección y mejoramiento del medio humano es una cuestión fundamental que afecta el bienestar de los pueblos, al desarrollo económico del mundo entero…". Por entonces, la creciente preocupación por la degradación medioambiental y las consecuencias del *boom* económico de la posguerra favorecieron la aparición de numerosos movimientos anti sistémicos y ambientalistas[317] que

---

317 En 1968 se creó el *Club de Roma*, una ONG conformada por científicos y políticos que compartían un objetivo común: crear conciencia sobre los efectos que la acción humana tiene sobre el planeta. En

se van a centrar en criticar el estilo de vida promovido por el sistema económico capitalista, aunque, como hemos dicho, el estructuralismo no incluyó de manera explícita al medio ambiente en la teoría del desarrollo. Además, estos movimientos antisistémicos van a coincidir con el alumbramiento de nuevos conceptos relacionados con el medio ambiente y que van a surgir desde la ciencia de la Economía. En efecto, la disciplina encargada del estudio del desarrollo era, fundamentalmente, la Economía, y a partir del mencionado decenio autores como Ignacy Sachs acuñaron nociones como el ecodesarrollo, reemplazado posteriormente por el desarrollo sostenible[318]. Es decir, comienzan a surgir desde la Economía propuestas alternativas a la ya conocida dualidad entre los beneficios ocasionados por el aumento de la producción y los costes que implicaba disminuir la capacidad de habitabilidad del planeta. En definitiva, empieza a consolidarse, desde la ciencia de la Economía, una idea de sostenibilidad donde lo esencial era apostar por el bienestar de las generaciones presentes sin comprometer el de las generaciones futuras. Por lo que las raíces del concepto de desarrollo sostenible, que implica que el progreso económico es un elemento que no debe estar separado de la protección del medio ambiente, se encuentran en la economía ambiental.

Cabe señalar que también fue durante la década de 1970 cuando las preocupaciones ecológicas experimentaron una amplia-

---

1972 se publicó el *Informe Meadows*, titulado "Los límites del crecimiento", encargado por el *Club de Roma*, en el que se señalaba lo que ahora es una realidad: la finitud del planeta tierra y la incompatibilidad con un crecimiento a nivel global.

318 Ignacio Sachs fue un economista de origen polaco reconocido por ser uno de los primeros en entender el concepto de desarrollo como una combinación de crecimiento económico, bienestar social y preservación ambiental. El término ecosocioeconomía fue acuñado por el economista Karl William Kapp.

ción de escala, desde el nivel local al mundial, como consecuencia del progresivo deterioro del planeta generado, en buena medida, por los impactos negativos que las actividades económicas y empresariales producían. Junto a ello, no se debería subestimar el desastre nuclear acaecido en Chernóbil, en 1986, que conmocionó al mundo. Un año después de este accidente de dimensiones ambientales y humanas ilimitadas se publicó *Nuestro futuro común*, resultado del trabajo de la Comisión Mundial sobre Medio Ambiente y Desarrollo, presidida por Gro Harlem Brundtland. El célebre informe se centró en el vínculo entre el desarrollo social y económico, por un lado, y el medio ambiente humano y los recursos naturales, por el otro. Un punto innovador será que el informe cuestiona el antiguo supuesto de que los objetivos económicos, como el alivio de la pobreza y el crecimiento económico, deben tener prioridad sobre las preocupaciones ambientales. En general, el estilo de vida de los países desarrollados no fue discutido ni criticado y se planteó que los países más avanzados y prósperos deberían perseguir el objetivo de un crecimiento económico mayor en aras de ayudar a la recuperación de los países más pobres. No obstante, la aportación esencial del informe Brundtland fue el concepto de desarrollo sostenible entendido, tal como se indica en el texto, como "aquel desarrollo que satisface las necesidades de la generación presente sin comprometer la capacidad de las generaciones futuras para satisfacer sus propias necesidades"[319]. Es decir, el desarrollo sostenible persigue el avance económico, tecnológico, social, etc, sin que ello suponga comprometer la vida de las generaciones futuras a causa del impacto negativo que esas mejoras puedan tener, principalmente, en el ecosistema.

---

319 Informe "Nuestro futuro común" de 1987, Comisión Mundial sobre el Medio Ambiente y el Desarrollo.

Aunque el concepto recibió críticas desde diferentes ámbitos y de numerosos autores[320], la noción de sostenibilidad se convirtió, con su más y sus menos, en el principio rector para el desarrollo global sobre la base de tres ejes centrales: desarrollo económico, desarrollo social y protección del medio ambiente. A ello se sumó que el concepto fuera aceptado por muchos actores internacionales (Estados y organismos), estimulando así la formulación de políticas multilaterales. De hecho, durante el decenio de 1990 se van a celebrar eventos y cumbres de carácter mundial donde la principal temática y reto a lograr será avanzar hacia el desarrollo sostenible. En otras palabras, el desarrollo sostenible comienza a configurarse como el objetivo político mundial por excelencia para la comunidad internacional. Precisamente por ello, los teóricos de las Relaciones Internacionales no dudaron en incrementar, en los años posteriores, los estudios relacionados con el cambio climático, la degradación medioambiental y el desarrollo sostenible por considerarlos amenazas y desafíos centrales para el logro de la paz y la seguridad internacionales.

En 1992 se celebró la histórica Cumbre de la Tierra o Conferencia de las Naciones Unidas sobre Medio Ambiente y Desarrollo, en Río de Janeiro, en la que se discutieron los medios necesarios para poner en práctica el desarrollo sostenible. El principio 1 de la *Declaración de Río* dejaba claro que

---

320 Véase AGUILAR-HERNÁNDEZ, E. "La visión de la sustentabilidad en las Relaciones Internacionales: superando el Desarrollo Sustentable", *Miriada*, 14, 2018, pp. 265-279. El concepto fue denostado por autores como Enrique Leff, quien afirmó que "el discurso del desarrollo sostenible promueve una estrategia de apropiación que busca "naturalizar" a la mercantilización de la naturaleza", en LEFF, E. "La Geopolítica de la Biodiversidad y el Desarrollo Sustentable: economización del mundo, racionalidad ambiental y reapropiación social de la naturaleza", 8 al 13 de octubre de 2005, Rio de Janeiro, Brasil UNESCO, Recuperado de: http://bibliotecavirtual.clacso.org.ar/ar/libros/reggen/pp12.pdf.

"los seres humanos constituyen el centro de las preocupaciones relacionadas con el desarrollo sostenible", lo que explica que la reunión se centrara en dos temas prioritarios: 1) economía verde en el contexto del desarrollo sostenible y la erradicación de la pobreza, y 2) el marco institucional para el desarrollo sostenible. Dos años después, con ocasión de la Cumbre de las Américas, celebrada en Miami, los líderes americanos señalaron que cada uno de los países que "enfrentan diferentes desafíos en materia de desarrollo, están unidos en la búsqueda de la prosperidad a través de la apertura de mercados, la integración hemisférica y el desarrollo sostenible"[321]. A estas importantes conferencias internacionales habría que añadir que el siglo XXI arrancó con una profunda preocupación por la deriva y consecuencias que algunos fenómenos tienen para la estabilidad de la sociedad internacional y con la "plena" conciencia de que dichos fenómenos, temas ya claramente prioritarios de la disciplina de las Relaciones Internacionales, están en el origen de los graves problemas que ponen en peligro la paz y la seguridad internacionales. Nos referimos, por una parte, a la pobreza, la desigualdad y a la violencia generadora de violaciones de los derechos humanos y de guerras; y, por otra, a amenazas que tienen un carácter más actual y que han adquirido una significativa relevancia en la agenda mundial como la degradación medioambiental y el progresivo cambio climático.

Fruto de este análisis, la comunidad internacional tomó la determinación de emprender una serie de iniciativas tendentes a establecer compromisos para subsanar las agudas problemáticas que padecían, de forma más directa y negativa, algunas regiones del planeta. La primera de las iniciativas

---

321 Disponible en:
http://www.oas.org/udse/cic/espanol/web_cic/1-cuerpo.htm.

fue la aprobación, en el marco de las Naciones Unidas, de los Objetivos de Desarrollo del Milenio (en adelante ODM), un programa dividido en 8 objetivos centrados en el desarrollo con proyección en la sostenibilidad, el fortalecimiento de la democracia y la igualdad, entre otros, que culminó en el 2015. Por lo tanto, el año 2000 no solo marcó el comienzo de un nuevo siglo, sino que definió una agenda internacional para el desarrollo con el fin de dar solución a situaciones de orden mundial en diversos contextos: sociales, ambientales, políticos, a través de la implementación de los ODM. Dos años después, en 2002, se celebró la Cumbre Mundial sobre el Desarrollo Sostenible, donde se aprobó el *Plan de Aplicación de Johannesburgo* que incluía, a través de un enfoque más específico, medidas concretas y metas cuantificables y con plazos. Y, por último, al cumplirse el plazo de los 15 años pactados y realizar el respectivo balance, los líderes políticos decidieron rediseñar una nueva ruta del progreso conocida como Agenda 2030, caracterizada por establecer un marco global para lograr el desarrollo sostenible, erradicar la pobreza, proteger el planeta y asegurar la prosperidad para todos. En definitiva, erradicar en la medida de lo posible todas aquellas situaciones y fenómenos que impiden que el mundo sea sostenible socialmente y que representan las principales amenazas para el logro de un orden internacional de bienestar, equitativo y seguro.

Desde entonces, esta nueva agenda centrada en la paz persigue, como eje central de su actuación, inaugurar una nueva era de desarrollo y un nuevo espíritu de solidaridad mundial. En efecto, en los ODS, la paz, el progreso, los derechos humanos, la democracia y la protección del medio ambiente se presentan como componentes esenciales del desarrollo sostenible y como valores indiscutibles del sistema internacional actual. De hecho, la propia formulación de la Agenda 2030 se hace desde la perspectiva política o lo que se conoce como s*oft-law*. Con lo cual, parece evidente que, a juzgar por lo dicho, el concepto del desarrollo sostenible y su programa ejecutor, la Agenda 2030, engarzan con la disciplina de las Relaciones Internacionales en una doble dirección: por el objeto de estudio y por las relaciones multilaterales de cooperación que se fomentan entre los protagonistas del escenario mundial.

De todo lo dicho se deduce que, a medida que los problemas transnacionales y mundiales se hacían más complejos e imbricados entre sí, el desarrollo sostenible se planteaba como un mapa o guía mental para garantizar la paz y la seguridad internacionales, lo que incidió en el incremento de la cooperación y multilateralidad. Asimismo, se producirá la evolución de la noción de desarrollo sostenible y su formulación teórica desde la perspectiva política y jurídica, haciendo acopio de distintas esferas de las Relaciones Internacionales como la económica, social y ambiental[322]. Se había asentado así la base para que el desarrollo sostenible se constituyera, en suma, en una noción útil en el campo de las relaciones internacionales y, sobre todo, que sirviera de palanca en la construcción de una teoría singular de esta disciplina. Por ello, analizada la progresiva y pausada incorporación del concepto de desarrollo sostenible en la agenda internacional, cabe preguntarse sobre el impacto del nuevo concepto en la convulsa transición teórica que, desde la década de 1980, vivía la disciplina de las Relaciones Internacionales.

---

322 Véase al respecto RODRIGO, A. J. *El desafío del Desarrollo Sostenible: los principios del derecho internacional relativo al desarrollo sostenible*. Marcial Pons, Madrid, 2015.

B) El Desarrollo Sostenible se hace presente en el debate teórico. Siglo XXI: Hacia una nueva narrativa

La noción del desarrollo sostenible se consolida a nivel teórico y se convierte en objetivo prioritario de la agenda mundial en un momento de profundos cambios o incluso de una revolución en el campo teórico de la disciplina de las Relaciones Internacionales. Recordemos que el viejo monopolio positivista, relacionado con la cosmovisión hegemónica occidental, presentaba una progresiva debilidad por su dificultad para predecir y explicar los acontecimientos, fenómenos y dinámicas que se producían en la sociedad internacional de finales del siglo XX. Precisamente estos cambios están en el origen del pujante desarrollo de nuevas aproximaciones teóricas que presentaban un carácter crítico y rupturista en relación con las teorías clásicas, sin embargo, ninguno de estos nuevos enfoques teóricos propuso de forma explícita como problemática de estudio el desarrollo sostenible. No obstante, la ausencia de cualquier consideración explicita hacia el desarrollo sostenible en las corrientes alternativas no fue óbice para que los fundamentos teóricos de las aproximaciones del eje pospositivista pudiesen ser la base filosófica que impulsara la elaboración de una nueva teoría del desarrollo sostenible en el ámbito de las Relaciones Internacionales. Después de todo, son narrativas que consideran que las ideas y valores intersubjetivos pueden generar un cambio social internacional. La "idea" del desarrollo sostenible ha demostrado tener la potencialidad de "unir" a todos los Estados del planeta, junto a toda una panoplia de influyentes actores, con el fin de generar un cambio político, económico, social y cultural positivo en el panorama internacional. Como pone de manifiesto la Resolución de la AG 70/1 "nunca hasta ahora se habían comprometido los líderes del mundo con una acción y un empeño comunes en pro de una agenda política tan amplia y universal".

En esencia, el nuevo concepto de desarrollo sostenible ha estado en la penumbra de las teorías de las Relaciones Internacionales durante largo tiempo, siendo así que, en ocasiones, ha despertado un interés en aquellos casos en los que la narrativa teórica ha situado el acento en el carácter multidimensional y polifacético de la seguridad y el desarrollo, y en los factores que condicionan el devenir de la sociedad mundial. Pero, en cualquier caso, es posible aceptar que el desarrollo sostenible, a pesar de su envoltura terminológica en los diferentes contextos políticos, ha estado presente y quiere estarlo en la teoría de las Relaciones Internacionales. Esto es así porque responde a objetivos básicos de la comunidad global que han quedado plasmados en la resolución 70/1 en términos de "esferas de importancia crítica para la humanidad y el planeta".

A tal efecto, se formula ahora una propuesta teórica en torno al paradigma del desarrollo sostenible, con la finalidad de determinar su objeto y cometido y, particularmente, aclarar el método de esta teoría del desarrollo sostenible. Todo ello con base en lo que ha indicado Naciones Unidas al decir, con sencillez, que: "el desarrollo sostenible implica cómo debemos vivir hoy si queremos un futuro mejor, ocupándose de las necesidades presentes sin comprometer las oportunidades de las generaciones futuras de cumplir con las suyas. La supervivencia de nuestras sociedades y de nuestro planeta común pasa por un mundo más sostenible"[323]. Algo que tiene sus expresiones más significativas en el campo de las Relaciones internacionales.

---

323 Naciones Unidas. Disponible en: https://www.un.org/sustainable-development/es/2023/08/what-is-sustainable-development/.

a) Objeto de Estudio de la disciplina de las Relaciones Internacionales

Los contenidos de los ODS fortalecen la estrecha cooperación entre la paz, la seguridad y el desarrollo, y se centran en las principales temáticas que aborda la disciplina de las Relaciones Internacionales desde su creación a principios del siglo XX. En efecto, las problemáticas que se destacan en los ODS engarzan directamente con las materias centrales objeto de estudio de la nueva ciencia. Por poner algunos ejemplos: el ODS16 aborda los conceptos de democracia y paz, así como los principales fenómenos que ponen en peligro la seguridad internacional; mientras el ODS7 analiza la energía asequible y no contaminante para garantizar la seguridad medioambiental; y los ODS1 y 10 se focalizan en la desigualdad económica y social que provocan la pobreza y están en el origen de muchos de los conflictos armados. En definitiva, se adivina una clara vinculación entre algunas de las temáticas de los ODS, dirigidas hacia la sostenibilidad y desarrollo del planeta, y las principales materias objeto de estudio de la agenda de investigación en la disciplina de las Relaciones Internacionales.

De lo expuesto, se constata que el desarrollo sostenible es un principio que tiene consecuencias de naturaleza política y que el logro de este objetivo, clave para la seguridad y el orden internacional, se ha convertido en uno de los principales desafíos de la comunidad internacional y de la disciplina de las Relaciones Internacionales, en particular. De hecho, y como hemos destacado, la materia del desarrollo sostenible penetró, aunque fuera tímidamente y por separado, en el espacio de las Relaciones Internacionales de la mano de paradigmas como el estructuralismo y el transnacionalismo. Además, a través de los ODS, la nueva disciplina retoma los principios del idealismo que abogaba por la adopción y cumplimiento del derecho internacional y la instauración de un orden internacional multilateral. Así, la teoría idealista, precursora de la liberal, no solamente se centró en los aspectos políticos, sino que también prestó atención a aspectos económicos y culturales, al igual que lo hace la noción del desarrollo sostenible y los ODS. En particular, entre los desafíos del idealismo destacan su propuesta de minimizar el conflicto y maximizar la cooperación entre las naciones. Y, precisamente, una teoría o paradigma del desarrollo sostenible permitiría avanzar en la construcción de un nuevo orden centrado en el cumplimiento de los ODS, a través de la fuerza de la cooperación, del aumento de la institucionalización debidamente gestionada; y de la progresiva consolidación de una identidad común mundial basada en la sostenibilidad.

Desde luego, se dispone de los medios o instrumentos para presentar una propuesta teórica dirigida a forjar un sistema internacional que proteja a los Estados y a sus ciudadanos, y les augure un futuro de bienestar, y que son, la noción de Desarrollo Sostenible presentada por la Comisión Mundial sobre Medio Ambiente y Desarrollo, en 1987; y su programa ejecutor, la Agenda 2030 adoptada en el marco de las Naciones Unidas. Esta propuesta debería, primero, explicar la realidad internacional del tiempo presente y, en ese sentido, mostrarse como una teoría que incluye elementos de las *solving theory* o teorías constitutivas; y, segundo, centrarse de manera incondicional en el cumplimiento de los ODS, a través de una agenda de investigación (problemática de estudio) dirigida a la promoción de la solidaridad y la cooperación entre los diferentes actores internacionales, y a la configuración de un orden mundial basado en el respeto del derecho internacional. Es decir, las herramientas y mecanismos que minimizan el conflicto en la sociedad internacional y generan un futuro con alicientes para la humanidad. Además, coincidiendo con los postulados idealistas, se trataría de supeditar el interés de los Estados al "interés global" a través del desarrollo sostenible porque, hoy, la lucha entre los Estados por la supervivencia (teoría realista) debe ser y es superada por la lucha de la comunidad internacional y todos sus actores por su propia supervivencia.

Pero, también se debe apostar por los principios que defienden las *critical theories* o corrientes reflectivistas, las cuales abogan por acabar con una visión del mundo basada en los principios de la civilización tecnológica occidental que, a menudo, se visualizan como lo universal y lo obvio. En definitiva, situar en un mismo nivel a los valores occidentales modernos y a los sistemas de valores alternativos, para acabar, así, con esa asimetría cultural global entre Occidente y el resto. Como señaló Enrique Dussel, es el "poder social la fuerza emancipadora con capacidad de superar la crisis de civilización mediante la acción organizada y consciente, dirigida hacia una triple reparación: regeneración del entramado social, la restauración del entorno natural y planetario seriamente dañados, y la recomposición y el rescate de las culturas dominadas, excluidas, explotadas, de los mundos periféricos"[324]. El desarrollo sostenible instaura principios civilizatorios comunes y compartidos.

Y, por último, hay que destacar el importante papel que en la elaboración de esta propuesta teórica jugarían los fundamentos o características de la teoría feminista. No se puede pasar por alto que el logro de la igualdad de género y el empoderamiento de las mujeres, que defiende esta corriente de las Relaciones Internacionales, engarzan con el ODS5. De hecho, los ODS y la implementación de la Agenda 2030 sitúan a la mujer como protagonista esencial de la sostenibilidad[325].

---

[324] DUSSEL, E. *Filosofía de la Liberación.* EDICOL, México, 1977 en TOLEDO, V. y ORTÍZ, B. *Regiones que caminan hacia la sustentabilidad,* Universidad Iberoamericana, Puebla, 2014, p. 27.

[325] Supone lo que se ha denominado la "mirada feminista" y que está recogida, por ejemplo, en las Directrices Generales de la Estrategia de Desarrollo Sostenible, aprobadas por el Gobierno español en 2021. Disponible en: https://www.agenda2030.gob.es/recursos/docs/Directrices_EDS.pdf

b) Método. La cooperación internacional entre los diferentes actores internacionales y el multilateralismo

El método o programa ejecutor de la teoría del desarrollo sostenible de las Relaciones Internacionales puede ser la propia *Agenda 2030*, diseñada con el fin de orientar a la comunidad internacional por el camino que conduce al logro de sistemas económicos dinámicos y sostenibles. En definitiva, un mundo con mejores condiciones de vida, menos desigualdades y que no ponga en peligro los recursos precisos para las futuras generaciones. Además, la Agenda 2030 subraya la importancia de la participación de diversos actores para la consecución de las metas. El ODS 17, con el título "Alianzas para el logro de los objetivos", señala que, "para que un programa de desarrollo se cumpla satisfactoriamente, es necesario establecer asociaciones inclusivas (a nivel mundial, regional, nacional y local) sobre principios y valores, así como sobre una visión y unos objetivos compartidos que se centren primero en las personas y el planeta". En efecto, el desarrollo sostenible y su programa ejecutor sólo son posibles con el apoyo y la participación de todos y cada uno de los actores comprometidos a través de estrategias, actuaciones integradas e interrelacionadas, y asociaciones mundiales sólidas. Entre ellos, los gobiernos o Estados, las organizaciones internacionales, la sociedad civil, los círculos empresariales, el mundo académico, universitario y cultural (...). En definitiva, solo a través de la cooperación multilateral e institucional, que proponía de una forma clara la narrativa transnacionalista y la versión del neoliberalismo, podrán lograrse los ODS. En este sentido, corresponde a los organismos internacionales, sobre todo aquellos que trabajan en los ámbitos de la paz y de la seguridad, y con incidencia directa en el desarrollo; desempeñar una labor central y decisiva para avanzar hacia el ambicioso plan que representa la Agenda 2030. Muchos organismos ya lo están haciendo. Así, por poner un ejemplo, la Organización para la Seguridad y la

Cooperación en Europa (OSCE) manifestó su disposición para contribuir a esta decisiva labor y en el *Documento Estratégico de Maastricht para la Dimensión Económica y Medioambiental*, los Estados miembros de esta organización consensuaron el compromiso político del desarrollo sostenible y definieron medidas concretas y ámbitos de cooperación[326].

Precisamente el fundamento o la premisa relevante de una teoría del desarrollo sostenible debería ser la implicación activa de todos los actores de la sociedad internacional en la transición hacia la sostenibilidad (públicos y privados, sociedad civil…), así como la coordinación entre ellos para generar nuevas sinergias. En los puntos 5 y 6 del *Documento Final de la Conferencia de Naciones Unidas sobre Desarrollo Sostenible*, de 2012, se reconocía que "las personas constituyen el centro del desarrollo sostenible y a este respecto (…) nos comprometemos a trabajar para promover el crecimiento económico, el desarrollo social y la protección del medio ambiente (…)". En suma, esta perspectiva de sostenibilidad crea los puentes entre lo local y lo internacional al perseguir la conformación de alianzas estratégicas entre instituciones, universidades, empresas, organizaciones sociales (...) Como lo señala Daniel Innerarity en su libro *La democracia del conocimiento*, los desafíos a los que se enfrenta la sociedad internacional precisan de una "gran movilización de conocimiento" como mecanismo para avanzar hacia una sociedad inteligente. La creciente complejidad de las sociedades, la intensidad de las relaciones e interacciones entre los diferentes actores internacionales, las interdependencias, pero también las vulnerabilidades, exigen una organización más inteligente y menos caótica. En este contexto, la ciencia, y en concreto las Relaciones Internacionales, y las uni-

---

326 Así queda explicitado en el siguiente enlace: https:www.osce.org/es/magazine/326656.

versidades deben involucrarse, como lo hacen la mayoría, en el cumplimiento de los ODS y, desde su aportación a las ideas y a la formación de profesionales del conocimiento, contribuir a la transformación de la sociedad internacional.

Por lo tanto, el instrumento de la cooperación y el multilateralismo entre los diferentes actores que intervienen en las relaciones internacionales, y que ya planteaba el transnacionalismo, es el método necesario y el punto de partida para el desarrollo sostenible. Además, se precisa avanzar hacia un mayor grado de institucionalización, siempre que aporte una mejor gestión de la sociedad internacional, porque un sistema basado en la aplicación de políticas públicas y privadas, y de normas jurídicas internacionales es la mejor garantía de la sostenibilidad económica y ambiental. Por todo lo dicho, desde la disciplina de las Relaciones Internacionales se debería apostar por la configuración de un "paradigma" del desarrollo sostenible que, además de contribuir a su conformación teórica, podría convertirse en la plataforma narrativa desde la cual se avance hacia la sostenibilidad y se exija la adopción de medidas más proactivas y vinculantes para el logro del ambicioso programa de los ODS.

Este paradigma situaría al desarrollo sostenible como unidad de análisis y a los diferentes ODS como problemáticas de estudio o principales asuntos de la agenda internacional, e incluiría elementos tanto de los paradigmas (versiones neo-neo o racionalismo) como de las teorías críticas a la hora de diseñar los factores y características de la nueva narrativa teórica. En efecto, las *solving theories* aportan el instrumento de la cooperación institucional que integró el transnacionalismo, puesto que las iniciativas y políticas de las diferentes organizaciones internacionales más preocupadas con la paz, la seguridad, el fortalecimiento de las instituciones democráticas y la protección de los derechos humanos favorecerán el logro del desarrollo sostenible. Mientras que las *critical theories,* caracterizadas todas ellas por apostar por el cambio y la acción común para constituir un nuevo orden social; ofrecen la masa crítica para convertir al desarrollo sostenible en la idea central y el motor para la construcción de un nuevo orden internacional. Como ya hemos dicho, esta idea central dispone de los medios y del programa ejecutor para su logro: la Agenda 2030, aprobada por la comunidad internacional en su conjunto. No cabe duda de que los ODS son la hoja de ruta para un mundo mejor y el marco mundial para la cooperación multilateral en materia de desarrollo sostenible. Como lo señala la Resolución 70/1 de la AG que da contenido a los ODS, "los objetivos y las metas son de carácter integrado e indivisible, y conjugan las tres dimensiones del desarrollo sostenible: económica, social y ambiental". En esencia, una teoría del desarrollo sostenible en las Relaciones Internacionales precisa de los componentes de muchas de las narrativas teóricas desarrolladas en el marco de la nueva disciplina. Además, la noción de sostenibilidad lo requiere al centrarse en varias dimensiones de la seguridad.

A la luz de lo señalado cabe concluir: Primero, que el desarrollo histórico de la disciplina de las Relaciones internacionales está marcado por la multiplicidad de paradigmas y corrientes, es decir, la existencia simultánea de una pluralidad de teorías. Con lo cual, el camino a un nuevo paradigma dentro de la narrativa teórica de las Relaciones Internacionales está abierto. Un paradigma que bien puede ser el desarrollo sostenible, por ser, hoy por hoy, el que goza de mayor capacidad para ofrecer soluciones justas y válidas para el conjunto de la comunidad internacional, y para el logro de la paz y de la seguridad internacionales que se propone la disciplina. Segundo, si bien fue en el contexto del bipolarismo cuando se definieron los objetivos del desarrollo, de la protección medioambiental y la sostenibilidad que precisaban del multilateralismo y la cooperación entre los diferentes actores de la sociedad internacional, no fue hasta el siglo XXI cuando estos desafíos se transformaron, definitivamente, en la ambición del desarrollo sostenible, un proceso más abarcador de transformación social. Por lo tanto, el proceso de integración del desarrollo sostenible a la teoría de las Relaciones Internacionales tiene como progenitor al enfoque desarrollista. Un prisma que, como ocurrió con el concepto de seguridad en el siglo XX, estudiado y analizado desde las *solving theories* de la disciplina de las Relaciones Internacionales; se ha ido ampliando y ha pasado de una comprensión muy restringida del desarrollo a convertirse en un concepto multidimensional (económico, social y medioambiental). En plena era de la globalización y de la Inteligencia Artificial, la preocupación central de la sociedad internacional debería ser la sostenibilidad del planeta, y el progreso económico y social. Así lo señaló Naciones Unidas en la Resolución 70/1 y, por ello, esta debería ser la justificación suficiente para la elaboración de una propuesta teórica, integradora y global, centrada en la problemática universal por excelencia de la agenda mundial: el desarrollo sostenible.

Por último, es evidente que, a través del paradigma de la sostenibilidad internacional, se asiste en el marco de la narrativa teórica de las Relaciones Internacionales a una evolución sobre la problemática de estudio de esta disciplina que transita desde la seguridad nacional/internacional propuesta por el realismo, al desarrollo sostenible como principal instrumento para la paz y la seguridad internacionales. Por lo menos, es una noción política, con implicaciones en otros sectores de las relaciones internacionales. En especial, alberga la capacidad de aglutinar y explicar diversas realidades que habitan en la comunidad internacional y que motiva que los Estados y demás actores no estatales se hayan comprometido en el cumplimiento de los objetivos y metas que recoge la Agenda 2030. Un paradigma abierto y acumulativo, que tendría la virtud de sacar de la penumbra de la teoría de las Relaciones Internacionales los aspectos que mejor definen la composición ontológica de la comunidad internacional.

Bibliografía

A) Libros:

-ALDECOA LUZÁRRAGA, F.; FERNÁNDEZ LIESA, C. R. y ABAD CASTELOS, M. (Dirs.) *Gobernanza y reforma internacional tras la crisis financiera y económica: El papel de la Unión Europea,* Marcial Pons, Madrid, 2014.

-ANGELL, N. *The Great Illusion: A Study of the Relation of Military Power in Nations to their economic and social advantage.* W. Heinemann, London, 1910.

- ARENAL, C. del, *La teoría de las Relaciones Internacionales en España,* Madrid, International Law Association (Sección española). 1979.

-ARENAL, C. del y A. NAJERA, A. *La Comunidad iberoamericana de Naciones. Pasado, presente y futuro de la política iberoamericana de España. CEDEAL,* Madrid, 1992.

-ARENAL, C. del. *Introducción a las Relaciones Internacionales,* Tecnos, Madrid, 2003.

-ARENAL, C. del, *Etnocentrismo y teoría de las Relaciones Internacionales: una visión crítica.* Tecnos, Madrid, 2014.

-ARENAL, C. del. y SANAHUJA, J. A. *Teorías de las Relaciones Internacionales,* Tecnos, Madrid, 2015,

-ARON, R. *Paz y guerra entre las naciones.* Alianza Editorial, Madrid, 1985.

-BALDWIN, D. (ed.), *Neorealism and Neoliberalism: The Contemporary Debate.* Columbia University Press, New York, 1993.

-BARAN, P. *The Political Economy of Growth.* Monthly Review Press, New York, 1957.

-BARBÉ, E. *Relaciones Internacionales.* Tecnos, Madrid, 1995.

-BARBÉ, E., *Relaciones Internacionales,* Tecnos, Madrid, 2007.

-BARBÉ, E., Relaciones Internacionales, Tecnos, Madrid, 2020.

-BERGER, P. L. y LUCKMANN, T. *La construcción social de la realidad.* Amorrortu, Buenos Aires, 1966.

-BERNSTEIN, R. J. *The Restructuring of Social and Political Theory,* Methuen, London, 1979.

-BHAGWATI, J. *Economics and World Order from the 1970s to the 1990s*. Macmillan, London, 1974.

-BULL, H. *The anarchical society: A study of order in world politics*. Macmillan, Londres, 1977.

-BULL, H. *La Sociedad Anárquica. Un estudio sobre el orden en la política mundial*. Catarata, Madrid, 2005.

-BURCHILL, S.; LINKLATER, A.; DEVETAK, R.; DONNELLY, J.; PATERSON, M.; REUS-SMITH, C. y TRUE, J. *Theories of International Relations*. Palgrave Macmillan, New York, 2005.

-BUZAN, B., JONES, C. y LITTLE, R., *The logic of Anarchy: Neorealism to Structural Realism*. Columbia University Press, New York, 1993.

-BUZAN, B., WAEVER, O. y de WILDE, J. *Security. A New Framework- for Analysis*. Lynne Rienner Publishers, London, 1998.

-BUZAN, B. *The United States and the Great Powers: World Politics in the. Twenty-First Century*, Ed. Polity Press, Cambridge, 2002.

-BUZAN, B. *From International to World Society?: English School Theory and the Social Structure of Globalisation*. Cambridge University Press, Cambridge, 2004.

-BUZAN, B. *An Introduction to the English School of International Relations: The societal approach*. Polity, Cambridge, 2014.

-CALDUCH CERVERA, R. *Relaciones Internacionales*, Ediciones de las Ciencias Sociales, Madrid, 1991.

-CARR, E.H. *The Twenty Years' Crisis, 1919-1939. An Introduction to the Study of International Relations*, Harper Torchbooks, New York, 1964.

-CARDOSO, E. y FALETTO, E. *Dependencia y desarrollo en América Latina*, México, 1978.

-CASTRO RUANO, J. L. y ORUETA ESTIBARIZ, G. *Escritos de internacionalistas en homenaje al profesor Iñaki Aguirre Zabala*. Servicio Editorial de la Universidad del País Vasco, Bilbao.

-CLIVE, A. *International Organizations*. George Allen and Unwin, London, 1983.

-COLARD, D. *Les Relations internationales de 1945 à nous jours*, París, 1997.

-CUI, J. *The Role of Information in Well-Being: The Concept of Information*, The Pennsylvania State University, 2014.

-DER DERIAN, J. *Post-Theory: The Eternal Return of Ethics in International Relations*, Critical Practices in International Theory: Selected Essays. Routledge, New York, 2009.

-DER DERIAN, J. *On Diplomacy: A Genealogy of Western Estrangement.* Blackwell, Oxford, 1987.

-DER DERIAN, J. (ed.) *International Theory. Critical Investigations,* Macmillan, London, 1995.

-DIAZ BARRADO, C.M. *El Derecho Internacional del Tiempo Presente.* Dykinson, Madrid, 2004.

-DOUGHERTY, J. y PFALTZGRAFF, R. L. *Contending Theories of International Relations.* Harper and Row, New York, 1990.

-DURÁN Y LALAGUNA, P.; DÍAZ BARRADO, C. M.; FERNÁNDEZ LIESA, C. R.; MORÁN BLANCO, S. y DÍAZ GALÁN, E. *International Society and Sustainable Development Goals.* Thomson Reuters Aranzadi, Madrid, 2016.

-EL-MOUMINA A. RADJI, M. *The future of Ecowas: Critical perspectives: Issues and controversies in West Africa in the Age on the click.* Xlibris UK, 2020.

- EMBID IRUJO, A. *Legislación universitaria,* Madrid, 1987.

-ENLOE, C. *Bananas, Beaches and Bases. Making Feminist Sense of International Politics.* University of California Press, Berkeley, 1990.

-FERMAN, G. *Investigación en Ciencias Sociales.* Grupo Noriega, México, 1992.

-FERNÁNDEZ LIESA, C. R. y CANO LINARES. M. A. (Coords.) *Los procesos de integración ante la crisis financiera internacional, Civitas,* Madrid, 2012.

-FERNÁNDEZ LIESA, C. F. *El Derecho internacional de los derechos humanos en perspectiva histórica.* Thomson-Reuters, Madrid, 2013.

-FERNÁNDEZ LIESA, C. y LÓPEZ JACOISTE, E., *Empresas y Derechos Humanos,* Aranzadi, Navarra, 2018.

-FRANKEL, J. *International Politics,* Penguin, London, 1973.

-FRIEDAN, B. *The Feminine Mystique.* Dell, New York, 1963.

-FURTADO, C. *Economic Development of Latin America,* Cambridge UP, Londres, 1977.

-FURTAK. R. K. "Revolución mundial y coexistencia pacífica", Foro Internacional, 1966.

-GARCIA PICAZO, P. *Las Relaciones Internacionales en el siglo XXI: la contienda teórica. Hacia una visión reflexiva y crítica.* Tecnos, Madrid, 1998.

-GARCÍA PICAZO, P.: *Teoría Breve de Relaciones Internacionales,* Tecnos, Madrid, 2004.

-GARCÍA PICAZO, P. *El sistema mundial: perspectivas políticas y sociológicas.* UNED, Madrid, 2010.

-GARCÍA SEGURA, C. y VILARIÑO PINTOS, E. (Coords), *Comunidad Internacional y Sociedad Internacional. Después del 11 de septiembre de 2011,* Fundación Gernika Gogoratuz, Munduan Paz y Desarrollo, Gernika, 2005.

-GARTON ASH, T. *Los frutos de la adversidad.* Planeta, Barcelona, 1992.

-GILL, S., *Power and Resistance in the New World Order,* Palgrave, London, 2008.

-GIRARD, M. *Les individus dans la politique internationale,* Económica, Paris, 1994.

-GRENVILLE, Cl. y SOHN, L. B. *World Peace Through World Law: Two Alternative Plans.* Harvard University Press, Cambridge, 1966.

-GRIFFITHS, M. *Realism, Idealism and Internacional Politics. A reinterpretation,* Routledge, Londres, 1993.

-GRIFFITHS, M.; ROACH, S. y SCOTT SOLOMON, M. *Fifty Key Thinkers in International Relations.* Routledge, London, New York, 2009.

-GRUFFYD, B. (ed.) *Decolonizing International Relations.* Rowman Littlefield, New York, 2006.

-GULLO, M. *Relaciones Internacionales. Una teoría crítica desde la periferia sudamericana.* Biblos, Buenos Aires, 2018.

-GULLO, M. *La insubordinación fundante. Breve historia de la construcción del poder de las naciones.* El perro y la rana, Caracas, 2015.

-GUTIÉRREZ ESPADA, C. *Hacia un compendio de Derecho Internacional,* PPU, Barcelona, 1991.

-HALLIDAY, F. *Rethinking International Relations,* Macmillan, Londres, 1994.

-HALLIDAY, F. *Las Relaciones Internacionales y sus debates,* Centro de Investigación para la Paz (CIP-FUHEM), Madrid, 2006.

-HAAS, M. L. y. LESCH, D. W. (edits.) *The Arab Spring: The hope and reality of the uprisings,* Routledge, 2016.

-HAUSS, Ch. *International Conflict Resolution.* International Relations for the 21 st Century Continuum, London, 2011.

-HELD, D. y MCGREW, A. *Globalization/Antiglobalization. Sobre la reconstrucción del orden mundial,* Paidós, Barcelona, 2003.

-HERZ, J. *Political Realism and Political Idealism. A Study in Theories and Realities,* Chicago UP, Chicago, 1951.

-HERZ, J. *International Politics in the Atomic Age.* Columbia University Press, New York, 1959.

-HIRSCHMAN, O. A. *Salida, voz y lealtad,* Fondo de Cultura Económica, México, 1977.

-HOFFMANN, S. *Teorías contemporáneas sobre las relaciones internacionales,* Tecnos, Madrid, 1963.

-HOLSTI, K. *The dividing discipline. Hegemony and diversity in International Theory,* Allen and Unwin, Boston, 1985.

-HOLSTI, K. *International Politics. A framework for analysis,* Ed. Prentice Hall, Englewood Cliffs, 1992.

-HUNTINGTON, S. *The Clash of Civilations,* Scribner, London, 2002.

-INNERARITY, D. *La Sociedad Invisible.* Espasa Calpe, Madrid, 2004.

-INNERARITY, D. *Comprender la democracia,* Gedisa, Barcelona, 2018.

-KEGLEY, CH. y WITTKOFF, E. R. *World Politics. Trend and Transformation,* Bedford, Boston, 2001.

-KENNAN, G F., *American Diplomacy 1900-1959.* University of Chicago Press, Chicago, 1951.

-KEOHANE, R. y NYE, J. (eds.) *Transnational Relations and World Politics,* Harvard University Press, Cambridge, 1971.

-KEOHANE, R. O. y NYE, J. *Power and Interdependence. World Politics in Transition,* Brown and Company, Boston, 1977.

-KEOHANE, R. (comp.) *Neorrealism and its critics,* Columbia University, New York, 1986.

-KEOHANE, R.O. *International Institutions and State Power: Essays in International Relations Theory,* Boulder, Westview Press, 1989.

-KISSINGER, H., *American Foreign Policy: Three Essays.* W.W. Norton, New York, 1969.

- KISSINGER, H. *Diplomacia.* Ediciones B, Barcelona, 1996.

-KOZHUJÁROVA, D. *Los nuevos orden y desorden mundiales.* Stopanstvo, Sofia, 2004.

-KUHN, T., *The Structure of Scientific Revolutions,* Chicago UP, Chicago (trad. al castellano, 1977). *La estructura de las revoluciones científicas,* Fondo de Cultura Económica, México, 1971.

-LAIDI, Z. et al, *Le Temps Mondial,* Editions Complexe, Brusells, 1997.

-LINKLATER, A. *Beyond Realism and Marxism: Critical Theory and International Relations,* Macmillan, St. Martin's Press, New York, 1990.

-LINKLATER, A. y SUGANAMI, H., *The English School of International Relations. A Contemporary Reassessment.* Cambridge University Press, Cambridge, 2006.

-LOBELL, S. E. RIPSMAN, N. M. y TALIAFERRO, J. W. (eds.), *Neo-classical Realism, the State and Foreign Policy.* Cambridge University Press, Cambridge, 2009.

-MAALOUF, A. *El naufragio de las civilizaciones.* Alianza, Madrid, 2019.

-MAGALLÓN, C. *Mujeres en pie de paz,* Siglo XXI, Madrid, 2006.

-MARIÑO MENÉNDEZ, F. *Derecho internacional Público. Parte General,* Trotta, Madrid, 2005.

-MARTIN DE LA GUARDIA, R. *1989, el año que cambió el mundo,* Akal, Madrid, 2012.

-MARTÍN ORTEGA, O. *Empresas Multinacionales y derechos humanos en el Derecho Internacional,* J. M. Bosch Editor, Barcelona, 2007.

-MAXIM, P. *Métodos cuantitativos aplicados a las ciencias sociales,* Oxford, México, 2002.

-MEENA, A. K. Globalization and Human Rights, *Human Dignity,* Sieh, E. and McGrego (Eds), Palgrave Macmillan, London, 2017.

-McLUHAN, M. *Understanding Media: The extensions of Man,* McGraw-Hill Book Company, Nueva York, 1964.

-MEARSHEIMER, J.J. *The Tragedy of Grear Power Politics.* Norton Company, New York, 2001.

-MEDINA ORTEGA, M. *Las organizaciones internacionales,* Alianza, Madrid, 1976.

-MEDINA, M., *La Teoría de las Relaciones Internacionales.* Seminario y Ediciones, Madrid, 1973.

-MEDINA, M., *Teoría y formación de la Sociedad Internacional.* Tecnos, Madrid, 1983

-MERLE, M. *Pacifisme et internationalisme XVII-XX siécles,* Armand Colin, París, 1966.

-MERLE, M. *Sociología de las Relaciones Internacionales,* Alianza, Madrid, 1991.

-MESA GARRRIDO, R., *Teoría y práctica de las relaciones internacionales.* Taurus, Madrid, 1977.

-MEYSSAN, T.: *La gran impostura. 11 de septiembre de 2001. Ningún avión se estrelló en el Pentágono.* La Esfera, Madrid, 2002.

-MORÁN BLANCO, S. *Lucha contra el Narcotráfico en América Latina-Caribe. La labor de la Organización de Estados Americanos (OEA),* Tirant lo Blanch, Valencia, 2021.

-MORGAN, P. M. *Theories and Approaches to International Politics,* N.J. Transaction Books, New Brunswick, 1986.

-MORGENTHAU, H. J. *Politics among Nations. The Struggle for Power and Peace.* Alfred Knopf, New York, 1948.

-MORGENTHAU, H. J. "Otro gran debate: El interés nacional de los Estados Unidos", en *Escritos sobre Política Internacional,* 1952.

-MORGENTHAU, H. *Política entre las Naciones. La lucha por el poder y la paz.* Grupo Editor Latinoamericano, Buenos Aires, 1986.

-MORGENTHAU, H. "Seis principios del realismo Político", en MORGENTHAU, H. J. *Escritos sobre política internacional,* Madrid, Tecnos, 1990.

- MOSLER, H. *The International society as a legal commnunity.* Edit. Sijthoff and Noordhoff, Maryland, 1989.

-NAÍM, M. *The End of Power: From Boardrooms to Battlefields and Churches to States, Why Being in Charge Isn't What It Used to Be.* Basic Books, New York, 2013.

-NASH, M. *Mujeres en el mundo. Historia, retos y movimientos,* Alianza, Madrid, 2004.

- NAVARI, C. y GREEN, D. (eds.), *Guide to the English School in International Studies,* Chichester: Wiley-Blackwell, 2014.

-NORTHEDGE, F. S y GRIEVE, M. I, *A hundred years of International Relations.* Praeger, New York, 1971.

-NYE, J.S. *Soft Power: The Means to Success in World Politics,* Public Affairs, New York, 2005.

-NYE, J. S. *The Future of Power.* Public Affairs, New York, 2011.

-OLSON, W.C. y GROOM, A. J. R. *International Relations. Then and Now,* Harper Collins, London, 1991.

-ONUF, N. *World of our making: Rules and Rule in Social Theory and International Relations,* University of South Carolina Press, Columbia, 1989.

-OVERBEEK, H. y VAN APPELDORN, B. (eds.), *Neoliberalism in Crisis,* Palgrave Macmillan, London, 2012.

-PADRINO LÓPEZ, V. *La escalada de Tucídides. Hacia la tripolaridad,* El Perro y la Rana, Caracas, 2021.

-PALOMARES LERMA, G.: *Relaciones Internacionales en el siglo XXI,* Tecnos, Madrid, 2004.

-PARPART, J. y M. ZALEWSKI, M. *Rethinking the Man Question. Gender, Sex and Violence in International Politics.* Zed Press, London, 2008.

-PEARSON et al. "What foreign powers want from the Syriam war", Deutsche Welle, 2018.

-PEARSON, F. S. y ROCHESTER J. M. *Relaciones Internacionales. Situación global en el siglo XXI*, McGraw-Hill, Santa Fé de Bogotá, 2000.

-PEREIRA J. C. MARTINEZ, P. A. *Documentos básicos sobre Historia de las Relaciones Internacionales 1815-1991*, Madrid, 1995.

-PETERSON, V.S. (ed.) *Gendered States. Feminist (Re) Visions of International Relations Theory*, Boulder: Lynne Rienner, 1992.

-PREBISCH, R. *El desarrollo económico de la América Latina y algunos de sus principales problemas*. CEPAL, 2012.

-QUINCY, W. *El estudio de las Relaciones Internacionales*, Appleton-Century Crofts, 1955.

-RODRIGO, A. J. *El desafío del Desarrollo Sostenible: los principios del derecho internacional relativo al desarrollo sostenible*. Marcial Pons, Madrid, 2015.

-ROSENAU, J. N. (ed.), *International Politics and Foreign Policy*, Free Press, New York, 1969.

-ROSENAU, J. N., *Turbulence in World Politics. A theory of Change and Continuity*, Princeton University Press, Princeton, 1990.

-SAAD-FILHO, A. *The Rise and decline of Latin-American Structuralism and dependency theory*, King's College, London, 2005.

-SANTA CRUZ, A. (ed.), *El constructivismo y las Relaciones Internacionales*, CIDE, México, 2005.

-SANTAYANA, G. *Life or Reason*, Scribner´s, New York, 1954

-SARTOR, G. ¿Qué es la democracia?, Taurus, Madrid, 2007

-SCHWAB, K. *La cuarta revolución industrial*, Editorial Debate, México, 2016

-SCHWARZENBERGER, G. *Power Politics. A Study of International Society*. Edit. Steven & Son. London, 1951.

-SHEPHERD, L. J. ed., *Gender Matters in Global Politics*, Routledge, London, 2014.

-SMITH, S.; BOOTH, K. y ZALEWSKI, M. (eds.) *International Theory: Positivism and Beyond*, Cambridge University Press, Cambridge, 1996.

-SODUPE, K. *La teoría de las Relaciones Internacionales a comienzos del siglo XXI*, Universidad del País Vasco, Bilbao, 2003.

-SPYKMAN, N.J. *America's Strategy in World Politics: The United States and the Balance of Power*. Routledge, New York, 2017.

-SPYKMAN, N.J. *The Geography of Peace*. Harcourt, Brace and Co, New York, 1994.

-STEANS J. y LLOYD PETTIFORD, T. *An Introduction to International Relations Theory: Perspectives and Themes*, Pearson Longman, London, 2004.

-STEANS, J. *Gender and International Relations. An Introduction*, Polity, Cambridge, 2013.

-STOESSINGER, J., *The Might of Nation*, Mac Graw-Hill, New York, 1990.

-STRANGE, S. *States and Markets*. Pinter, London, 1988.

-STUART MILL, J., *La esclavitud femenina*, Pengüin clásicos, 2022.

-SYLVESTER, C. *Feminist International Relations. An Unfinished Journey*. Cambridge University Press, Cambridge, 2002.

-SZTULWARK, S. *El estructuralismo latinoamericano. Fundamentos y transformaciones del pensamiento económico de la periferia*, Prometeo Libros y Universidad Nacional de General Sarmiento, Buenos Aires, 2005.

-TICKNER, J. A. *Gender in International Relations. Feminist perspectives on achieving global security*. Columbia University Press, New York, 1992.

-TICKNER, A. J. *Género en las relaciones internacionales: Perspectivas feministas sobre el logro de la seguridad internacional*. Columbia University Press, Nueva York, 1992.

-TICKNER, J. A. y SJOBERG, L. (eds.) *Feminism and International Relations. Conversations about the past, the present and the future*. Routledge, London, 2011.

- TOFFLER, A. *Future Shock*, Bantam Books, New York, 1970.

-TÖNNIES, F. *Comunidad y Sociedad*. Edit. Losada, Buenos Aires, 1947.

-TOOZE, A. *Crashed. How a decade of Financial Crises changed the World*. Allen Laine, 2018.

-TOVAR RUIZ, J. *La política internacional de las grandes potencias*. Edit. Síntesis, Madrid, 2021.

-TRUYOL y SERRA, A., *La Teoría de las Relaciones Internacionales como Sociología* (Introducción al Estudio de las Relaciones Internacionales), Instituto de Estudios Políticos, Madrid, 1973.

-TRUYOL y SERRA, A. *La Sociedad Internacional*, Alianza Editorial, Madrid, 1974.

-VACAS FERNÁNDEZ, F. y CALVO ALBERO, J. L. *El conflicto de Chechenia*, Ministerio de Defensa, Conflictos Internacionales Contemporáneos, 2, Madrid, 2005.

-VASQUEZ, J. *The Power of Power politics: A critique*. Frances Pinter, London, 1983

-VELLAS, P. *Relations internationals. Introduction. Les agents des relations internationales,* París, 1974.

-VIOTTI, P. R. y KAUPPI, M. V. *International Relations Theory: Realism, Pluralism, Globalism,* Macmillan, New York, 1987.

-WALTZ, K.N., *Theory of International Politics,* Addison Wesley, Reading, MA, 1979.

- WEBER, M. *Economía y Sociedad,* Ed. FCE, México, 1993.

-WENDT, A. *Social Theory of International Politics,* University Press of Cambridge, Cambridge, 1999.

-WERNER J. F. and JORDAN, R. S. *International Organizations: A Comparative Approach,* Praeger, New York, 1994.

-WIGHT, M. *Systems of States,* Leicester University Press, London, 1977.

-WIGHT, M., *International Theory. The Three Traditions,* Leicester UP, London, 1994.

-WILKINSON, R. y PICKETT, K. *The Spirit Level: Why Greater Equality Makes Societies Stronger,* Bloomsbury Press, 2009.

-WILKINSON, R. W. y PICKET, K. *Desigualdad, un análisis de la infelicidad colectiva,* Turner, España, 2009.

-WOLFERS, A. *Discord and Collaboration. Essays on International Relations,* The John Hopkins UP., Baltimore, 1962

-WRIGHT, Q. *The Study of International Relations,* Appleton-Century-Crofts, 1955.

-WYN JONES, R. (ed.), *Critical Theory and World Politics,* Boulder: Lynne Rienner, 2001.

-ZEHFUSS, M. *Constructivism in International Relations: The Politics of Reality,* Cambridge University Press, Cambridge, 2002.

-ZIMMERN A. *The League of Nations and the rule of law,* 1918-1935, MacMillan, London, 1936.

-ZIMMERN, A. E. *University Teaching of International Relations,* Paris, 1939.

B) Artículos de revistas, documentos y capítulos de libro:

-ABBOT, K. W., "International relations theory, international law, and the regime governing atrocities in internal conflicts", *AJIL* 1999.

-ACOSTA SÁNCHEZ, M. A. "La secesión en el derecho internacional: el caso de Crimea", Instituto Español de Estudios Estratégicos, *Documento de Opinión, 142/2014.*

-AGUAYO ARMIJO, F. "La situación de Crimea: Los fundamentos y los límites del derecho internacional", *Revista Chilena de Derecho 43,* 2016.

-AGUILAR-HERNÁNDEZ, E. "La visión de la sustentabilidad en las Relaciones Internacionales: superando el Desarrollo Sustentable", *Miriada,* 14, 2018.

-AGUIRRE ZABALA, I. "Exclusión y teoría de las Relaciones Internacionales" en CASTRO RUANO, J. L. y ORUETA ESTIBARIZ, G. *Escritos de internacionalistas en homenaje al profesor Iñaki Aguirre Zabala,* Universidad del País Vasco, Bilbao.

-ALDO IVÁN RAMÍREZ O. "La Teoría Crítica de las Relaciones Internacionales". Disponible en: https://aguayeconomiaglobal.wordpress.com/la-teoria-critica-de-las-relaciones-internacionales-2/.

-AMIRAH FERNÁNDEZ, H. "La caída de Ben Ali: ¿hecho aislado o cambio de paradigma en el mundo árabe?, *Real Instituto Elcano, ARI 83,* 2011.

-ARENAL, C. del "La génesis de las relaciones internacionales como disciplina científica", *Revista de Estudios Internacionales,* vol. 2, 4, 1981.

-ARENAL C. del "Cambios en la Sociedad Internacional y la Organización de las Naciones Unidas", *Jornadas sobre el Cincuenta Aniversario de las Naciones Unidas,* Madrid, 1995.

-ARENAL, C. del, "La enseñanza de las relaciones internacionales en España", en VVAA, *Derecho Internacional y Relaciones Internacionales en el Mundo Mediterráneo, Actas de las XVII Jornadas de la Asociación Española de Profesores de Derecho Internacional y Relaciones Internacionales,* Madrid, BOE/Universitat de les Illes Balears/AEPDIRI, 1999.

-ARENAL, C. del "La nueva sociedad mundial y las nuevas realidades internacionales: un reto para la teoría y para la política", *Cursos de Derecho Internacional y Relaciones Internacionales de Vitoria-Gasteiz,* 1, 2002.

-ARENAL, C. del, "Etnocentrismo y teoría de las Relaciones Internacionales". *Equilibrium Global,* Ciudad de Buenos Aires, Argentina, 2009. Disponible en: www.equilibriumglobal.com.

-ARENAL, C. del, "Americanocentrismo y Relaciones Internacionales. La Seguridad nacional como referente", en ARENAL, C. del y SANAHUJA, J. A. *Teorías de las Relaciones Internacionales,* Tecnos, Madrid, 2015.

-ARENDT LIJPHART, JOHN VASQUEZ, MICHAEL BANKS, KAL HOLSTI: LIJPHART, A. "The structure of the theoretical revolution in international relations", *International Studies Quaterly,* 18 (1), 1974.

-ASHLEY, R. K. "The Poverty of Neorrealism", *International Organization,* 38, 2, 1984.

-ASHLEY, R. K. y WALKER, R. B. J. "Speaking the Languaje of Exile: Dissidence in International Studies", *International Studies Quaterly 34,* 3, 1990.

-ASHLEY, R. "The Achievements of Post-Structuralism", en SMITH, S., BOOTH, K. y ZALEWSKI, M. (eds.): *International Theory: Positivism and Beyond,* Cambridge: Polity Press, 1996.

-BAQUÉS, J., "El papel de Rusia en el conflicto de Ucrania: ¿La guerra híbrida de las grandes potencias?", *RESI: Revista de estudios en seguridad internacional,* 1, 2015.

-BANKS, M. "The evolution of international relations theory", en BANKS, M. (ed.). *Conflict in World Society: A new perspective on International Relations,* Wheatsheaf Books, Brighton, 1984.

-BANKS, M. "The inter-paradigm debate", en LIGHT, M.; GROOM, A.J.R., (eds.), *International Relations,* A Handbook of Current Theory, Frances Pinter, London, 1985.

-BELAÏCH, S. "Raymond Aron's approach of the concept of Power and its relevance in a post-Cold War international system". Disponible en: https://www.academia.edu/17071851/Raymond_Aron_s_approach_of_the_concept_of_Power_and_its_relevance_in_a_post_Cold_War_international_system.

-BERMEJO GARCÍA, R. "La reestructuración del sistema comercial internacional tras la ronda Uruguay", *Cursos de Derecho Internacional de Vitoria-Gasteiz,* Madrid, 1998.

-BERMEJO GARCÍA, R. y LÓPEZ-JACOISTE DÍAZ, M. E. "De la intervención por causas humanitarias a la responsabilidad de proteger. Fundamentos, similitudes y diferencias", *Cuadernos de Estrategia 160,* 2013.

-BERMEJO GARCIA, R. "El uso de la fuerza, la Sociedad de Naciones y el Pacto Briand-Kellogg" en los *orígenes del derecho internacional contemporáneo: Estudios conmemorativos del Centenario de la Primera Guerra Mundial,* 2015.

-BLASCO LÓPEZ, C. "Análisis del poder en las RR.II: El Sharp Power", *El Foco 4,* 2021.

-BLINDER, D. "El vínculo entre Tecnología y Relaciones Internacionales: un primer abordaje y las proyecciones sobre el poder en el mundo tecnológico", *Revista Argentina de Sociología,* 20, 2017.

-BOBBIO, N. "Sobre el Fundamento de los Derechos del Hombre", en *El Problema de la Guerra y las Vías de la Paz*, Gedisa, Barcelona, 1982.

-BRAVO VERGARA, J. J. y SIGALA GÓMEZ, M. A. "Constructivismo", en SCHIAVON URIEGAS, J. A. et al (eds.), *Teorías de las Relaciones Internacionales en el siglo XXI: Interpretaciones críticas desde México*, México, BUAP-UABC, 2014.

-BOOTH, K. "Cambiar las realidades globales: una teoría crítica para tiempos críticos", (traducción de Fabián Chueca), *Papeles de Relaciones Ecosociales y Cambio Global 109*, 2010.

-BROWN, C. "Critical theory and postmodernism in international relations" en GROOM, A.J.R. y LIGHT, M. (eds), *Contemporary International Relations: A Guide to Theory*, Pinter Publishers, London, 1994.

- BRUNO, E. "La trabajosa construcción del Derecho Internacional", *Revista Científica de UCES*, vol. XIV, 1, 2010.

-CARVAJAL, L. "Posmodernismo y constructivismo: su utilidad para analizar la política exterior colombiana", *Revista Oasis 14*, 2009.

-CASTAGNINO, P. "El concepto de poder en el mainstream de las teorías de Relaciones Internacionales", *Sociología Crítica*, 2010. Disponible en: https://sociologiacritica.es/2010/02/04/el-concepto-de-poder-en-el-mainstream-de-las-teorias-de-relaciones-internacionales-pablo-castagnino/.

-CERNY, P. "From 'iron triangles' to 'golden pentagles'? Globalizing the policy process", *Global Governance* 7 (4), 2001.

-COLACRAI, M. "Coexistencia y diversidad de enfoques teóricos: apuntes para abordar la complejidad actual de las relaciones internacionales", *Agenda Internacional*, vol. 7, 14, 2000.

-COLACRAI, M. "Raymond Aron un intelectual de 'todos los tiempos': su aporte a las relaciones internacionales", *Revista Chilena de Relaciones Internacionales*, vol. I, 1, 2017.

-CORNAGO, N, "Materialismo e idealismo en la teoría crítica de las Relaciones Internacionales", *Revista Española de Derecho Internacional LVII*, 2, 2005.

-CORNAGO, N. y FERRERO, M. "El viaje y las alforjas: alcance y límites de la crítica postestructuralista de la política mundial", en CASTRO RUANO, J.L. y ORUETA ESTIBARIZ, G. *Escritos de internacionalistas en homenaje al profesor Iñaki Aguirre Zabala*, Servicio Editorial de la Universidad del País Vasco, Bilbao.

-CORNAGO, N., "*Introducción al post-estructuralismo para internacionalistas", en* ARENAL, C, y SANAHUJA, J.A., Teorías de las Relaciones Internacionales, Tecnos, Madrid, 2015.

-COX, R.W. "Social Forces, States and World Orders: Beyond International Relations Theory", *Millennium: Journal of International Studies,* vol. 10, 2, 1981.

-COX, R. "A perspective on Globalization", en J. H. MITTELMAN (comp.), *Globalization: Critical Reflections,* Lynne Rienner, Boulder, 1996.

-COX, R. W. "Fuerzas sociales, estados y órdenes mundiales: Más allá de la Teoría de Relaciones Internacionales", *Revista de Relaciones Internacionales 24,* Universidad Autónoma de Madrid, 2013.

-CUTLER, A. C. "Critical reflections on the Westphalian assumptions of international law and organization: a crisis of legitimacy", *Review of International Studies 27,* 2001.

-DACOBA CERVIÑO, F.J., "En un mundo multipolar no sobrevivirán los más fuertes, sino los que mejor sepan adaptarse", 28/12/2022, en entalayar.com/articulo/politica/en-un-mundo-multipolar-no-sobreviviran-los-mas-fuertes-sino-los-que-mejor-sepan-adaptarse/20221222145906159517.html.

-DASANDI, N. "International Inequality and World Poverty: A Quantitative Structural Analysis ", *New Political Economy 19,* 2, 2014.

-DE BRABENDERE, E. "Non states actors and human rights: Corporate responsability and the attempts to formalize the role of corporations as participants in the international legal system", en D'ASPREMONT, J. *Participants in the International legal system. Multiple perspectives on non-state actors in international law,* Routledge, London, 2011.

-DE SALAZAR SERANTES, G. "Las fuentes de la investigación en las relaciones internacionales", *Revista CIDOB d'Afers Internationals,* 64, 2004.

-DEUTSCH, K. W. "Contribución de Quincy Wright al estudio de la guerra", *Revista de resolución de conflictos,* 1970.

-DIAZ BARRADO, C. M. "La sociedad internacional en busca de un orden constitucional", *Anuario Argentino de Derecho Internacional,* 1994.

-DÍAZ BARRADO, C. M. "La responsabilidad de proteger en el Derecho Internacional contemporáneo: Entre lo conceptual y la práctica internacional", *Revista Electrónica de Estudios Internacionales (REEI) 24,* 2012.

-DIAZ BARRADO, C. M. "Algunas reflexiones sobre la identidad en el seno de la Comunidad Iberoamericana de Naciones", *Investigación & Desarrollo 21,* 2, 2013.

-DÍAZ BARRADO, C. M. "La erradicación de la pobreza y los derechos humanos: un laberinto sin salida", *Derechos y Libertades 38,* 2018.

-DÍAZ GALÁN, E. C. "Bombardeos en Siria e Iraq: la aparición de nuevos componentes normativos para la licitud o ilicitud del uso de la fuerza en el orden internacional", *Revista Española de Derecho Internacional, 68,* 1, 2016.

- DÍEZ ALCALDE, J. "¿Qué es la CEDEAO?: Fortalezas y debilidades para enfrentar el conflicto de Mali", Instituto Español de Estudios Estratégicos, *Documento de Análisis,* 11/2013.

-DUNNEM T.; HANSEN, L. y WIGHT, C. "The End of International Relations Theory?", *European Journal of International Relations 19,* 2013.

-DU PISANI, J. A. "Sustainable development-historical roots of the concept", *Environmental Sciences,* 3 (2), 2006.

-EDEN, L., "Bringing the Firm Back In: Multinational in International Political Economy", en EDEN, L. and POTTER, E.H. (eds.), *Multinationals in Global Political Economy,* St. Martin's Press, New York, 1994.

-ESPONA, M. J.; SENINI, R. y CURTI, S. "Constructivismo y estrategia en las relaciones internacionales. Parte I. Políticas nucleares de confrontación. El caso de India y Pakistán", *IEEE, Documento Opinión* 43/2016.

-ESPÓSITO, C. D. "Soberanía e igualdad en el derecho internacional", *Estudios Internacionales,* 165, 2010.

-FERNÁNDEZ BUEY, F., "Desigualdad y diversidad en la globalización", *Revista de Economía Crítica 1,* 2003.

-FERNÁNDEZ LIESA, C. R. "Desarrollo sostenible y derechos humanos en el Derecho internacional contemporáneo", *Anuario de los Cursos de Derechos Humanos de Donostia-San Sebastián* XVI, 2016, Thomson Reuters, Madrid, 2017.

-FERNÁNDEZ LIESA, C.R. "El desarrollo sostenible y la teoría del derecho internacional", Revista Iberoamericana de Estudios de Desarrollo, 11, 2, 2022.

-FRANKENBERG, G. "Teoría Crítica", *Revista sobre enseñanza del Derecho,* 9, 17, 2011.

-FUKUYAMA, F. "The End of the History?" *The National Interest,* 16, 1989.

-GARCÍA DUARTE, R. "Los Estados Unidos de Obama: entre el idealismo y el regreso al containment sin enemigo global", *OASIS 14,* 2009.

-GILL, S. "Globalisation, Market Civilization and Disciplinary Neoliberalism", *Millennium: Journal of International Studies 24,* 3, 1995.

-GARCÍA SEGURA, C. “La Escuela Inglesa y la teoría de la Sociedad Internacional. Propuestas, crítica y reformulación”, en ARENAL, C. del y SANAHUJA, J. A. (coords.) Teorías de las Relaciones Internacionales, Tecnos, Madrid, 2015.

-GARCÍA SEGURA, C. “Westfalia, Worldfalia, Eastfalia. el impacto de las transformaciones de la estructura de poder interestatal en el orden internacional”, *Revista Española de Derecho Internacion*al 69/2, 2017.

-GIRALDO RAMÍREZ, J. “Contra el realismo político, en la carne de Morgenthau”, *Estudios Políticos,* 18, 2001.

-GONZÁLEZ GÓMEZ, R. “Posguerra fría y ‘orden mundial’: la recomposición de las relaciones internacionales”, *Temas 9,* 1997.

-GRASA, R. “Neoliberalismo e institucionalismo. La reconstrucción del liberalismo como teoría sistémica internacional”, en ARENAL, C. del y SANAHUJA, J.A. (Coords.) *Teorías de las Relaciones Internacionales,* Madrid, Tecnos, 2015.

-GULLO, M. “Los problemas básicos de las Relaciones Internacionales como disciplina de estudio”, *Breviario en Relaciones Internacionales 42,* Facultad de Ciencias Sociales, 2018.

-GUZZINI, S. “A reconstruction of Constructivism in International Relations”, *European Journal of International Relations 6,* 2, 2000.

-HANSEN, L. “Post-structuralism”, en BAYLIS, M., SMITH, S. y OWENS, P., *The Globalization of World Politics. An introduction to International Relations,* Oxford, Oxford University Press.

-HART-LANDSBER, M. BURKETT, P. “China and Socialism: Market Reforms and Class Struggle”, *Monthly Review Press,* 56, 2004.

-HOLSTI, K. J. “Mirror, Mirror on the Wall, which are the fairest theories of all?”, *International Studies Quaterly, 22,* 3, 1989.

- HOFFMANN, S. “Théorie et Relations Interantionales”, *Revue Francaise de Science Politique,* vol. XI, 2, 1961.

-HOFFMANN, S. “Theory and International Relations”, en ROSENAU, J., (comp.), *International Politics and Foreign Policy,* The Free Press, Nueva York, 1969.

-HOFFMANN, S. “An American Social Science: International Relations”, *Daedalus,* vol. 106, 1977.

-HOFFMANN, M. “Critical Theory and the Interparadigm Debate”, *Millennium 16,* 1987.

-HOFFMAN, M. “States, cosmopolitanism and normative international theory”, *Paradigms,* 2, 1988

-HOFFMAN, M. "Normative international theory: approaches and issues", en A.J.R. GROOM, Margot LIGHT, (eds.) *Contemporary International Relations: A Guide to Theory,* Pinter Publishers, London, New York, 1994.

-IBAÑEZ, J. "Socialconstructivismo: ideas, valores y normas en la política mundial", en ARENAL C. del y SANAHUJA, J. A. (Coords.) *Teorías de las Relaciones Internacionales,* Madrid, Tecnos, 2015.

-INNERARITY, D. "Pluralismo Constitucional", *El País, Opinión,* 1 de agosto de 1998. Disponible en: https://elpais.com/diario/1998/08/01/opinion/901922402_850215.html.

-JORDÁN, J. "Gestión de la incertidumbre en las Relaciones Internacionales", *Análisis GESI,* 9/2014.

-KEOHANE, R. O. Theory of World Politics: Structural realism and beyond, en A. W. FINITER (ed.): *Political Science: The State of the Discipline,* APSA, Washington D.C., 1983.

-KEOHANE, R. O., "International Institutions: Two Approaches", *International Studies Quarterly,* 32, 4, 1988.

-KIMMAGE, M. y NOTTE, H. "How Russia Globalized the war in Ukraine. The Kremlin's Pressure-Point Strategy to Undermine the West", *Foreign Affairs,* 1, 2023.

-KORHONEN, O. "Deconstructing the Conflict in Ukraine: The Relevance of International Law to Hybrid States and Wars", *German Law Journal 3,* 2015.

-KRATOCHWIL, F. "Constructing a New Orthodoxy? Wendt's Social Theory of International Politics and the Constructivist Challenge", *Millennium: Journal of International Studies 29,* 1, 2000.

-KRAUTHAMMER, CH. "The Unipolar moment", *Foreign Affairs 70,* 1, 1990.

-KRIEGER, P. "La deconstrucción de Jacques Derrida (1930- 2004)", *Anales del Instituto de Investigaciones Estéticas 84,* 2004.

-KUNZ, D. "Ontología y relaciones internacionales. Repensando el espacio político internacional desde el post-estructuralismo", *ORT 153-6,* 2012. Disponible en: https://revistas.ort.edu.uy/letras-internacionales/article/view/651.

-LAKE, D. "Theory is dead, long live theory: the end of the Great Debates and the rise of eclecticism in International Relations", *European Journal of International Relations 19,* 3, 2013.

-LAPID, Y. "The Third Debate: On the Prospects of International Theory in a Post Positivist Era", *International Studies Quaterly 33*, 3, 1989.

-LEANDER, A. "Do we really need Reflexivity in IPE? Bourdieu's Two reasons for answering Affirmatively", *Review of International Political Economy*, 4, 2002.

-LEFF, E. "La Geopolítica de la Biodiversidad y el Desarrollo Sustentable: economización del mundo, racionalidad ambiental y reapropiación social de la naturaleza", 8 al 13 de Octubre de 2005, Rio de Janeiro, Brasil UNESCO, Recuperado de: http://bibliotecavirtual.clacso.org.ar/ar/libros/reggen/pp12.pdf.

-LINKLATER, A. "The question of the next stage in International Relations Theory: A critical-theoretical point of view", *Millennium*, 1992.

-LINKLATER, A. "The achievements of critical theory", en SMITH, S. BOOK, K. y ZALEWSKI, M. (eds.) *International Theory: Positivism and Beyond*, University Press Cambridge, Cambridge, 1996.

-LISKA, G. "Continuity and change in International Systems", *World Politics*, 16, 1963.

-LÓPEZ ORTIZ, C. "Diplomacia y Redes Sociales. Nuevos ámbitos en la diplomacia y en la acción exterior ", *Cuadernos de la Escuela Diplomática* 45, 2011.

-LOZANO VÁZQUEZ, A. "El Feminismo en la teoría de las Relaciones Internacionales: un breve repaso", *Revista de Relaciones Internacionales de la UNAM* 14, 2012.

-LUNA RAMÍREZ, C. S. *El Constructivismo Social ¿Una teoría para el estudio de la Política Internacional o un esquema para el análisis de la política exterior de los Estados?*, Jornadas de Relaciones Internacionales 2009, FLACSO, 2009.

-MACARRÓN LARUMBE, A. "El entorno demográfico de España en los próximos diez años. De dónde venimos, dónde estamos y qué cabe esperar del factor demográfico en esta década", en *Las relaciones internacionales en el tránsito al siglo XXI, Cuadernos de la Escuela Diplomática* 44, 2011.

-MALLORQUÍN SUZARTE, C. A. "Celso Furtado: un retrato intelectual", *Revista Mexicana de Ciencias Políticas y Sociales, 41*, 163, 1996.

-MALLORQUÍN, C. "El desconocimiento como origen del Deja Vú en la teoría del desarrollo", *Cuadernos sobre Relaciones Internacionales, Regionalismo y Desarrollo*, 7, 13, 2012.

-MARIÑO MENÉNDEZ, F. M. "El fin de la política de bloques y el nuevo orden mundial", *Norba, Revista de Historia*, 11-12, 1991-1992.

-MARTRES, J. L. "De la nécessité d'une théoriedes relations internationales: L'illusion paradigmatique", *Annuaire Français de Relations Internationales*, vol. IV, 2003.

-MEDINA MARTÍNEZ, F. "Teoría de las Relaciones Internaciones en el siglo XXI", *Revista de El Colegio de San Luis, Nueva época*, VII, 13, 2017.

-MENDELSKI, B. "The Historiography of International Relations: Martin Wight in Fresh Conversation with Duroselle and Morgenthau", *Contexto Internacion*al, 40, 2, 2018.

-MESA, R. "Factores de paz y elementos de crisis en la Sociedad Internacional contemporánea", *Revista de Estudios Internacionales 7,* 4, 1986.

-MESA, R. "El fin de la guerra fría y las nuevas relaciones internacionales", *El País,* 21 de junio de 1989.

-MORAIS, H. V. "The Globalization of Human Rights Law and the Role of International Financial Institutions in Promoting Human Rights", *The George Washington International Law Review* 33, 1, 2000.

-MORÁN BLANCO, S. "Sustainable development in International Relations Theory: Its presence or absence: A proposal of new paradigm", *Iberoamerican Journal of development studies*, 12, 2, 2022.

-MORÁN BLANCO, S. "La guerra de Ucrania y su impacto en la consolidación de la Unión Europea como actor global en materia de seguridad", en *El Sistema Internacional y el viejo nuevo mundo,* Tirant lo Blanch, Valencia, 2024.

MORAVCSIK. A. "Taking Preferences Seriously. A Liberal Theory of International Politics", *International Organization,* vol. 51, 1997.

-MOURE, L. "Teoría feminista y Relaciones Internacionales: Balance de cuarenta años de activismo académico en el centenario de la disciplina", *REDI,* 71, 2, 2019.

-MOURE PEÑÍN, L. "El realismo en la teoría de las Relaciones Internacionales: Génesis, Evolución y Aportaciones Actuales", en ARENAL, C. del y SANAHUJA, J. A. Teorías de las Relaciones Internacionales, Tecnos, Madrid, 2015.

-MUÑOZ, A. "Constructivismo: la clave para el análisis de las relaciones bilaterales entre Colombia y Venezuela", trabajo presentado en la Pontifica Universidad Javeriana, Colombia, 2012.

-NEUFELD, M. "Reflexivity in International Relations Theory", *Millennium: Journal of International Studies*, vol. 22, 1993.

-NOBOA GONZÁLEZ, M. F. "El posestructuralismo en las Relaciones Internacionales: un interjuego complejo entre modelos mentales conceptuales y discursivos para comprender el mundo global", *Comentario Internacional, Revista del Centro Andino de Estudios Internacionales 17,* 2017.

-NYE J. "Soft Power", *Foreign Policy 80,* 1990.

-OKLOPCIC, Z. "Introduction: The Crisis in Ukraine Between the Law, Power, and Principle", *German Law Journal 3,* 2015.

-ORTEGA CARCELEN, M. "Sobre el papel del Derecho Internacional en la teoría de las relaciones internacionales (Un comentario a la teoría normativa de las relaciones internacionales de M. Frost)", *Cuadernos de la Escuela diplomática,* 1988.

-PALOMARES LERMA, G. "Hegemonía y cambio en la teoría de las relaciones internacionales", *Revista CIDOB d' Afers Internacionals,* 22, 1991.

-PELLET. A. "Art du droit et «science» des relations internationales", en *Les relations internationales à l'épreuve de la science politique. Mélanges M. Merle,* Paris, 1993.

-PEREYRA DOVAL, G. "El estudio de la Identidad en las Relaciones Internacionales. El constructivismo como 'solución' teórica temporal", *Enfoques XXVII,* 1, 2015.

-PÉREZ CALDENTEY, I. "El realismo y el final de la guerra fría", *Agenda Internacional, 3,* 6, 1996.

-PREBISCH, R. "Cinco etapas de mi pensamiento sobre el desarrollo", *El Trimestre Económico,* México, L (2), 198, 1983.

-PRICE, R., y REUS-SMIT, C. "Critical International Theory Constructivism", *European Journal of International Relations,* 1998.

-POCH y G. DE CAVIEDES, A. "Comunidad Internacional y Sociedad Internacional". *Revista de Estudios Políticos,* 12, 1943.

-REBA, M.; REITSMA, F. y SETO, K. C. "Spatializing 6.000 years of global urbanization from 3.700 BC to AD 2000", *Scientific Data 3,* 2016.

-REMIRO BROTÓNS, A. "Terrorismo, mantenimiento de la paz y nuevo orden", *REDI 53,* 1-2, 2001.

-REUS-SMIT, Ch. "Constructivism", en Scott Burchill et al, *Theories of International Relations,* Palgrave Macmillan, Basingstoke, 2005

-RIABCHUK, M. "Two Ukraines' Reconsidered: The End of Ukrainian Ambivalence?", *Studies in Ethnicity and Nationalism 15,* 2015.

-RICHARDSON, N. R. "The Study of International Relations in the United Nations", en DYER, H.C. y MANGASARIAN, L. *The Study of International Relations. The State of the Art.* St. Martin's Press, Nueva York, 1989.

-RIPOLL S.,"El 'Nuevo Orden Internacional':¿un nuevo concepto para un nuevo contexto?", *Afers Internacionals,* 27, 1994.

-RIOUX, J. F., KEENES, E., LEGARÉ, G., "Le neorealisme ou la reformulation du paradigme hegemonique en relations internacionales", *Revue d'Etudes Internationales 19,* 1, 1988.

-RODRÍGUEZ, P. *Seis claves sobre el 'Orden Mundial' de Henry Kissinger,* 2023. Disponible en: https://www.politicaexterior.com/seis-claves-sobre-el-orden-de-henry-kissinger/.

-RODRÍGUEZ MANZANO, I. "La teoría feminista de las relaciones internacionales", *Papeles y memorías de la Real Academia de Ciencias Morales y Políticas. 10,* 2001.

-RODRÍGUEZ MANZANO, I. "En los márgenes de la disciplina: Feminismo y Relaciones Internacionales", en ARENAL, C. del y SANAHUJA, J. A. *Teorías de las Relaciones Internacionales,* Tecnos, Madrid, 2015.

-RODRÍGUEZ, P. "Un mundo cada vez más desordenado", *Análisis y Reflexiones sobre política internacional, Real Instituto Elcano, Blog,* 31/10/2018.

-ROJAS ARAVENA, F. "Transformaciones globales y cambios en las relaciones de poder. Impactos en América Latina y el Caribe", *Nueva Sociedad, (NUSO),* 246, 2013.

-ROJO SALGADO. A., "Globalización, Integración mundial y Federalismo", *Revista de Estudios Políticos (Nueva Época),* 109, 2000.

-ROSENAU, J. "International Relations", en J. KRIEGER (Comp.), The Oxford Companion to Politics of the World, Oxford UP, Nueva York, 1993.

-ROSENAU, J. "La Teoría de la complejidad y los asuntos mundiales", 1996. Disponible en: http://online.upaep.mx/campusvirtual/ebooks/teoriaComplejidadAsuntosMundiales.pdf.

-ROSENAU, J. "Demasiadas cosas a la vez. La teoría de la complejidad y los asuntos mundiales", *Nueva Sociedad,* 148, 1997.

-RUBIO, R., "El poder internacional en la sociedad en red", *Colección Escuela Diplomática,* 18, 2010.

-RUBIO R. "Diplomacia Digital: una introducción. Las Relaciones Internacionales en el tránsito al siglo XXI", *Cuadernos de la Escuela Diplomática,* 44, 2011.

-RUIZ-GIMENEZ ARRIETA, I. "El feminismo y los estudios internacionales", *Revista de Estudios Políticos 108,* 2000.

-SALMÓN, E., y ROSALES, P. "Rusia y la anexión de Crimea o la crisis de la post Guerra Fría", *Derecho PUCP 73,* 2014.

-SALOMÓN GONZÁLEZ, M., "La teoría de las relaciones internacionales en los albores del siglo XXI: diálogo, disidencia, aproximaciones", *Revista CIDOB d'Afers Internacionals,* 56, 2001.

-SANAHUJA PERALES, J. A. "¿Un mundo unipolar, multipolar o apolar? El poder estructural y las transformaciones de la sociedad internacional contemporánea", *Cursos de Derecho Internacional y Relaciones Internacionales de Vitoria-Gasteiz 2007,* Servicio Editorial de la Universidad del País Vasco, Bilbao, 2008.

SANAHUJA PERALES. J. A. "Entre los Objetivos de Desarrollo del Milenio y la cooperación sur-sur: actores y políticas de la ayuda al desarrollo en América Latina y el Caribe", *Pensamiento iberoamericano 8,* 2011.

-SANAHUJA, J. A. "Los desafíos de la Teoría Crítica de las Relaciones Internacionales", en ARENAL, C. del y SANAHUJA, J. A. (Coords.) *Teorías de las Relaciones Internacionales,* Tecnos, Madrid, 2015.

-SANAHUJA, J.A. "Reflexividad, Emancipación y Universalismo: Cartografías de la Teoría de las Relaciones Internacionales", REDI, 70/2, 2018.

-SÁNCHEZ, O. "The Rise and Fall of the Dependency Movement: Does it inform underdevelopment today? *E.I.A.L 14,* 2, 2003.

-SÁNCHEZ HIDALGO, A. "Entre el idealismo wilosniano y el euroasianismo: la invasión rusa de Ucrania", *Revista de Estudios Jurídicos y Criminológicos* 7, 2023.

-SANTANDER CAMPOS, G. "Un análisis de la Agenda 2030 desde la teoría política: oportunidades como herramienta de transformación", *Política y Sociedad, 60,* 1, 2023.

-SARQUIS, D. J. "¿Para qué sirve el estudio de las relaciones internacionales?", *Revista de Relaciones Internacionales de la UNAM,* 111, 2011.

-SARQUÍS, D. J. "Las relaciones internacionales en la historia: ¿desde cuándo existe el fenómeno internacional?", *Razón y Palabra Primera Revista Electrónica en América Latina Especializada en Comunicación,* 79, 2012.

-SHAPIRO, M. J. "Strategic Discourse/Discursive Strategy: The Representation of Security Policy in the Video Age", en DER DERIAN, J. y SHAPIRO, M. J. (eds.) *International/Intertextual Relations: Postmodern Readings of World Politics,* Lexington Books, Lexington MA., 1989.

-SHAPIRO, M. J. "Textualizing global politics", en DER DERIAN, J. y SHAPIRO, M. J. (eds.) *International/Intertextual Relations: Post-Modern Readings of World Politics,* Lexington, Lexington, 1989.

-SILVA SOTO, A. "De Viena a Sarajevo: un estudio del equilibrio de poder en Europa entre 1815 y 1914", CEU, *Documento de Trabajo,* Serie Unión Europea y Relaciones Internacionales, 75, 2015.

-SIMONOFF, A. "La Sociedad de las Naciones. Un sueño que se convirtió en pesadilla", *Relaciones internacionales,* 19, 2000.

-SJOBERG, L. y TICKNER, J. A. "Feminist Perspectives on International Relations", en CARLSNAES, W.; RISSE, T. y SIMMONS, B. A. (eds.) *Handbook of International Relations,* Londres, Sage, 2002.

-SMITH, S. "Reflectivist and Constructivist Approaches to International Theory" en BAYLIS, J. y SMITH, S. *The Globalization of World Politics. An Introduction to International Relations,* Oxford UP, Oxford, 2001.

-SODUPE, K. "El Estado actual de las relaciones internacionales como ciencia social: ¿crisis o pluralismo paradigmático?", *Revista de Estudios Políticos 75,*1992.

- SODUPE CORCUERA, K. y MOURE PEÑIN, L. "Explorando los Fundamentos de la Teoría de la Paz Democrática", en CASTRO RUANO, J. L. y ORUETA ESTIBARIZ, G. *Escritos de internacionalistas en homenaje al profesor Iñaki Aguirre Zabala,* Universidad del País Vasco, Bilbao.

-SPEGELE, R. D., "Richard Ashley's Discourse for International Relations", *Millenium 21,* 2, 1992.

-SPIRO, P. "Globalization, International Law and the Academy", *Journal of International Law and Politics,* 2000.

-SPYKMAN, N. J. "Methods of approach to the study of International Relations", in Proceedings of the Fifth Conference of Teachers of International Law and Related Subjects Held at Washington, DC, 1933.

-STEINBERG, F., "Aranceles preventivos. La nueva vuelta de tuerca de la guerra comercial entre Estados Unidos y China", Real Instituto Elcano, 20 mayo 2024.

-SUPERVIELLE BERGÉS. F., "¿Irán, China y Estados Unidos a la guerra?", Instituto Español de Estudios Estratégicos, *Documento de Opinión,* 40/2018.

-TAH AYALA, E. D. "Las Relaciones Internacionales desde la perspectiva social. La visión del constructivismo para explicar la identidad nacional", *Revista mexicana de ciencias políticas y sociales, 63,* Ciudad de México, 2018.

-THEYS, S. "Introducing Constructivism in International Relations Theory", *E-International Relations,* 2018. Disponible en: https://www.e-ir.info/2018/02/23/introducing-constructivism-in-international-relations-theory/.

-TICKNER, A. J. "Hans Morgenthay's Principles of Political Realism: A feminist reformulation", *Millennium: Journal of International Studies,* 7, 3, 1988.

-TICKNER, J. A. "You just don't understand: Troubled Engagements between feminists and IR Theorist", *International Studies Quaterly,* 41, 1997.

-TICKNER, J. A. y TRUE, J. "A century of International Relations Feminism. From World War I Women's Peace Pragmatism to the Women, Peace and Security Agenda", *International Studies Quarterly,* vol. 62, 2018.

- THIELE, R. D. "Crisis in Ukraine-The Emergence of Hybrid Warfare", *ISPSW Strategy Series: Focus on Defense and International Security 347,* 2015.

-TORRALBA, C. "El gasto militar mundial escala a su máximo por el impulso de EEUU", *El País,* 29 de abril de 2019.

-TOMASSINI, L. "El análisis de la Política Exterior", *Estudios Internacionales 84,* 1988.

-TOMASSINI, L. Relaciones internacionales: Teoría y práctica, *Documento de Trabajo,* 2, PNUD- CEPAL. Proyecto de Cooperación con los Servicios Exteriores de América Latina, Santiago de Chile, 1988.

-TRUYOL Y SERRA, A. "Genése et structure de la societé international", *Recueil des Cours de l' Académie de Droit Internacional de La Haye,* 96 (1959-I).

-TRUYOL Y SERRA, A. "Primera parte: La expansión de la Sociedad Internacional en los siglos XIX y XX", en Cid Capetillo, I. (Comp.), *Lecturas básicas para la introducción al estudio de Relaciones Internacionales.* Universidad Nacional Autónoma de México. Facultad de Ciencias Políticas y Sociales, México, 2001.

-VALENZUELA J. "Los siete pilares de la revolución árabe", *Revista Española de Defensa RED,* 2011.

-VELASCO DE CASTRO, R. "Dinámicas históricas y escenarios en cambio: la 'primavera árabe", *Revista Aequitas* 3, 2013.

-VITELLI, M. "Veinte años de constructivismo en relaciones internacionales. Del debate metateórico al desarrollo de investigaciones empíricas. Una perspectiva sin un marco de política exterior", *Revista POSTData, Revista de Reflexión y Análisis Político 19,* 1, 2014.

-WAEVER, O. "Figures of International thought: introducing persons instead of paradigms", en NEUMAN, I. B. y WAEVER, O. *The future of International Relations. Masters in the making*, Routledge, Londres, 1997.

-WAEVER, O. "Waltz's Theory of Theory", *International Relations 23*, 2, 2009.

-WALKER, C. y LUDWIG, J. "The Meaning of Sharp Power", *Foreign Affairs*, 16 de noviembre de 2017. Disponible en: https://www.foreignaffairs.com/articles/china/2017-11-16/meaning-sharp-power

-WALTZ, K. N. "The Stability of a Bipolar World", *Daedalus 93*, 4, 1964.

-WENDT, A. "Constructing international politics", *International Security*, 20 (1), 1995.

-WENDT, A. "Anarchy is what states makes it: The Social Contribution of Power Politics", *International Organization 46*, 2, 1996.

-WENDT, A. "La anarquía es lo que los estados hacen de ella. La construcción social de la política de poder", *Revista Académica de Relaciones Internacionales 1*, 2005.

-WILL, G. F. "Europe's Second Reformation", *Newsweek*, 20 november, 1989.

-ZALEWSKI, M. "Enfoques feministas de la teoría de las relaciones internacionales en el periodo de la Post Guerra Fría". Disponible en: https://www.bbvaopenmind.com/articulos/enfoques-feministas-de-la-teoria-de-las-relaciones-internacionales-en-el-periodo-de-la-post-guerra-fria/.

-ZALEWSKI, M. "Feminist Theory and International Relations", en M., Bowker y R. Brown, (eds.) *From Cold War to Collapse. Theory and World Politics in the 1980s*, Cambridge, Cambridge University Press, 1993.

-ZIMMERMANN, A. "Times are changing: And What about the International Rule of Law then?", *EJIL: Talk¡, Blog of the European Journal of International Law*, 9 Marzo 2018.